ME CUESTA TANTO OLVIDARTE

Mariela Michelena

Me cuesta tanto olvidarte

Mujeres abatidas por una ruptura amorosa,
dispuestas a superar el dolor
y reconstruir su identidad

la esfera de los libros

Primera edición: enero de 2014

Avenida de Alfonso XIII, 1, bajos
28002 Madrid
Tel.: 91 296 02 00 • Fax: 91 296 02 06
www.esferalibros.com

ISBN: 978-84-9060-028-3
Depósito legal: M. 34.365-2013
Impresión: Novoprint
Encuadernación: Novoprint
Impreso en España-*Printed in Spain*

Índice

A don Santos Michelena
y a doña Gladys Paggioli,
que no pudieron olvidarse.

Agradecimientos

A las lectoras de *Mujeres malqueridas*, cuyos correos y comentarios me han sugerido la necesidad de este libro.

A mis pacientes, a los que han conseguido olvidar y a los que aún están en ello.

A Darian Leader y su libro *The New Black,* porque hay libros que pertenecen a la bibliografía y otros a los agradecimientos.

A Mónica Liberman, mi editora de cabecera, firme, brillante y cariñosa, por haber confiado en mí más que yo misma, por llevarme de la mano y protegerme de los plazos.

A mis amigas Jeanette, Pichusa, Marina, Marucha, Teresa y Cecilia, por esos ratos inolvidables de risas y confidencias. A Elina, por su lectura generosa. A Claudia, por sus buenas ideas. Y a Sole, Susana y Begoña, por sus palabras.

A Elías, Patricia y Tamara, por confiarme sus penas y sus aciertos.

Y, como de costumbre, a Fernando, por lo de siempre, pero más y cada vez mejor.

Introducción

A raíz de la publicación de *Mujeres malqueridas,* he tenido la suerte de recibir cantidad de correos —sobre todo de mujeres— que me escribían para contarme sus historias, para agradecerme haberlas ayudado a comprender lo que les estaba pasando y para retribuirme, con sus palabras, lo que sentían que habían recibido de las mías. Gran parte de ellas me pedía ayuda, porque se sentían incapaces de romper con una relación enfermiza.

Gracias a esas historias, descubrí las incontables formas que pueden adoptar el sufrimiento y el mal amor y los extremos a los que se puede llegar con tal de mantener cerca a una pareja. Me llamaba la atención cómo, a pesar de las enormes diferencias que había entre un relato y otro, las cuestiones de fondo se repetían. Comprobé que mi libro *Mujeres malqueridas,* efectivamente, generaba más preguntas que respuestas, y que la mayoría de esas mujeres me escribía buscando una solución a su caso particular. «¿Te parece que lo puedo cambiar?», «¿Hay algo que yo pueda hacer para que siga conmigo?», «¿Tendría que dejar de verlo?», «¿Qué hago si me busca otra vez?, ¿Lo perdono de nuevo?». Las mismas preguntas una y otra vez apuntaban a algo más profundo, a una dificultad que no se resolvía con una prescripción concreta y mucho menos con un consejo virtual vía correo electrónico. Lo cierto es que cada una de ellas buscaba, a su manera, el consuelo que mitigara su dolor o al menos la luz suficiente para comprenderlo y, además, una «buena compañía» que las ayudara a desembarazarse de la «mala compañía» que tanto las hacía sufrir. Fue mucho lo que aprendí de esos correos, que me sirvieron para pensar y comprender mejor a tantas mujeres que pasan por situaciones parecidas.

De todas las cuestiones posibles que cada historia particular generaba, hubo una que se repitió en casi todos los casos, a veces en forma de pregunta, a veces en forma de petición, casi siempre en tono de súplica. Una de mis lectoras lo resumió a la perfección: «Vale, comprendo lo que dices en tu libro. Pero ahora, dime, ¿dónde puedo aprender cómo dejar de llorar?».

En su texto reconocí el eco de lo que había leído y escuchado tantas otras veces: «Vale, soy una mujer malquerida, lo reconozco, y ahora, ¿cómo hago para dejar de llorar por una ruptura? ¿Cómo rompo con él si todavía lo quiero? ¿Cómo me recompongo? ¿Cómo me invento una vida nueva? ¿Tengo que renunciar o debo insistir? ¿Cómo hago para sobrevivir a esta horrible sensación de vacío?».

De alguna manera, yo sentía cierta responsabilidad por haber contribuido a poner a todas esas mujeres en el punto de partida de un tortuoso camino de separación y de duelo. Y también me veía comprometida a darles algo más que palabras de cariño y consuelo. Era difícil consolarlas, yo sabía que dejar de llorar solo vendría después de haber llorado mucho. Las rupturas siempre son dolorosas y no se liquidan del todo, a menos que se pueda atravesar ese desierto que los psicólogos llamamos duelo. Más allá de lo mucho que hayamos sufrido por una relación, si queremos liberarnos completamente de ella, es preciso que nos ocupemos de ella —sin él— por algún tiempo.

Para dejar de llorar es importante comprender por qué estamos llorando. Y ese es el objetivo de este libro. Intenta ser un mapa del duelo que hay que atravesar después de una ruptura, un álbum fotográfico de las diferentes caras que adopta la separación, una cartografía del dolor y de la recuperación de ese dolor; de la pena, del alivio y del reencuentro con uno mismo. Un cuaderno de bitácora del sufrimiento y de la reconstrucción, de la obsesión por el otro y de la liberación. Una mano que acompañe a lo largo del túnel y de su oscuridad hasta que aparezca de nuevo la luz. Además del consuelo, de mi solidaridad y mi cariño, esto es lo que quiero ofrecerles a mis lectoras.

El barranco

En Venezuela llamamos «barranco» a ese momento de desesperación que sigue a un desengaño amoroso. Un «barranco» es un despecho en toda regla. Angustia, tristeza, rabia y desconsuelo remojados en aguardiente o ron. Para un «barranco» sería más adecuada una Rockola de cantina que un iPod Touch, porque las noches largas de un «barranco» reclaman un bolero, una ranchera o un tango. La mejor definición de lo que es un «barranco» la encontré en la página de Facebook de «Le Barranco Fratrie»:

> Asume tu barranco —dice— y participa en la página de «Le Barranco Fratrie», la única «Hermandad del Barranco» cuyo objetivo es permitir la libre expresión de celos, rabias, llantos, emociones viscerales que te atormentan en la soledad. Ya no estarás sola/o, aquí te ofrecemos un espacio para el desahogo. Com-

parte con nosotros, aquí tendrás un hombro virtual que liberará tu alma. No importa la naturaleza de tu barranco. Barranco es barranco.

El caso es que este barranco virtual y metafórico me recordó a otro barranco —esta vez uno verdadero— que tuvo una gran importancia en mi niñez. Cuando yo era pequeña, para llegar andando a la avenida principal había que bordear un pequeño barranco verdadero de unos cincuenta metros de extensión y una profundidad completamente insondable para mis ojos infantiles. ¡Un precipicio, vamos! Muchas veces hice el trayecto acompañada de mi madre y muchas otras con mi abuela. Ambas estaban al tanto de mi terror a esos cincuenta metros de abismo, pero tenían métodos muy diferentes de encararlo. A mis cinco años, mi madre quería hacer de mí una mujer de mundo, segura, autónoma e independiente; así que se colocaba en un extremo del barranco y me hacía caminar sola al borde del precipicio —entre los coches y el abismo— mientras me animaba con frases del estilo: «¡No seas tonta que no pasa nada!», «¡Camina sin chistar!», «¡Todo el mundo camina por aquí y no le pasa nada!». Mi abuela, en cambio, a esos mismos cinco años, me seguía tratando como a un bebé y no permitía que ningún miedo me rozara. Para eso estaba ella, para interponerse entre mi miedo y yo. Entre cualquier barranco de la vida y yo. Así, cuando teníamos que ir a la gran avenida, dábamos un larguísimo rodeo para que yo no tuviera que acercarme ¡ni de lejos! a mi pequeño abismo. Lo cierto es que a ninguna de las dos se le ocurrió darme la mano y cruzar el barranco conmigo. A ninguna de las dos se le ocurrió reconocer mi miedo y acompañarlo.

Los duelos son esos barrancos que nos sorprenden en el camino de la vida y que dan vértigo. Barrancos que, nos guste o no, tendremos que atravesar para continuar el recorrido. Negarnos a pasar por ellos, no nos salvará del barranco, sino que nos detendrá en su orilla. Atravesar ese terreno escarpado y bordear el precipicio no es agradable, a nadie le gusta, pero la alternativa es quedarnos paralizados. Puede que hagamos grandes esfuerzos, puede que pongamos todo nuestro empeño con tal de no atravesarlo, pero si no avanzamos, es como si estuviéramos pedaleando y pedaleando sobre una bicicleta estática: ¡sudaremos mucho, pero no llegaremos a ninguna parte!

El objetivo en la vida no es permanecer paralizados donde estamos ni regresar a la casilla número cinco, aquella en la que estábamos antes de la ruptura o de la pérdida; el objetivo es avanzar, atravesar el «barranco» y llegar lo más sanos y salvos posible a la casilla número ocho, que será la que siga a la elaboración del duelo. En la casilla número ocho, no seremos los mismos que éramos en la cinco. Cuando lleguemos allí, sabremos más de nosotros, sabremos más de la vida, del duelo y del dolor y, ¡lo más importante!, nos habremos demostrado a nosotros mismos que podemos sobrevivir a la agonía que supone un abandono y al desconsuelo de una pérdida. El «barranco» es un camino con diferentes escalones. Ninguno de ellos es, ni puede ser, para siempre. La consigna es habitar cada escalón, sin saltarnos ninguno, y pasar al siguiente. Y así con uno, otro y otro, hasta que volvamos a pisar tierra firme y el mal amor sea un buen recuerdo y poco más.

Hay libros que parece que se inspiran en mi madre y que te dicen: «Camina tú sola. No tengas miedo, que no es un precipicio, es un pequeño barranco. Todo el mundo pasa alguna vez por aquí y no hay razón para asustarse. ¡No seas tonta! ¡No es para tanto! ¡Levántate y anda! ¡No pasa nada!». Otros libros da la sensación de que toman sus consejos de mi abuela, esos dan rodeos y evitan el duelo negándolo: «¡Diviértete! ¡Disfruta! Al barranco del duelo ni mirarlo, ¡es tan horrible que mejor no te acerques a él! ¡La vida es bella! ¡A rey muerto, rey puesto!».

Yo, que tengo experiencia en duelos y en barrancos (propios y ajenos, reales y metafóricos), sé que asustan, sé que son difíciles de atravesar, pero sé también que hay que poder pasar por ellos. Con este libro he buscado darle la mano a cada lector para acompañarle a transitar su «barranco» particular y ayudarle a llegar sano y salvo a la gran avenida donde la vida continúa. He intentado ir a su lado con una linterna, para arrojar cierta luz en el camino y avisarle: «Ahora hay piedras, ahora hay tierra, el camino por aquí está asfaltado, cuidado a la derecha que vienen coches», para que, al final, cada quien pueda tomar las riendas de su propia vida y decidir si quiere seguir andando solo o acompañado.

Pero no atravesé solamente barrancos infantiles; durante mi adolescencia –como todas– sufrí toda suerte de torturas de amor. ¡Se sufre tanto a los quince! Menos mal que allí estaba mi amiga Enoé con un bolero perfecto que resumía y aliviaba mi dolor juvenil. En aquella época jugábamos a «hablar en boleros» y nos consolábamos cantando. «Y a fulanito, ¿tú qué le cantarías?». «Pues: "Sin ti, qué me puede ya importar..."». «No, tú mejor cántale: "Te vas porque yo quiero que te vayas"». Y siempre terminábamos cantando a dúo y a voz en cuello: «Pero el negro de MIS ojos que no muera, y el canela de MI piel se quede igual...».

Así que este libro de despechos, duelos y despedidas tenía que venir acompañado de la banda sonora de los boleros de siempre, que tanto saben del amor y del dolor.

Me cuesta tanto olvidarte

Otras preguntas que escucho con frecuencia se refieren a la avalancha de sentimientos que se suceden después de la separación: «¿Es normal que lo eche tanto de menos?», «¿Es normal que todavía lo desee?», «¡No puedo dejar de pensar en él!», «¿Es normal que nos hayamos acostado esta mañana cuando vino a buscar a los niños?». Yo les diría: ¿es que hay algo «normal» después de un terremoto o de un tsunami? Es difícil clasificar como «normales» o «anormales», «buenos» o «malos» los actos de supervivencia a los que nos vemos impelidos después de una catástrofe. Y créanme, aunque sea para bien, una separación es siempre una catástrofe.

Tomar la decisión de separarse es muy difícil, de ello dan cuenta las cientos de mujeres que siguen aferradas a relaciones destructivas y sin futuro, que no se atreven a dar el paso a pesar del calvario que es su vida cotidiana. Pero es que después de la separación, todavía queda por delante el trabajo del duelo y de la reconstrucción, el trabajo del olvido.

Si en *Mujeres malqueridas* hablábamos de mujeres enganchadas a relaciones imposibles, esta vez hablaremos de mujeres abatidas por la ruptura. Mujeres que permanecen aferradas al recuerdo de un hombre, da igual el tiempo que haya pasado desde la última vez que se vieron. Puede que hayan pasado meses, años, pero ellas siguen dedicándole parte de su tiempo, parte de sus pensamientos y de su vida. Ya sea para odiarle o para hacerle la vida imposible, ellas siguen amarradas a él con lazos invisibles que no saben o no quieren romper. Ya no son esclavas de su amo, ahora son esclavas del recuerdo, del despecho o del rencor, pero lo importante es que todavía no son dueñas de sus vidas.

El duelo

Con el paso del tiempo, con la experiencia, cada vez estoy más atenta a los duelos postergados de mis pacientes, a lo difícil que es reconocerlos y atravesarlos. Esta «sociedad de la felicidad» no nos deja estar tristes. La pena no tiene ningún glamour, actualmente se considera descortés para con los demás mostrarse débil, porque se teme que la tristeza sea contagiosa, y se tiene pavor a que el dolor ajeno despierte al propio. La pena no vende, la pena asusta tanto como el SIDA, y a los afectados por el «virus» del duelo se les aísla, se les mantiene a raya. En el mejor de los casos, sin duda con muy buenas intenciones, se les colma de mensajes del tipo: «Ya está bien», «Venga, tampoco es para tanto», «Eso pasó hace ya mucho tiempo», «Mírale el lado bueno», «¡Espabila!», «¡Anímate!». Y así… en la negación del duelo, hay algo de: «¡Por favor, por favor, no despertemos a la bestia del duelo que me puede pillar a mí también!», pero esa bestia es de las que crece mientras duerme. El duelo se apropia sibilinamente del afectado y es enorme la cantidad de energía que invertimos para negarlo, para darle la vuelta a una tortilla que sabe amarga, se la mire por donde se la mire.

Veremos cómo negar un duelo es un mal negocio. Sale muchísimo más a cuenta reconocerlo, aceptar la pena, sufrirla, llorarla todo lo que haga falta y concederle un lugar en nuestro interior, donde permanezca bien despierta y empaquetada, para entonces poder dejarlo definitivamente en el trastero. Pero en el trastero, no en el salón. Y en la cocina. Y en la cama. Y en la entrada. Y en la alfombra…

El duelo es un proceso normal, doloroso, largo —a veces ¡muy largo!—, pero pasajero. La depresión, en cambio, es un estado alterado de la afectividad. Es importante no confundir duelo y depresión; confundirlos, igualarlos, lleva a consecuencias perjudiciales para el interesado: medicalización de un sufrimiento que es normal, uso inadecuado de fármacos que no pueden desbloquear problemas abordables en un tratamiento psicológico o, en el otro extremo, trivialización de una patología empleando métodos psicológicos en cuadros psiquiátricos que precisan tratamiento farmacológico.

Me gustaría sumarme a ese coro de voces que dicen que no pasa nada, que, poniendo un poquito de nuestra parte y de buena voluntad, esto se supera en un par de meses. Que siguiendo unas cuantas reglas y sujetándonos a unos cuantos pensamientos — ¡positivos, siempre positivos!—, saldremos indemnes del sufrimiento que nos provoca una ruptura. Me gustaría, digo, porque así este libro estaría más a la moda y más acorde con los tiempos que corren, en donde se nos vende la ilusión de omnipotencia de que todo está en nuestras manos, de que no hay más que querer para poder, de que solo es preciso seguir las instrucciones... Me gustaría porque eso tiene mejor prensa, porque es un mensaje más reconfortante. Esa lectura serviría de alivio a quienes me leyeran; de alivio pasajero, tipo aspirina, pero alivio al fin. Me gustaría, pero no puedo. Ese libro ideal me dejaría fuera a mí, a mis pacientes y a muchísima gente que sufre después de una pérdida y que no entiende muy bien por qué sufre tanto. Dejaría fuera a quienes, después de años de una separación, siguen enganchados en peleas encarnizadas con abogados. Quiero dar cabida en este libro a aquellos que después de mucho tiempo de haberse separado no consiguen retomar las riendas de su vida, a todos aquellos a quienes les cuesta tanto olvidar.

En cualquier caso, veremos que olvidar es posible, que la vida no termina con el dolor del duelo, sino que en muchos casos empieza allí. Veremos que la reconstrucción de la propia identidad después de una ruptura es una aventura que vale la pena disfrutar porque aún queda mucho por descubrir y mucho por vivir, independientemente de si la vida se rehace en pareja o en solitario.

Y una aclaración final. Como siempre, hablaremos de mujeres, aunque también estén incluidos los hombres. Como siempre, sabemos que las generalizaciones son pecado. Como siempre. Pero también sabemos que hay pecados inevitables que acortan los caminos. Pecados veniales que se cometen en aras de la comodidad y de la simplicidad del texto. Dicho esto, ya no me sentiré obligada a incluir una y otra vez el «ellos», «ellas», el «no todos», «algunos», «a veces», y ese largo etcétera de coletillas que caracterizan a lo políticamente correcto y que interrumpen la fluidez de la lectura.

Espero que este libro no deje indiferente al lector, pero, sobre todo, confío en que no le va a dejar desamparado. Este libro le va a acompañar, no solo durante su lectura, sino a lo largo de la vida. Los duelos forman parte de la vida, y cuando pase usted por otro «barranco», o por cualquier otro duelo, lo que leyó en estas páginas volverá a servirle de consuelo, y quizás de linterna de emergencia.

Capítulo 1

¿POR QUÉ CUESTA TANTO OLVIDAR?

Olvidarte me cuesta tanto…
MECANO

No existe momento del día en que pueda apartarte de mí
CONTIGO EN LA DISTANCIA

La mayoría de los correos que recibo pertenecen a mujeres que no han podido pasar página. Como si sus dedos estuvieran adheridos al papel, presos de una suerte de rigidez post mórtem, no son capaces de moverlos para que la página de ese mal amor quede atrás. Es como si hubieran dejado una parte de su vida en una casa de empeño. Ese trozo de su vida es suyo, sí, pero no pueden usarlo. Pasa como con el reloj del abuelo: lo que se ha empeñado no está al alcance de su dueño y no se puede usar. Su vida es suya —como la sortija de la abuela—, pero un ajeno la tiene secuestrada aunque a él no le sirva para nada. Eso que es tan valioso para ella y que ha cuidado durante tantos años, el otro lo tiene arrinconado en un armario oscuro de su casa de empeño, no le hace ni caso y ni siquiera recuerda muy bien dónde está.

Como ocurre en todas las casas de empeño, la mujer que quiera recuperar ese trozo de su propia vida tendrá que pagar un precio. A quienes vemos la película desde fuera nos parece que vale la pena pagarlo. ¡Es tanto lo que está en juego! ¡Es tanto lo que se está perdiendo! ¡Es tanto lo que sufre y lo que podría ganar a cambio! Sin embargo, a la interesada, el precio del olvido le resulta excesivo.

Escuchemos algunos testimonios:

> *Adela*
>
> El dolor se aplaca con el tiempo. Pero no es suficiente. Quisiera que Gabriel desapareciera para siempre. Quitarle las cosas que yo misma le puse y verlo como es, como realmente fue conmigo. Es raro que todavía me afecte tanto, porque ni muchísimo menos volvería con él. No es amor lo que me une a él, es que a mí siempre me ha costado desprenderme de las cosas inservibles. Tengo la sensación de que si tiro algo, pongamos, unos apuntes del colegio o unos vaqueros de cuando era adolescente, pierdo algo de mí. Es como si, conservando todo lo que conservo, me conservara a mí misma. Como si todo lo que he tenido alguna vez fuera yo misma. Eso es lo que me debe de pasar con los recuerdos.

Tiene razón Adela, y su argumento explica parte de la dificultad que tenemos para olvidar un mal amor. De alguna manera, estamos modelados por lo que hemos vivido y, sobre todo, por aquellos a quienes hemos amado. Dice Leader (2008) que así como «eres lo que comes», también «eres aquello que has amado». En esa medida, aferrarnos al recuerdo de un amor perdido es una forma de preservar una parte de nosotros mismos, más allá de cualquier deseo de regresar junto a ese hombre que nos quiso tan mal.

Leticia

No quiero seguir sufriendo por él, no quiero que me siga afectando, quiero que sea un cero a la izquierda en mi vida. Pero, después de dos años, sigo pensando en él, pregunto por él, busco encontrármelo en alguna reunión de trabajo... Reconozco que yo sigo enganchada...

En ocasiones, el doliente llora, y no sabe muy bien por qué llora. Sufre y no sabe qué es lo que le hace sufrir tanto. Algo ha perdido, pero no tiene muy claro qué fue lo que perdió. Lo cierto es que «seguir enganchada» como Leticia y mantener vivo el recuerdo es una manera de preservar un cierto vínculo con el ausente.

Otras veces, a la pena se le suma el castigo que el sufriente se propina a sí mismo, como en el caso de Maite:

¿Cómo puedo estar sufriendo tanto por ese sinvergüenza? ¡Después de todo lo que me hizo! Por supuesto que estoy furiosa con él, pero, sobre todo, estoy furiosa conmigo misma. No sé cómo pude aguantar su maltrato. No me lo perdono. Más que echarlo de menos o recordarlo, lo único que pienso es: ¡soy idiota! ¡Debo de ser muy idiota! No dejo de torturarme por no haber terminado esto mucho antes.

Como si el sufrimiento del abandono o de la despedida no fuera suficiente, el doliente padece también el dolor de la humillación a la que él mismo se somete. Con la queja y con el reproche hay que tener buena puntería y dirigirla en la dirección correcta. Una cosa es reconocer nuestra participación en los hechos que hemos vivido y otra muy distinta torturarnos.

Cuando los psicoanalistas nos encontramos ante un duelo imposible de manejar sospechamos que el sufriente no solo ha perdido a un ser amado, sino que, además, ha perdido una parte importante de sí mismo. Esa parte que le había regalado a su amor, ese aspecto de sí mismo del que se había desprendido y que había puesto como una ofrenda a los pies del amado. Recordemos que durante el enamoramiento la entrega pretende ser total. Se entrega la voluntad y el deseo, los sueños, el futuro, los ojos y las manos. El enamorado es un esclavo a merced de los deseos de su amor. Sin que nadie nos lo pida, nos vamos regalando a gajos a la otra persona y, en el mejor de los casos, se produce un intercambio con los gajos que el otro nos ofrece. Así, cuando el amor se acaba, cuando alguno de los dos parte o cuando ambos deciden que no es posible continuar, la sensación de pérdida puede ser muy intensa, y no solo concierne al que se va, no solo lo perdemos a él, sino que afecta también a esos aspectos nuestros que en su momento ofrendamos al amado y a esos aspectos del amado que hacen de nosotros quienes somos. Como dice el bolero: «Con qué tristeza miramos un amor que se nos va. Es un pedazo del alma que se arranca sin piedad».

El «amor que se nos va» no solo nos arrebata su compañía y su calor, no se lleva únicamente a su persona, sino que también arrastra a parte de la nuestra, un mendrugo de nosotros mismos se va con él. Por eso nos sentimos mancos, vacíos, incompletos, sin ese «pedazo del alma» que nos hemos arrancado en la despedida y que el otro se ha llevado como por descuido en los bolsillos.

Cuando el ser amado se ha ido, de él no nos queda más que su recuerdo y su sombra pesando sobre nuestros hombros, tiñendo de oscuridad la vida que tenemos alrededor. Su sombra cae sobre nosotros como un nublado y ensombrece todo a nuestro alrededor; lo que hacemos, lo que pensamos. Otro bolero lo dice mejor que yo: «Sombras nada más, entre tu vida y mi vida. Sombras nada más, entre tu amor y mi amor».

Y sumido entre las sombras, el futuro se vislumbra fatal. No se distinguen los contornos del camino y todo alrededor nos resulta turbio, oscuro y peligroso.

Recuerdo a una paciente que describía muy bien el sentimiento «sombrío» del duelo. María pecaba de intermitencia, y su relación estaba sujeta a los baches y a los subidones que le son tan propios a ese pecado. El «Ahora te quiero, ahora te dejo y ahora te vuelvo a querer» era el pan nuestro de cada día en su relación de pareja. Para justificar sus regresos me explicaba:

> Cuando me separo de él es como si la vida transcurriera en blanco y negro. Gris claro, gris oscuro, algo de blanco por allí, mucho de negro por allá... No sé, todo se ve triste, feo, apagado. Sí, es como una película en blanco y negro. En cambio, cuando vuelvo con él, mágicamente la vida recobra sus colores, todo se ve precioso, como con más brillo, con más luz.

Hay que decir que su «vida en colores» parecía un cuadro de Pollock, muy colorido, sí, muy intenso, pero tremendamente atormentado. Sin embargo, la ausencia de su adorado tormento lo oscurecía todo y dejaba su vida en blanco y negro, como a media luz.

Otras veces el autorreproche —ese «Soy tonta, cómo me puede haber pasado»— no es más que el reverso de lo que sería el reproche al otro: «Es que es tonto, cómo me pudo haber dejado». ¿Por qué nos resulta imposible formularlo como reproche? Porque, en alguna parte, no reconocemos la separación. Como todas las operaciones misteriosas del alma, esta consiste en que, aunque una parte de nosotras sabe y reconoce que nuestro amado se ha alejado, otra parte siente y sobre todo se comporta como si él no hubiera puesto el rótulo de «FIN» a nuestra historia, sino como si nosotras colocáramos el cartel de «CONTINUARÁ». La separación parece poner de manifiesto cuánto de nuestra historia de amor se había construido sobre una impostura. No estábamos viviendo una historia de amor con una persona corriente, sino con un señor al que habíamos entregado «hacienda y vida», con la única condición de que aceptara interpretar —de vez en cuando— el papel que nosotras habíamos escrito para él.

Si pensamos: «Él no se ha ido, es que yo he forzado que me deje porque soy demasiado egoísta, estricta, celosa, responsable, desordenada, fría o cariñosa, sincera o impaciente...». La pelota estará en nuestra cancha y seguiremos siendo soberanas, aunque sea a costa de «hacienda y vida». Soberanas, aunque nuestra autonomía se reduzca a administrar cómo y cuándo perderemos la dignidad, cómo y cuándo perderemos nuestra libertad. Nosotras somos las únicas directoras de la película que nos montamos. Al protagonista le pagamos honorarios desorbitados que sacamos de nuestra propia hucha: dignidad, libertad, respeto, cariño. El problema es que cuando hemos invertido tanto en nuestra superproducción, no es fácil abandonar el proyecto solo porque el protagonista tenga dudas, porque no se quiera comprometer, porque tenga estallidos de cólera o porque esté dispuesto a escuchar otras ofertas... Insistiremos: «¿Cuánto más tendré que pagar? ¡Lo pago! ¡Me da igual! ¡Empeñaré mis ahorros, mi seguro de vida, las joyas de la familia, los bonos del estado y los fondos de pensiones! ¡Lo que haga falta!». Cuando, a pesar de todo lo que le hemos dado y de haber complacido sus caprichos desorbitados de *superstar,* comprobamos que nuestro protagonista ya no está con nosotras y vemos su foto en el cartel de una película serie B —junto a una actriz de segunda—, entonces trasladamos el rodaje a nuestro interior. A nuestro estudio particular de filmación. ¿Sin el actor? ¡No importa! ¡Ni falta que hace! ¡La imaginación al poder! La discusión que antes se dirimía fuera, entre actor y directora, ahora se solventará dentro, entre la directora y su dolor. Entre la directora y su sensación de abandono. Entre la directora y todas las prendas propias con las que había adornado al actor principal para el espectáculo.

Insistimos en recordar, en rumiar los recuerdos, en repasarlos y en multiplicarlos. Mantenemos el vínculo a través del recuerdo, aunque sea imaginario, aunque sea para odiarle o para odiarnos. Recordar es encerrarnos en nuestra habitación a proyectar, una y otra vez, las tomas falsas, a editar y a montar las películas que hicimos con él, o que no hicimos. Incluimos fotogramas, cambiamos los diálogos y las bandas sonoras. ¿Y si el guión hubiera sido otro? ¿Y si le hubiéramos dado todavía más protagonismo? ¿Y si la cámara se hubiera detenido más en los *close ups*? Podría decirse que el recuerdo es una de las formas que tenemos de postergar el duelo y el dolor del vacío. Aferrada al recuerdo, a las viejas cintas de película, la directora, al menos, está aferrada a algo.

Lo llamamos recuerdo, pero esta actividad frenética y aislada del resto de la vida y de la realidad no es el recuerdo corriente, no es la memoria, sin la que no seríamos quienes somos, sin la que no podríamos vivir. Esta actividad que nos atrapa no es un salvavidas que se hincha en un momento de necesidad y nos ayuda a salir a flote, sino la pieza más pesada del naufragio. Abrazadas a ella nos hundiremos sin remedio. El «barranco» del duelo y la sensación de soledad absoluta es una travesía larga y difícil; por eso debemos cuidarnos de cargar con esos pesos el menor tiempo posible.

Capítulo 2

RAZONES —SUBJETIVAS— PARA NO SEPARARSE

¡Ay, amor!, ya no me quieras tanto.
¡Ay, amor!, no sufras más por mí.
NO ME QUIERAS TANTO

Separarse es difícil. ¡Vaya descubrimiento! Tanto, que a pesar de lo deteriorada que pueda estar una relación, hacemos lo indecible para no pasar por ese trance y esgrimimos un montón de buenas razones para mantener unida a la pareja. Desde las razones afectivas, hasta las económicas, pasando por las religiosas o las familiares: «Es que yo lo quiero», o «Yo sé que él me quiere» son las más socorridas, seguidas de: «Los niños todavía son pequeños», o «Me da pena hacerle daño», «No voy a echar por la borda los años que llevamos juntos», para cerrar con las más crudas: «Es que me da miedo quedarme sola», «A mi edad...».

Todas estas razones son más o menos objetivas y tienen su cuota de verdad, todas ellas valen, y cada una por separado puede ser motivo para reconsiderar la situación e intentarlo de nuevo. Todas ellas, aunque sean excusas, son buenas razones por las cuales una pareja decide no separarse.

Sin embargo, cuando el amor se ha ido y el respeto hace mucho que desapareció, cuando la convivencia es insostenible, o cuando el engaño y el maltrato son la moneda de cambio entre dos personas, esas buenas razones resultan insuficientes para entender por qué se prolonga una situación tan infeliz.

Cuando hablamos de las razones subjetivas para no separarnos, me pregunto: ¿qué es lo que nos impide separarnos de alguien que nos hace la vida imposible? ¿Por qué insistimos infinitamente en una relación desgraciada? ¿Por qué perdemos nuestro tiempo intentando resucitar una convivencia que hace mucho que está objetivamente muerta? ¿Por qué perdonamos y perdonamos y perdonamos lo imperdonable con tal de mantener al otro a nuestro lado? En resumen, ¿por qué una mujer malquerida tiene tanto miedo de perder a su malqueredor?

¿A cualquier precio?

No es lo mismo comprarse un Mercedes que un Panda, lo sé, cada uno de ellos tiene su precio. El que quiera un Mercedes tendrá que estar dispuesto a pagar el precio elevadísimo de un Mercedes, pero no más. Tenemos que saber qué queremos y qué precio estamos dispuestos a pagar por lo que queremos. Pero sin perder de vista que «cualquier precio» por un coche, por unos zapatos o por una historia de amor es siempre —¡siempre!— un mal negocio. «Cualquier precio» es, sin excepción, un precio demasiado alto. En alguna parte tiene que haber un límite. En algún momento hay que poder decir: «Por ahí no paso», «Hasta aquí hemos llegado» o «A esto no estoy dispuesta».

Esto me recuerda un chiste: uno que tiene su primera tarjeta de crédito descubre que puede comprar con ella todo lo que quiere y se dedica ¡a pagar y a pagar!, ¡a comprar y a comprar! A fin de mes lo llaman del banco:

—Oiga, ¡que está usted en números rojos!

—¿Y aceptan tarjeta de crédito? —responde él.

Pues algo así nos pasa cuando pagamos precios desmesurados por mantener viva una relación y no llevamos la cuenta de lo que estamos gastando. Siempre es mejor pagar al contado, comparar precios y revisar cada tanto el extracto bancario para saber cuánto nos queda y cuánto hemos gastado, y no recibir sorpresas desagradables. Porque el extra, el exceso, el IVA o los intereses los pagaremos a costa de nuestra dignidad, de nuestra autonomía, de nuestras relaciones familiares, de nuestro trabajo, de la consideración de nuestros hijos, de la posibilidad de una relación mejor... A veces, trágicamente, a costa de nuestra propia vida.

Si alguien nos preguntara, a priori y en teoría, si seríamos capaces de mantener una relación «a cualquier precio», todas contestaríamos al unísono un clamoroso ¡no! En nuestro sano juicio, la respuesta normal es que a cualquier precio no estaríamos dispuestas a casi nada. Sin embargo, si alguien te preguntara si serías capaz de dejar de ponerte falda para evitar que tu novio se ponga de morros; o si pondrías una excusa a tu hermana para no ir a merendar los jueves con ella, como han hecho siempre desde que ella se casó, con tal de que tu marido no deje de hablarte dos días; o si estarías dispuesta a abandonar los partidos de pádel de los sábados por la mañana con tus amigas del colegio para estar a disposición de tu nuevo novio... entonces, muchas, demasiadas, vacilaríamos. En los detalles pequeños, en las minucias, es donde renunciamos a nosotras mismas y vamos pagando poco a poco ese elevadísimo «cualquier precio» que habíamos jurado no pagar. Escuchemos a Carola, una abogada matrimonialista de cincuenta y dos años:

> Nunca pensé que esto podía pasarme a mí. Por eso perdoné tantas cosas, porque creía que lo tenía todo controlado. ¡He visto tantos casos y estaba tan segura de que a mí no me iba a pasar! Eso le sucede a las otras, a mis clientes, no a mí. ¡No a mí! ¡No puedo creer que yo haya llegado a este extremo!

O a Isabel, enfermera de cuarenta y siete años, acostumbrada a consolar a propios y extraños, que se lamentaba de su situación con estas palabras:

> A mis amigas les doy consejos estupendos que yo misma soy incapaz de seguir. Veo muy claro lo que le pasa a los demás, pero yo… ¡Parezco ciega cuando se trata de mí misma…!

O a Rebeca, una funcionaria de tráfico, quien, a sus veintinueve años, afirma:

> Cuando escuchaba los casos de maltrato por televisión, me daba rabia y no entendía por qué una mujer dejaba que la situación llegara hasta esos extremos. Hoy me veo a mí misma y no me reconozco. ¿Cómo no me di cuenta a tiempo?

Algunas de estas frases las he escuchado en la consulta y otras las he leído en los correos que recibo. Como vemos, el sano juicio, en cuestiones de amor, se tambalea. En asuntos del corazón, la razón tiene poco que decir. La locura de amor, cualquier locura, suele obedecer a razones que no controlamos conscientemente. Por eso es difícil entender por qué nos cuesta tanto decir ¡basta!

En este capítulo me gustaría que revisáramos algunas de las razones que he denominado «subjetivas» y que nos acechan agazapadas desde el inconsciente. En *Mujeres malqueridas* dedico un espacio considerable a explicar esa característica que tenemos los humanos de contradecir nuestras palabras con nuestros actos. Decimos que queremos una cosa, mientras que ponemos todo nuestro empeño en hacer otra. Allí hablábamos de «la agenda oculta», esa en donde el orden del día se escribe a nuestras espaldas, desde la historia infantil de cada quien, desde las relaciones tempranas y las experiencias más remotas. Ahora hablaremos de la resistencia inconsciente que mostramos ante cualquier cambio, de la angustia de separación y de la idealización. Veremos también cómo, si bien nadie es indispensable, nadie puede reemplazar a nadie. También examinaremos qué se juega detrás de la coartada del «Más vale malo conocido que bueno por conocer». Y, para terminar, nos acercaremos a los misterios de la arrogancia.

Resistencia al cambio

En general, nos resistimos a cualquier cambio. Nos aferramos a lo que somos, a lo que conocemos y a lo que tenemos, aunque sea malo. Perpetuamos situaciones sórdidas que terminan por resultarnos cómodas, porque son conocidas. Encontramos ventajas inexplicables de las costumbres más disparatadas. Sabemos a ciencia cierta que nos perjudican. Sabemos que lo que él hace demasiado a menudo no se llama «ponerse nervioso» sino colocarse, insultarme y zarandearme, pero es como fumar, da igual lo que sepamos, un extraño placer nos alienta a justificarle, nos ayuda a contarnos que en realidad lo hace porque le importamos demasiado, o porque algo habremos hecho mal. Justificamos tercamente cada uno de sus desprecios, cada uno de sus insultos... aunque nos mate. Es como si fuéramos adictos a nuestros síntomas, como si nos uniera a ellos un cariño y una lealtad feroz, y no estamos dispuestos a abandonarlos así porque sí, solo porque alguien nos diga que es «por nuestro bien». ¿Quién puede saber mejor que uno mismo lo que a uno le conviene? El resultado es que en ciertos ámbitos de nuestra vida nos cuesta más cambiar que sufrir. Aunque parezca extraño, es así, cuando se trata de ciertos temas, o de ciertas personas, preferimos sufrir que cambiar.

La resistencia al cambio es una de esas cuestiones de la naturaleza humana que solamente pueden explicarse si reconocemos que no estamos hechos de una sola pieza, sino que tenemos dobleces y que la mayoría de nuestros pliegues se nos escapan porque pertenecen al reino del inconsciente. Las consultas psicológicas se nutren de personas que buscan ayuda con esfuerzo y determinación para llevar una vida mejor y que simultáneamente parecen dominadas por ese extraño poder obstinado en mantener vivo el sufrimiento. Cualquier profesional del ramo conoce la experiencia de ver cómo sus lúcidos consejos van a parar a un mar de buenas intenciones en el que su paciente no es capaz de pescar lo que realmente le conviene. De hecho, antes incluso de acudir a ese profesional, los familiares, los amigos o los libros de autoayuda han puesto a disposición del interesado un arsenal de soluciones y de posibles estrategias para salir del bache. Soluciones, estrategias y consejos que el paciente aprobó y agradeció, pero que fue incapaz de seguir.

Me curo en salud, y les advierto que nada que tenga que ver con el inconsciente es fácil de explicar ni de entender, así que, como siempre, me valdré de ejemplos de la vida cotidiana y de la clínica para exponer este fenómeno humano con la mayor claridad posible. En algunos de ellos no se trata de alguien que sufre por un mal amor, pero en todos se trata de alguien que experimenta miedo al cambio.

Sofía está triste porque es feliz

Sofía emigró a España cuando su único hijo apenas tenía un año. Su vida no fue fácil. Pasó muchos años trabajando duro y ocupándose sola de su hijo. Cuando este era ya todo un adolescente, Sofía conoció a Miguel, separado también, que la adoraba y que gozaba de una holgada situación económica. El día en que Sofía se fue a vivir con Miguel, dejaba atrás la soledad de los años difíciles, para volver a vivir en pareja. Dejaba atrás una vida llena de sacrificios y de penurias económicas y la cambiaba por una vida cómoda y sin preocupaciones. Cambiaba una vivienda muy modesta por una casa amplia y luminosa con la terraza llena de flores que siempre había soñado. Sin embargo, el día del cambio, cuando la mudanza estuvo completada, Sofía buscó el rincón más oscuro y el banquito más triste de toda la inmensa casa nueva y allí se sentó y se echó a llorar desconsoladamente. Miguel no entendía bien por qué lloraba tanto, y ella misma tampoco era capaz de explicarlo. ¡Pero si por fin lo tengo todo para volver a ser feliz! ¿Cómo se puede llorar por una vieja casa, oscura y estrecha? ¿Quién puede echar de menos una vida áspera y complicada? Nadie dudaba de que aquel cambio era favorable para ella y para su hijo; sin embargo, le costó meses adaptarse, aceptar las bondades de su nueva vida y disfrutarla como propia.

¿A Carmen le gusta sufrir?

Carmen acude desesperada a la consulta de un psiquiatra. Está muy triste, tristísima y muy angustiada. Duerme mal y no tiene ganas de nada. Necesita salir cuanto antes de esta situación porque la vida está perdiendo sentido para ella. El psiquiatra le pauta una medicación y le explica: «Para que el tratamiento surta efecto, tiene usted que seguir mis instrucciones. Y mantener el tratamiento al menos por seis meses». Carmen accede, esperanzada por esas pastillitas que prometen devolverle la alegría... A los veinte días empieza a sentirse mejor y también empieza a saltarse las recomendaciones del psiquiatra. Ella sola decidió que a partir de ahora las tomaría un día sí y otro no. Y al poco tiempo las dejó definitivamente. A los tres meses estaba otra vez triste, otra vez deprimida. De nuevo acude al psiquiatra, muy arrepentida, y con el firme propósito de que esta vez sí seguirá al pie de la letra sus instrucciones porque no quiere volver a pasar por ese infierno. El psiquiatra la medica y pacientemente le vuelve a explicar lo importante que es mantener el tratamiento. «Sí, doctor. Sí, doctor. Sí, doctor», dijo ella. Esta vez, tardó un mes más en volver a hacer con la medicación lo que quiso y, por supuesto, en volver a recaer...

¡Juan echa de menos el cáncer!

Después de muchos, muchos meses de guerra a muerte contra un cáncer de colon (varias operaciones, quimioterapia), Juan regresa a su vida cotidiana sano y salvo. Durante el tratamiento estuvo fuerte y animado y se ganó la admiración de quienes le rodeaban. No obstante, ahora que se ha curado, está deprimido.

Ni su familia ni el médico lo entienden. Ahora que Juan tendría razones para estar contento, no puede levantar cabeza. Acude a tratamiento psicológico y, poco a poco, reconoce que parte de lo que le ocurre es que echa de menos su enfermedad. Extraña los cuidados constantes que recibía de su familia y de sus amigos mientras estaba enfermo. Está contento de estar vivo, pero ahora ya no recibe las llamadas que recibía, siente como si ya no se preocupara nadie por él. Ha regresado al trabajo, donde vuelve a ser sencillamente uno más. Está deprimido porque ha perdido los privilegios y el halo de protección que le daba la enfermedad.

Elene ¿escucha o no escucha a Mikel?

Elene y Mikel empezaron siendo muy buenos amigos… y siguen siendo solo muy buenos amigos… Mikel la quiere mucho, pero le ha explicado hasta la extenuación que no está enamorado de ella, que le tiene mucho cariño, pero que no siente por ella lo que ella siente. Elene está convencida de que Mikel sí está enamorado de ella, pero que no lo sabe y piensa que lo único que le hace falta es un poco más de tiempo, un poco más de paciencia, para que él se dé cuenta de lo que realmente siente y estén juntos para siempre jamás. A lo largo de estos diez años, Elene ha conocido a otros hombres y los ha descartado uno tras otro esperando por Mikel contra toda esperanza. Elene necesitó verle salir del armario con paso firme e inequívoco para creer en sus palabras. Y aun así, a pesar de que Mikel vive hace meses con Ricardo, de vez en cuando Elene vuelve a intentarlo…

Marina tropieza una y otra vez contra la misma piedra

Marina está enganchada a una de esas relaciones intermitentes como las que describimos en *Mujeres malqueridas*. Una de esas relaciones *on & off* que se rompe, se reanuda y se vuelve a romper, y que le procura muchísimo sufrimiento. Aun en los periodos en los que parece que hay tranquilidad, Marina sufre esperando el siguiente bache, la próxima infidelidad. Con cada ruptura, Marina se promete a sí misma que será la última. En cada ruptura, Marina vuelve mansamente, una y otra vez, a los brazos de su verdugo. Sabe de antemano que la historia se va a repetir, es consciente de que no tiene salida, pero una fuerza más potente que ella misma la obliga a volver allí, donde tiene el maltrato asegurado.

¿Qué tienen en común estos casos? ¿En qué se parecen Juan, Elene, Sofía, Marina y Carmen? Sofía echa de menos su soledad y su pisito oscuro. Carmen dice que quiere estar bien, pero se las arregla para seguir deprimida. Juan extraña los estragos de la quimio. Elene se resiste a aceptar la realidad, está tan empecinada con Mikel que no toma en cuenta ni sus palabras ni los hechos. Y Marina se empeña a toda costa en mantener una relación infeliz. Si les hubieran preguntado antes de que les pasara, Sofía hubiera dicho que ella siempre quiso mudarse; Carmen, que lo que ella teme, más que a nada, es estar deprimida; Juan, que no tenía otro objetivo que curarse; Elene hubiera afirmado que ella lo que más desea es formar una familia; y Marina hubiera asegurado con convicción que ella está muy cansada de sufrir. Sin embargo, los hechos, sus actos, contradicen lo que todos ellos piensan conscientemente y lo que dicen. De nuevo parece que el espíritu burlón del inconsciente hace de las suyas y nos dificulta cualquier cambio... aunque sea para bien. A todos ellos la vida les ha abierto un camino para poder mejorar su situación, pero les estaba costando enormemente emprenderlo y disfrutar de esa posible mejoría.

Freud explica

Sigmund Freud, en la Viena de principios del XX, también se topó con casos semejantes. Sus pacientes llegaban llenos de sufrimiento y deseosos de hacer lo que hiciera falta para liberarse de sus síntomas, pero una y otra vez, paciente tras paciente, «la resistencia al cambio» tomaba el mando. Al principio, Freud atribuyó este obstáculo al método que utilizaba en sus comienzos. En esos primeros años, instaba al paciente, mientras que estaba bajo los efectos de la hipnosis, a abandonar aquello que le hacía sufrir. Tras un largo proceso, abandonó la hipnosis y la sustituyó por el método que se sigue en psicoanálisis hasta la actualidad: la «asociación libre», que consiste en solicitar al paciente que diga «lo primero que se le pase por la cabeza». Freud pensaba que si los pacientes estaban despiertos cuando hablaban de sus síntomas y eran conscientes de sus propias palabras, no tendrían más alternativa que hacerse responsables de sus historias; pero la resistencia al cambio, la tozudez que seguían mostrando sus pacientes en mantenerse aferrados a sus síntomas, siguieron siendo las mismas. Entonces, harto de luchar inútilmente contra esas resistencias como habían hecho todos sus predecesores, Freud optó por aquello de: «Si no puedes contra él, únete a él», y decidió tomar en cuenta esa dificultad como parte del método psicoanalítico. Freud deja entrar a las resistencias al baile del análisis, las deja bailar a sus anchas, las detecta, las pone sobre la mesa y las interpreta desde la historia infantil de cada quien. Las resistencias toman la palabra, ante la mirada atónita del paciente. La pregunta deja de ser: «¿Qué hace la vida con este pobre paciente que sufre tanto?». Ahora la pregunta será otra: «¿Qué ventaja inconsciente saca este paciente al mantenerse atrincherado en sus viejos patrones? ¿A qué oscura fuerza interior obedece? ¿El paciente es o no es consciente de su propia contribución a su sufrimiento?».

En el tema que nos ocupa, la primera razón para no separarnos de alguien que nos hace sufrir NO es ese alguien. Ese alguien es, como mucho, la segunda razón. La primera razón, la más tenaz, somos nosotros mismos; nuestra propia dificultad para abandonar lo malo conocido, así sea una enfermedad.

Y es que cambiar es difícil, aunque sea para bien. Nos aferramos a lo que conocemos como si fuera lo único que existe; añoramos nuestras viejas mañas como si nos sirvieran para algo; nos adherimos a los viejos amores como si todavía pudiéramos extraer algo de su pulpa seca; nos escondemos tras nuestra enfermedad como si el triste beneficio de que nos cuiden, de que nos compadezcan, fuera suficiente para sustentarnos. Nos entregamos al sufrimiento como si tuviéramos que pagar una cierta culpa que no sabemos qué implacable juez interior nos impone. Nos empeñamos en repetir una y otra vez una vieja historia infantil cuyo final siempre es el mismo: nosotros siempre salimos perdiendo. Y todo esto lo hacemos sin darnos cuenta, con la misma esperanza ciega del ludópata de que una de las muchas veces en las que repetimos, ganaremos la mano y la historia saldrá bien…

La idealización

El enamoramiento —¡se ha dicho tantas veces!— es una deliciosa enfermedad de la que nadie querría curarse. Entre otras cosas, se caracteriza por una curiosa profusión de alucinaciones. Me explico: en una conversación sosa o normalita, el enamorado escucha un verbo excelso. Ante un ser humano de aspecto más bien corriente, el enamorado admira una belleza exótica o peculiar. El relato de una vida caótica se convierte para el enamorado en la prueba de que está en presencia de un espíritu libre y sin ataduras. En una existencia terriblemente convencional, el enamorado reconoce a una persona segura de sí misma y de firmes convicciones. La enumeración de los repetidos fracasos del amado conmueve al enamorado y le convence de la mala suerte y de la injusticia con la que la vida ha tratado a su tesoro. El enamoramiento es así, nos trastorna los sentidos; nos hace generosos y regalamos virtudes a manos llenas, decoramos al otro por aquí y por allá hasta convertirlo en un ser excepcional. ¡Tenemos tanta suerte de habernos topado con él...! ¡Tenemos tanta suerte de que nos mire...!

A fin de cuentas, para el enamorado, lo de menos es la persona verdadera que tiene delante. «¿Cómo? —se preguntarán algunos—. ¿Cómo que es lo de menos? ¡Si la otra persona es "lo de más"! ¡¡Pero si no puede pensar en otra cosa!! ¡Si todo el día está hablando de él!». Lo sé, a primera vista parece que no hay nada ni nadie más importante que ese ser; pero si nos acercamos y observamos la trama con detenimiento, descubrimos que en realidad no se trata de «ese» ser. «Ese» ser, el verdadero, el de carne y hueso, no pinta casi nada en esta historia. Se trata de «otro» ser. «¿De otro? ¿De cuál? ¿De quién?», preguntarán. Pues de un personaje de ficción, de un ser deslumbrante que el enamorado ha fabricado a su medida.

Por suerte, con el paso del tiempo, se aclara el entendimiento y la mirada puede posarse sobre el ser humano real que tenemos delante. En el mejor de los casos, la realidad aparece paulatinamente y, poco a poco, nos hacemos con sus defectos y disfrutamos de sus méritos. Poco a poco, diferenciamos nuestra invención de la realidad. «Ni él es tan maravilloso, ni yo soy tan poquita cosa». Da pena… ¡era tan emocionante cuando era perfecto! Pero en el fondo es más descansado estar con un ser humano que con un dios.

De todos modos, por mucho que reconozcamos la realidad, siempre mantenemos un resquicio de idealización que nos facilita la convivencia. Siempre estaremos dispuestos a engañarnos un poco respecto a las cualidades de quien tenemos a nuestro lado.

Idealizar al otro es un arma de doble filo. Por una parte, engrandeciendo al otro nos inflamos nosotros también: «¡Algo bueno tendré yo para que este señor asombroso se fije en mí!». Pero a la vez lo hacemos tan inmenso, que nosotros terminamos sintiéndonos muy pequeños, porque las cualidades con las que adornamos al otro las hemos sacado de nuestro bolso, a costa de nuestro amor propio, por así decir, y le hemos dado tanto, que nuestro bolso se queda casi vacío. «¿Qué puede haber visto en mí? ¡Si yo no valgo la pena!». Ante tanta grandeza, corremos el riesgo de sentirnos insignificantes. Además, es probable que nuestro idealizado se crea tan maravilloso como nosotras lo vemos y se hinche de altivez y superioridad, y será más probable cuanto más infantil y malcriado sea en el ámbito privado e íntimo. Total, ¡si su madre siempre lo ha visto perfecto!; nosotras no hemos hecho más que reconocer esa perfección en la que él y su madre siempre han confiado.

Lo cierto es que, cuando nos separamos, nos cuesta renunciar no solo a la persona real con la que hemos pasado parte de nuestra vida, sino también a ese aspecto idealizado, endiosado que hemos inventado nosotros mismos y que a menudo tiene poco que ver con quien solemos compartir el desayuno.

Parte de lo que se pierde en una separación es esa inversión a fondo perdido que hicimos cuando nos enamoramos. Lloramos por el hombre verdadero que se va, pero, sobre todo, lloramos porque perdemos al ser imaginario que nos habíamos inventado. Únicamente cuando lo vemos caer del pedestal que habíamos construido para él, lo contemplamos en toda su humanidad y descubrimos la estafa que nos hemos infligido a nosotros mismos. ¡Somos nuestro propio Lehman Brothers!, y sufrimos la debacle de nuestra economía interna particular. ¡Nuestra inversión se ha ido al garete! ¡Era todo producto de una burbuja imaginaria! El problema es que nunca es fácil aceptar la ruina. Es muy duro admitir que la única forma de tener al menos una posibilidad de salir de la ruina sea empezar por reconocerla y aceptarla. Para tener otra oportunidad, primero tenemos que declararnos en suspensión de pagos y someternos a lo que establezca la ley para estos casos. El otro camino es convertirnos en un Bernard Madoff sentimental, entramparnos en una loca carrera piramidal en la que el único timado es uno mismo.

«Si te vas, me muero»

Espera un poco, un poquito más,
para llevarte mi felicidad.
Espera un poco, un poquito más,
me moriría si te vas.
LA NAVE DEL OLVIDO

«Si te vas, me muero» es una frase que todos los enamorados, unos más y otros menos, hemos pronunciado, pensado o sentido alguna vez. Cuando lo sentimos, no es un decir, no es una manera de hablar ni una metáfora; es que la angustia ante la separación nos hace batir el corazón de tal manera que, literalmente, sabemos con certeza que esa tarde nos vamos a morir.

El «Si te vas, me muero» nos trae a la mente de un golpe seco la única situación en la que un ser humano no puede sobrevivir si el otro se va: un bebé morirá, con toda seguridad, si su madre o un adulto que le cuide no están cerca de él, atendiéndolo. Un bebé necesita que alguien se ocupe de sus necesidades básicas, pero esas necesidades básicas no se limitan al alimento y al cuidado corporal, sino que incluyen hablarle, acariciarle, abrazarle, jugar con él, que la madre le haga sentir su calor, el latido de su corazón, de su respiración, su risa, su mirada, sus ritmos… En fin, todo aquello que constituye el contacto afectivo con un ser humano que lo cuida. Todo aquello que, con el tiempo y el desarrollo emocional del propio bebé, le permitirán primero sentirse —y luego saberse— parte del tejido sentimental de otro ser humano.

El periodo del desarrollo humano conocido como la «angustia ante el extraño» o «angustia de separación», que ocurre entre los siete y los nueve meses, consiste en que el bebé, que ha sido hasta entonces sociable y risueño con todo el mundo, de pronto empieza a desconfiar y a mirar de reojo a cualquier desconocido que se le acerque. El verdadero significado de esa desazón no es otro que «la angustia a que mamá se vaya». A partir de esta edad, los niños empiezan a ser conscientes de que la mamá viene y va. Ya sus reclamos no son atendidos de inmediato, porque mamá ha tenido que salir a trabajar, porque está con papá, o simplemente porque está hablando por teléfono. ¡El bebé acaba de descubrir que mamá tiene vida propia! ¡Horror! Ahí empieza el miedo, ahí se empieza a cavar ese precipicio con el que tenemos que convivir, que tenemos que decorar con optimismo y que hemos de atravesar con dignidad. Aquí y ahora termina el paraíso terrenal y empieza el valle de lágrimas que supone la autonomía del otro, o sea, el resto de la vida.

Pero si los seres humanos nos resignáramos a una expulsión irreversible y perpetua del paraíso, nuestra existencia no sería muy diferente de la de un animal, una máquina biológica entregada a la conservación de la vida. Una vida sin ningún sentido de existencia, sin relato histórico, sin referencia a un pasado diferente al presente. Por el contrario, los humanos lo somos porque hemos desarrollado una cierta habilidad, que es la de recrear el paraíso terrenal cada vez que podemos. Lo inventamos, lo decoramos con hábitos, con objetos, con lugares, con música, con libros, con zapatos, con barras de labios, con coches, con casas, con arte, con conocimientos, con ropa, con pasiones, con teléfonos de última generación, con iPads. Lo animamos con familiares, con amigos, con parejas, con hijos... ¡Redecoramos una habitación, y allí está el paraíso terrenal! ¡El primer turrón de Navidad sabe a paraíso terrenal! ¡Tenemos una amiga nueva, y eso es el paraíso terrenal! ¡Escuchamos las *Variaciones Goldberg*, y hummm, así suena el paraíso terrenal! Un *gin-tonic* o un *bloody mary* pueden ser el paraíso terrenal. ¡La emoción de un primer beso es el corazón del paraíso terrenal! ¿Qué otra cosa nos ofrece la publicidad? ¡Paraísos terrenales para todos los gustos, a todas las medidas! Sumergidos en nuestros paraísos particulares, todo es seguro, todo es para siempre y nada malo nos puede ocurrir. ¡Estamos a salvo! El recuerdo del paraíso perdido, el anhelo de su reencuentro, nuestra memoria de su contraste con cada instante del presente nos impulsa a crear, a trabajar, a esperar, a esforzarnos, a seguir buscando. En esto consiste el juego. Un juego al que jugamos todos los humanos, que nos ayuda a vivir, nos prepara para lo que vendrá a continuación, nos ayuda a explorar el futuro con la cartografía de nuestro pasado. No será la cartografía más precisa del territorio por explorar, pero es mejor que nada. En el peor de los casos, nos hace compañía y nos consuela. Nos ayuda a planificar nuestra vida, a reformularnos relaciones, prioridades y compromisos. Pero el juego solo funciona como tal mientras lo usemos exactamente como eso, como un juego, como una actividad tentativa, transitoria, por un rato, para uno de esos ratos en los que las demás exigencias de la vida nos permiten jugar. El juego vale mientras que sea una actividad que sabemos que hay que restringir. Si no lo mantenemos dentro de esos límites, el juego se transforma en una actividad maligna, que nos aliena, que secuestra nuestra voluntad, que congela las demás cosas que nos importan de nuestra vida, nos empobrece, nos atonta, nos debilita. Pero los paraísos… son terrenales y, por definición, efímeros. Los zapatos nuevos nos aprietan, el coche es incómodo para trayectos largos; el helado de chocolate engorda; la amiga no es tan buena persona como parecía; la seguridad del hogar pasa de ser un refugio a convertirse en una cárcel; el primer beso estuvo muy bien, pero él no quiere comprometerse… ¡Entonces tenemos que inventar otro paraíso! Nos pasamos la vida reproduciendo un paraíso mítico que en realidad nunca existió, pero cuya imagen idealizada nos sirve de refugio mental para soñar, para creer que hay un lugar verdaderamente seguro en el que todo es amable y todos nuestros posibles deseos serán órdenes cumplidas de antemano (¡así que ni siquiera nos tomaremos la molestia de desear!), un lugar en el que nunca nos va a faltar de nada, ni vamos a sufrir, ni nos vamos a enfermar, ni mucho menos nos vamos a morir.

En fin, que siempre habrá unos paraísos más importantes que otros. Hay paraísos en los que hemos invertido mucho esfuerzo y sobre todo muchísima ilusión. Cuando el decorado de nuestra ilusión se resquebraja, cuando se abre una grieta en el cartón piedra de nuestro paraíso portátil, asoma otra vez ese horrible vacío, el terror a la soledad y el abismo de la muerte.

La diferencia entre el juego, necesario, y una actividad alienante, parásita, es la renuncia, o no, a la omnipotencia; la aceptación, o no, de que se es un ser humano corriente, un ser humano más; la aceptación, o no, de que no somos creadores de dioses, o de que podemos ser dios por un ratito nada más y en la ficción. De la ficción también se vive, es cierto, ahí están los creadores, los escritores, los cineastas, pero quien convierte su vida en una ficción únicamente consigue vivir en soledad, aislado del contacto humano real.

Ahora bien, todos los recursos tienen su precio. El peaje de la recreación de paraísos terrenales es que cuando un ser humano se enfrenta a una separación, aunque el calendario diga que tenemos más de cuarenta años, durante un tiempo más o menos largo, volvemos a tener siete meses y a sentirnos indefensos, vulnerables, frágiles. Ese miedo que se apropia de nuestra respiración, ese esperpento que nos habita, es una angustia de muerte en toda regla. Estamos convencidos de que, sin el otro, nos vamos a morir, y punto.

No me refiero al miedo que puede sentir una persona a empezar a vivir sola después de una separación. Hay mujeres casadas que no son capaces de dejar al amante; otras que viven con amigas en un piso compartido y no abandonan al novio que las maltrata; o quienes viven en la casa familiar y mantienen relaciones infelices durante un tiempo prolongado. Objetivamente ninguna de ellas está sola y, sin embargo, no se atreven a dar el paso por miedo a la soledad. La soledad que tanto nos inquieta es de otra naturaleza, mucho más misteriosa, más temida y a la vez más conocida, es la soledad del desamparo y de la dependencia extrema del bebé. Ante el terror que nos despierta esta soledad ancestral, ningún argumento racional es suficiente. Esta «supersoledad» está vinculada al descubrimiento infantil de la autonomía de la madre.

La pérdida de un ser querido —cualquier separación— nos pone delante de los ojos una de las peores realidades con las que tenemos que convivir los seres humanos: la autonomía del ser amado. La autonomía de la vida, que no nos pide permiso para darnos ni para quitarnos nada. El otro puede ir, venir, regresar, escaparse, enfermarse, quedarse, morirse, no aceptar irse. En nuestro mundo emocional persiste siempre —¡bendito sea!— un nivel infantil de fenómenos. En ese nivel infantil, no necesariamente queremos tener al otro siempre a nuestro lado, lo que pretendemos antes que nada es tener al otro a nuestra disposición. El niño que todos llevamos dentro desea controlar a ese otro a su antojo, ponerlo y quitarlo según le venga bien. Apartarlo con indiferencia cuando nos sobra, y abrazarlo con desesperación cuando oscurece; como hacíamos de pequeños con nuestro adorado osito de peluche. Durante el resto de la vida, la autonomía del otro nos acecha: nadie es dueño de nadie.

Vivimos de espaldas a esta verdad, como vivimos de espaldas a la muerte, porque es la única manera de vivir. Llenamos el vacío que esa verdad supone con seres queridos, con amigos, con la pareja, con la pasión que sentimos por la jardinería o por la literatura del siglo XIX. Nos resguardamos de sus efectos gracias a esa barandilla prodigiosa que tejemos alrededor del abismo y a la que llamamos rutina de la vida cotidiana. Por eso es tan espantoso el sufrimiento que supone una separación. Porque en un segundo, sin preguntarnos, sin pedirnos permiso, la vida nos deja a la intemperie.

Ese hombre desalmado, soso, sinvergüenza, aburrido, gordito o flaco, calvo o peludo, infiel o dependiente, que tanto nos hizo sufrir y que acaba de hacernos el favor de abandonarnos, no justifica tanto dolor. Ese ser en particular no merece tantas lágrimas. Perder de vista a ese señor en concreto no explica esta angustia, este miedo a despertarnos por la mañana o a tomar el metro. ¡Pero si ni siquiera era tan bueno en la cama! ¡Pero si no tomaba en cuenta nuestros sentimientos y nos trataba fatal! ¡Pero si la vida junto a él era un calvario! ¡Pero si era aburrido y solo sabía hablar de sí mismo! ¿Cómo es que ahora le dedicamos tantas horas al día de pensamientos y de recuerdos? ¿Cómo es que por su culpa sufrimos esta horrible sensación de que ni nuestra razón ni nuestro sueño nos pertenecen y de que nunca más podremos ni dormir ni concentrarnos debidamente en una tarea?

No se entiende. Para comprender todo ese dolor desbordado, esa bota que nos oprime el pecho y nos impide respirar, ese terror de vida o muerte, toda la medida del exceso de dolor, toda la dimensión de angustia que no se puede explicar racionalmente, tenemos que saber que no es únicamente «ese» abandono o «esa» separación particular lo que nos está destrozando, sino la capacidad que tiene «esa» ruptura para revivirnos de un plumazo TODAS las pérdidas anteriores y sumirnos en el lecho infantil de soledad ancestral, con sus miedos, con todos sus monstruos, y sin ningún osito de peluche a la vista.

Pilar, treinta y ocho años, profesora de instituto

Pilar llegó a mi consulta meses después de separarse de Antonio. Fue ella quien decidió separarse y sabía que había tomado la decisión correcta. Hacía mucho que sabía que no lo quería y, además, estaba harta de sus celos y del control que pretendía ejercer sobre ella. Aun así, se preguntaba si no sería mejor volver con él, porque la angustia que sentía desde que él se había ido de casa no la dejaba vivir. Tenía miedo de volver con él o de aferrarse al primero que le pasara por delante, como solía hacer, solo para no angustiarse. Cuando le pedí que me hablara un poco de su angustia, me dijo: «Cuando estoy sola, es como cuando te asomas a un precipicio, que tienes miedo de tirarte. Si estoy acompañada, aunque sufra, no me da miedo».

Entendimos que Antonio, que cualquier Antonio, hacía las veces de una reja firme al borde de ese abismo que es para ella la vida con autonomía, y a la que Pilar, por su particular historia infantil, tanto teme. No le echaba de menos a él, sino a la función que él cumplía en su vida. La presencia de un hombre, a modo de reja firme, le proporcionaba la sensación de control, vigilancia y alerta que habían venido ejerciendo, de forma sucesiva, una madre tempranamente fallecida, una abuela que la crió, una hermana mayor que la prohijó, y luego un jefe y un par de novios. Esa presencia le permitía pasearse distraídamente al borde de cualquier abismo porque sabía con certeza que no iba a sucumbir al vacío. Ahora que no había reja, la vida se le había vuelto peligrosa y tenía mucho miedo. El objetivo del tratamiento consistió en que Pilar pudiera levantar su propia reja para resguardarse; así podría elegir una pareja y no aferrarse al primero que le pasara por delante, y sería capaz de establecer relaciones de igual a igual y no de «niña aterrada con reja protectora».

Los peluches de Lucía

Ahora voy a contarles la historia de Lucía, una niña que atendí en la consulta y de la que aprendí el verdadero significado de la palabra desamparo. Su historia nos servirá de metáfora y nos permitirá comprender por qué nos afecta tanto la pérdida de un ser querido y por qué ponemos todo de nuestra parte para evitar tomar verdadero contacto emocional con esa pérdida.

Lucía es una niña de siete años que viene a mi consulta porque el miedo no la deja dormir. Nació en Etiopía y sus padres la adoptaron con diez meses. Cuando la conocieron, Lucía tenía unos surcos en carne viva, infectados, a cada lado de la cara, desde el extremo exterior del ojo, hasta la oreja correspondiente. Eran los surcos que, silenciosamente, habían forjado sus lágrimas. Una tras otra, tras otra, tras otra, sus lágrimas fueron «haciendo camino al llorar». ¿Cuántas lágrimas hacen falta para horadar la piel? No lo sé, pero seguro que fueron muchas las lágrimas de Lucía que nadie secó, que nadie consoló.

Nunca olvidaré nuestro primer encuentro. Yo salí a recibirla a la sala de espera, la invité a pasar al cuarto de juegos e intercambiamos las frases suficientes como para que la niña advirtiera mi acento latinoamericano. Entonces me miró inquisitivamente a los ojos y sentenció:

—¡Tú no eres de aquí!

Yo le devolví la mirada y le respondí:

—¡Ni tú tampoco!

Nos reímos con complicidad: ya teníamos algo en común, y ese fue el comienzo de una gran amistad…

De Lucía llamaban mucho la atención sus ojos enormes rodeados de unas ojeras adultas, ojeras de quien ya lleva mucho sufrido y llorado en la vida. Y es que Lucía no dormía. Se pasaba la noche comprobando si sus padres estaban vivos, si no había entrado ningún ladrón en la casa, y si la puerta de la entrada seguía con el cerrojo echado, como lo había dejado su padre delante de ella antes de irse a dormir. Lucía usaba todos los recursos a su alcance con la intención de asegurarse de que esta vez estos padres nuevos no la iban a dejar; de que esta vez, si ella lloraba, alguien secaría sus lágrimas. Lucía me contó que para conciliar algunas horas de sueño, tenía un truco: llenaba su cama de peluches. A los padres les pareció que no era suficiente con que ella me lo contara para que yo entendiera exactamente a qué llamaba la niña «llenar la cama de peluches», y un día la madre me ofreció una foto que le habían tomado mientras dormía. En un principio me pareció una exageración… ¡hasta que vi la foto! Un jardín de felpas de colores, una selva de animales apretados, unos encima de los otros y todos arracimados en torno a una carita negra, a unos pelitos negros que debían ser de Lucía. No eran cinco o seis peluches, ni diez ni doce; era imposible contar uno por uno todos los muñecos que Lucía tenía hacinados en su cama y con los que se acompañaba para aplacar su miedo y conseguir dormir por unas horas.

Lucía me contó que con cada peluche mantenía una relación peculiar. Sabía el nombre y la procedencia de cada uno de ellos y no los quería a todos por igual. Había unos cuantos, muy pocos, unos tres, que resultaban indispensables; eran los que coronaban la cabecera de la cama, a los que se abrazaba para dormir. Esos tenían que ir con ella si dormía alguna noche en casa de la abuela. Había otros —muchos más— muy queridos; con esos jugaba. Eran peluches tan importantes como la persona que se los había regalado. Y después estaban «los demás», que no eran tan buenos guardianes, pero, aun así, no consentía en desprenderse de ninguno. Su cama tenía que estar alicatada de peluches. Si un par de centímetros de la cama quedaba a la intemperie porque algún muñeco estuviera fuera de lugar, a Lucía le entraba el pánico y nada la podía consolar.

Al conocer la historia de los peluches de Lucía, comprendí hasta qué punto, en algún momento de nuestra vida, todos somos Lucía. Comprendí que eso, exactamente eso, que hacía ella con sus peluches es lo que hacemos todos (los grandes y los pequeños) con nuestros miedos y con nuestras relaciones. Intentaré explicarme: cuando Lucía era todavía un bebé, experimentó de la forma más cruel y en carne viva el terror a morirse. Y así como sus lágrimas habían hecho surcos en su piel, también el terror de estar sola había dejado huella en ella.

Unos más, unos menos, todos convivimos con un cierto abismo, como Lucía, como Pilar, pero la inmensa mayoría de nosotros no tuvo más que fugaces, ¡fugacísimas! experiencias de ese abismo. Apenas retrasos, distracciones, no ya de la presencia concreta de nuestra madre, sino de su contacto emocional. Todos nosotros tenemos constancia del abismo, pero solo unos pocos, como Lucía, como Pilar, estuvieron engullidos por él, más o menos tiempo. Así, las relaciones que forjamos a lo largo de nuestra vida cumplen la misma función que cumplían las parejas de Pilar y los peluches en la cama de Lucía: cada uno de nuestros familiares, de nuestros amigos, de nuestras parejas, de nuestros hijos o nuestros compañeros de trabajo nos protegen del abismo, nos acompañan, hacen una barrera que nos resguarda del vértigo. Cada una de las relaciones significativas que establecemos ocupa un lugar en ese lecho imaginario del vacío y está representada por su peluche correspondiente. Como en el caso de Lucía, hay unos peluches más queridos y más importantes que otros. Están los indispensables, los que marcan el norte y sin quienes nos sentimos completamente a la intemperie (la pareja, los padres, los hijos, los amigos íntimos). Y están los otros, un poco más intercambiables, pero que, al igual que los muñecos de Lucía, reconocemos, valoramos y preservamos con cariño.

También nosotros ocupamos el lugar de un peluche en el lecho de soledad de cada una de las personas con las que nos relacionamos. Para algunos, somos uno de los pocos peluches indispensables; para otros, solo somos necesarios y, para el resto, seremos peluches intercambiables, pero con alguna función que cumplir.

Cuando se produce una pérdida o una separación, cuando uno de nuestros peluches importantes desaparece, perdemos muchas cosas con él. Para empezar, su ausencia nos deja de nuevo sin rejas, ante el temido precipicio de la «supersoledad». El orden que habíamos conseguido se ha roto, literalmente se nos mueve el suelo y perdemos pie. Esa sensación, en sí misma, ya sería suficiente para llorar, para asustarnos y para quitarnos el sueño, como le pasaba a Lucía, o para angustiarnos como hace Pilar.

Pero no es solo eso lo que perdemos; además, la función que esa persona ejercía en nuestra vida queda desatendida, el lugar exacto que ese peluche ocupaba en nuestro lecho queda al descubierto. Si es una amiga que solía llamarnos los domingos por la tarde, siempre para contarnos sus penas, ¿quién nos va a llamar ahora los domingos por la tarde para contarnos sus penas, «las de ella»? ¿Quién nos proporcionará esa ocasión de sentirnos buenas, comprensivas y capaces de consolar? ¿A quién vamos a preguntarle: «¿Qué me pongo?»? ¿Quién nos va a acompañar a comprar tonterías indispensables en Ikea? ¿A quién vamos a contarle la última reconciliación con el marido o la primera pelea con la nueva jefa? Si con una amiga la lista puede ser interminable, la lista de la pareja, de los padres, es infinita... Y cada vez que nos topemos con uno de esos terribles agujeros que nos ha dejado el que se fue, créanme, tenemos derecho a llorar, a patalear y a asustarnos como lloraba y pataleaba Lucía.

Tengo una amiga que acaba de perder a su padre. A pesar de que ya era muy mayor y llevaba tiempo enfermo, y que su muerte se esperaba de un momento a otro, mi amiga está desolada y le parece que cada día lo lleva peor, cada día descubre una nueva faceta por la que le echa de menos. La última vez que hablé con ella me lo contaba con estas palabras: «Es como si antes hubiera habido un árbol frondoso y firme. Un árbol en el que te podías recostar y en el que podías confiar para resguardarte. Ahora me talaron el árbol y estoy a la intemperie...».

Además de quedarnos sin ese árbol, sin su tronco firme y sin su sombra, y de perder el peluche y la reja, cuando alguien se nos va, nos deja desempleados de las funciones que nosotros cumplíamos respecto a él; dejamos de ocupar nuestro sitio de osito de peluche en el lecho del ausente. Dejamos de ser «ese» que solía recostarse de tarde en tarde en el tronco firme de aquel árbol. ¿Quién va ahora a hacernos sentir solícitas? ¿Quién va a hacernos sentir atentas? ¿A quién vamos a hacer reír? ¿Quién nos hará sentir divertidas? ¿A quién vamos a abrazar por las mañanas entre dormidas y despiertas? ¿Quién nos hará sentir cariñosas? ¿Quién nos hará sentir atractivas, sexis y capaces de despertar pasión? Ya no seremos más «mi flaca», «la gorda», «bonita» o «mi bella» para nadie. ¡Otro agujero! ¡Otra falta que nos remite, cómo no, al agujero y a ese abismo primitivo...! Cada pérdida amenaza la imagen que tenemos respecto a quiénes éramos nosotras para el ausente y lo que significábamos para él. Este aspecto de la pérdida supone que tendremos que reconstituir, en otros términos, con otros personajes, lo que fuimos para el ausente. Un proceso difícil y doloroso que implica poner sobre la mesa, al descubierto, las presunciones inconscientes de cómo nosotras imaginamos que nos ven los demás. Entonces, ¿cómo no vamos a llorar?, ¿cómo no vamos a asustarnos?, ¿cómo no vamos a postergar lo más posible cualquier separación?

Esta parte del proceso del duelo queda bien representada con lo que se conoce como el «síndrome del nido vacío» que aparece en algunas mujeres cuando sus hijos se hacen mayores y se van de casa. Quedan despojadas de su identidad de madres cuidadoras, desempleadas de sus funciones del «Abrígate», del «Recoge los zapatos» y del «Sírvete más tortilla, que te estás quedando en los huesos». Para estas mujeres es muy importante la llegada de los nietos, porque las rescatan de la «cola del paro» de la maternidad y les ofrecen un empleo como abuelas, a tiempo parcial y muy bien remunerado por los pequeños.

El miedo ancestral a quedarnos solos, el miedo a la «supersoledad», remite a aquel momento de la infancia, cuando quedarnos solos podía significar la diferencia entre la vida y la muerte. Un miedo que en la vida adulta mantenemos sepultado en el inconsciente y que, en el mejor de los casos, se despierta con los duelos, con los cambios, con las separaciones. Este miedo tiene su cara amable, porque es lo que nos empuja a «pertenecer», a crear, a buscar: el sentimiento de pertenencia es un buen antídoto contra este temor. «Pertenecemos» a una familia, a una pareja, a una saga, a un grupo de amigas, a un país, a un equipo de fútbol, a la promoción de un colegio, a la facultad de una universidad, a una empresa o a un grupo de *chat* en el WhatsApp... Esas pertenencias nos conforman y hacen de nosotros quienes somos. Cada una de esas pertenencias son los hilos que nos mantienen hilvanados al suceder de la vida, más allá del vacío, de la soledad y del miedo. También tejemos redes con los hilos de las actividades creativas. Hilos de construcción, de búsqueda. Aficiones, proyectos, actividades lúdicas... ¡Cientos de estos hilos nos sostienen y nos mantienen a salvo del abismo!

Cuando alguien nos deja o se nos va, rompe algunos de esos hilos; es por eso que no solo sentimos dolor, la pena por la ausencia no lo es todo. Lo peor, lo que nos hace la vida insufrible, es que, además del dolor, nos atenazan el vértigo y una angustia de muerte. No podemos respirar con normalidad, la boca del estómago es un hervidero de grillos, las manos dejan de ser nuestras y tiemblan sin permiso. ¡Horror! ¡Un peluche ha desaparecido! ¡Se ha roto el equilibrio entre el abismo y las rejas que nos protegían del vacío! Ahora bien, hay personas que tienden a tejer demasiados hilos en un único peluche. Un peluche-dios que creamos nosotros y del que colgamos peligrosamente ante el abismo. Además, esa incómoda posición nos impide vernos como lo hacen los demás. Si pudiéramos vernos desde fuera, podríamos apreciar que tenemos recursos; sabríamos que, si pedimos ayuda, va a venir alguien a salvarnos y que no nos vamos a tirar por la ventana. Si pudiéramos vernos desde fuera, seríamos capaces de rescatar de nuestra propia experiencia, o de la del resto de los peluches que conocemos, que lo más prudente que podemos hacer es desprendernos de nuestro peluche-dios, convertido en fascinante demonio, que infecta al resto de los peluches y carcome nuestro lecho —y nuestro pecho—. Si pudiéramos, por un momento, abandonar el vértigo del abismo y vernos desde fuera, confiaríamos en que después de la ruptura nos espera otra manera de vivir, seremos más libres, más livianos y tejeremos otra red con nuevas pertenencias...

Nadie es indispensable, nadie es sustituible

Aunque sé por experiencia que nadie es indispensable, también estoy convencida de que nadie puede sustituir a nadie. Perdemos un novio y a los seis meses tenemos otro, vale, pero será «otro» novio. El que perdimos, con sus peculiaridades, ya no está con nosotros. Perdemos a una amiga, ¡qué más da...! ¡Total...! ¡Tenemos tantas amigas...! Pues no. Cada amiga es única. Y esa que se mudó a vivir a Nueva York nos priva de sus manías, de su forma de querernos y de hartarnos, de los momentos vividos, que solo compartíamos con ella. Porque otra amiga siempre será «otra amiga», otro peluche. Perdemos un país y nos mudamos a otro; sí, y el otro nos recibe con generosidad, y estamos muy agradecidos de encontrar un lugar, y hacemos de ese lugar nuestra casa, y lo adoramos, tanto, que puede que nunca regresemos al original. Pero ese nuevo país nunca podrá sustituir al propio. Ningún país del mundo olerá como el nuestro ni tendrá los colores del anterior, ni sus sabores. Hay otros amigos, volveremos a formar una pareja, habrá otros hombres y otras mujeres, la vida continúa, sí, pero ya nunca será lo que fue. Puede incluso que sea mejor, pero será otra. La vida habrá de continuar SIN mi abuela, SIN Juan Ramón y SIN los verdes de Caracas.

Cuando nos separamos y alguien nos dice: «Nadie te va a querer como yo te quiero», lo primero que pensamos es: «¡Eso espero!», pero lo cierto es que tiene toda la razón. Nadie nos querrá como él nos quiso; el siguiente nos querrá más, nos querrá menos, nos querrá mejor o peor, pero siempre nos querrá distinto. Cada quien quiere —o malquiere— a su manera, como cada uno se cepilla los dientes a su modo.

¡Atención! Yo no digo que en el cambio solo hayamos perdido. Perder de vista a un maltratador siempre es lo mejor que nos puede pasar en la vida; poder salir de un país convulsionado en el que reina una dictadura es una suerte. Pero necesitaremos un tiempo hasta acostumbrarnos a vivir con el agujero que el cambio deja tras de sí y poder acogernos a sus ventajas. Ese tiempo es el que necesitamos para el duelo, que es lento, que se toma su propio tiempo para pasar, pero que pasa. Cerrar un duelo no significa olvidar completamente al novio que abandonamos o al amante que nos dejó en la estacada, como emigrar no significa renegar del país del que venimos. Más bien al contrario, cerrar un duelo significa que podremos volver a recordar a ese novio, a ese amante, sin rencor, sin urgencia, sin temor, sin dolor... Y poder seguir viviendo sin ese novio, sin ese amante, en otro país, pero seguir viviendo.

Más vale malo conocido...

A lo largo de mi vida profesional he escuchado la desgraciada historia de amor de muchísimas mujeres. Desde fuera, resulta inexplicable la paciencia que muestran algunas de ellas para sufrir, para esperar el milagro. Sorprende la tenacidad con la que insisten en recibir malos tratos (no solo psicológicos), la inocencia con la que vuelven a confiar en su agresor, en su verdugo. Desde fuera, repito, es difícil explicarse que no corran a pedir asilo a la embajada más cercana para ser evacuadas como si fueran víctimas de una catástrofe natural, uno no entiende por qué no exigen una orden de alejamiento radical que ponga tierra de por medio entre ellas y su maltratador; entre el sufrimiento y ellas; entre ellas y el dolor de soportar injurias; entre ellas y su insistencia ciega en mantener una relación desgraciada. De las muchas mujeres que conozco, a más de una la he escuchado esgrimir el viejo argumento del «Más vale malo conocido, que bueno por conocer». Pero, de todas, fue Luisa quien encarnó ese dicho popular de la forma más nítida y más trágica.

Luisa llegó a mi consulta envuelta y sumergida en un gris reversible: gris por fuera, gris por dentro. Detrás de la bruma de su pena, detrás de los kilos que me contó que había ganado en los últimos años, se adivinaba a una mujer hermosa. Hablaba poco, lento, bajito; pero, cuando lo hacía, cuando se animaba a contar, uno sabía que estaba delante de una mujer inteligente y con un finísimo sentido del humor. Luisa había alcanzado un puesto de responsabilidad en la empresa en la que trabajaba y podía aspirar a más, lo sabía, pero llevaba unos años estancada. Últimamente no solo no ascendía, sino que temía ser relegada de sus funciones por su falta de concentración. El caso es que descuidaba su trabajo porque en realidad no le interesaba nada de nada y había cometido un par de errores imperdonables que hicieron saltar las alarmas. De hecho, el motivo de su consulta tenía más que ver con sus preocupaciones laborales que con su vida personal.

Sin embargo, a los dos minutos de entrevista, su vida personal tomó la palabra y Luisa me contó que llevaba catorce años enamorada de Javier, un hombre casado. Él era su subalterno cuando empezó la relación y, gracias a ella, había escalado posiciones hasta estar muy por encima del estatus que ella ocupaba. Por lo que me contó, parecía que Luisa abría para él las puertas que se cerraba a sí misma. No le importaba, él merecía estar donde estaba, aunque hubiera llegado allí no solo gracias a ella, sino a su costa. No era ese el problema. El problema era que la relación se enfriaba con el paso del tiempo, que él no encontraba nunca un buen momento para separarse de su mujer, que sus hijos ya estaban emancipados y que él todavía los usaba como excusa para seguir en su casa. Cada vez se veían menos, pasaba días sin llamarla, iba a su casa muy de tarde en tarde para un «polvo fugaz» y luego se marchaba, y cada vez que lo hacía, ella se quedaba sola, seca y triste: gris. Mucho más gris que antes de verle, porque antes de verle se ilusionaba esperando no sabía bien qué cambio o qué milagro...

Me contó que cuando ya llevaban cinco años de relación («¡Hace ya nueve!», decía con horror), ella había intentado cortar porque veía que no tenía nada que esperar y estaba harta de la clandestinidad. Entonces él no la dejó marchar. Para mantenerla a su disposición, renovó sus promesas de amor eterno, le puso fecha a su separación, y le juró que en seis meses, como mucho, estarían definitivamente juntos y a la vista de todos. «¿Qué son seis meses más —se dijo Luisa—, si ya he esperado cinco años? Total, más vale malo conocido que bueno por conocer. Es un buen hombre, y me gusta, yo lo quiero, y con un poco más de paciencia...».

Entonces, ella era nueve años más joven, doce kilos más delgada y no llevaba más que cinco años esperando. ¡Solo cinco!, como si fueran pocos. Así que Luisa volvió con su «conocido» particular y allí sigue, nueve años después, esperando por él cada semana, a ver si le concede alguna tarde. Sola todos los fines de semana, sola en su cumpleaños y en Navidad y en el verano y en Semana Santa. Sola cuando enferma, sola cuando vuelve de trabajar, sola los miércoles, los martes y los domingos. Sola después de hacer el amor con su «conocido». Sola, sin amigas, porque las fue perdiendo en el camino, primero porque no quería descubrir la relación para no comprometerle, y más adelante porque le daba pudor contar una y otra vez la misma historia. Sola, porque es hija única y sus padres viven fuera de Madrid y no saben qué es lo que pasa —«¿Por qué la niña no acaba de encontrar pareja?»—, y ella no quiere decirles por qué sufre tanto, por qué está tan triste, por qué cada vez tiene menos ganas de vivir.

Ante este panorama, yo no pude menos que preguntarle:

—Usted dice MÁS VALE malo conocido. Y cuénteme, este «malo conocido», a usted, ¿para qué le vale?

—No lo sé —me dijo—. A veces yo también me lo pregunto, pero, ¿¿¿cómo voy a cambiar a esta edad???

Ya se sabe que al «Más vale malo conocido» solo se puede enfrentar el «Más vale sola que mal acompañada», pero Luisa no quería ni oír hablar de quedarse más sola todavía. Paradójicamente, Javier llenaba con su ausencia las noches y los días de Luisa, que pensaba en él continuamente: «¿Por qué no viene? ¿Por qué no me llama? ¿Por qué no responde a mis mensajes? ¿Por qué no se separa? ¿Por qué no cumple sus promesas? ¿Por qué no me visitó en el hospital cuando me operaron? ¿Por qué? ¿Por qué?». Las cuestiones que Luisa se planteaba respecto a Javier nadie las podía responder. Ni yo, ni ella, ni siquiera Javier.

El propósito del tratamiento consistió en cambiar el centro de gravedad de sus preguntas. Trasladamos el foco de atención desde ese Javier —tan ausente y tan omnipresente a la vez— hasta ella misma. El sujeto de sus preguntas ya no sería la segunda persona del singular, sino la primera: «¿Por qué YO he soportado esta situación durante tanto tiempo? ¿Por qué YO sigo esperando? ¿Por qué YO no lo dejo? ¿Por qué YO tolero sus desplantes como si fueran normales? ¿Por qué YO tengo tanto miedo a quedarme sola?». Aunque tampoco estas preguntas tuvieran una respuesta evidente, podíamos intentar dilucidarlas entre ambas. Aferrarse a lo malo conocido supone renunciar a lo bueno de antemano.

El viejo refrán del «más vale conocido...» resume aquello a lo que se aferran muchas mujeres en situaciones desesperadas. Cada una de ellas elabora una larga lista de razones que aconsejan mantener la relación, pase lo que pase. La mayoría de sus argumentos son motivos conscientes, que pertenecen a la esfera de lo objetivo: «No es para tanto», «Con un poco más de paciencia...», «Una crisis la tiene cualquiera», «Es que estamos pasando un mal momento», «El pobre está estresado», «Los hijos, ya se sabe, separan a las parejas» o «Un hijo nos uniría y resolveríamos nuestras diferencias», «Es que yo lo quiero», «Yo sé que él me quiere», «Es que no sabe demostrar sus sentimientos», «Él, en el fondo, es una buena persona», «Es que juramos en la salud y en la enfermedad», «Los niños todavía son muy pequeños y necesitan una familia». Cada una de estas razones tiene su cuota de verdad, pero muchas de ellas son excusas. Separarse es horrible, demoledor, lo sé, es lo que explica el que haya tantas parejas que se mantienen unidas a lo largo del tiempo a pesar de las desastrosas relaciones en las que están sumergidas. Sufren juntos, pero ese es un sufrimiento conocido y compartido. El otro, el sufrimiento que les espera después de la ruptura, ¿cómo será? ¿Habrá vida después de la vida de pareja? El terror a lo desconocido les atenaza, el miedo a la soledad les paraliza y les lleva a soportar situaciones execrables, atrincherados en la esperanza de que las circunstancias cambiarán, en la ilusión de que tampoco lo que están viviendo es tan horrible, en el consuelo de tontos de que hay muchos que atraviesan escenarios peores que el propio, y en el engaño de que «Más vale malo conocido que bueno por conocer». Por eso las separaciones llevan tiempo, se cuecen en el secreto de la almohada, se hilvanan en las noches de insomnio, se rumian, se postergan, se niegan, van y vienen.

Barruntamos la soledad que nos espera y nos da miedo, y el horror a lo desconocido nos hace regresar junto a nuestro verdugo, porque ¿cómo puede acabarse un amor que era eterno?, pensamos. Pedimos perdón y perdonamos y rogamos una última oportunidad y la damos. Contra todo pronóstico, desde la certeza de su inutilidad, pero la damos, y juramos en vano: ¡Esta vez sí será la última, porque esta vez sí va a funcionar!». ¿¡Por cuánto tiempo!? ¿¡Hasta cuándo!?

La arrogancia

Aunque tú tengas la culpa...
Yo te perdono de veras
sin recordar tu traición.
YO TE PERDONO

Te vas, porque yo quiero que te vayas.
A la hora que yo quiera te detengo.
LA MEDIA VUELTA

La arrogancia tenía que haber sido uno de los pecados capitales descritos en *Mujeres malqueridas*. Debía haber sido el pecado mayor, porque es el más común, el que subyace a todos los demás pecados, la base del amor loco, el horno donde se cuece aquello de: «Es que yo lo quiero», «Yo lo voy a cambiar», «Pobrecito», «Conmigo este gato será diferente» y «Esta vez sí que va a funcionar».

Hablamos de ese pecado que hace que una sierva arrodillada, amoratada, mire por encima del hombro a su maltratador. No lo trata de igual a igual, siente una extraña compasión por su amo, se dirige a él con condescendencia y termina por perdonarle cualquier cosa. Desde abajo —desde el fondo de la suela de la bota de su maltratador—, ella lo trata desde arriba, ¡al pobre! Lo justifica y lo compadece porque ella es muy buena y está por encima del bien y del mal. Su altivez le permite tragarse la rabia a bocados. En vez de manifestar y encauzar la rabia hacia el maltratador, la buena mujer la mastica poquito a poco, se la traga, se la queda dentro y la dirige contra sí misma.

La arrogancia es ciega, como el amor, pero es todavía más pegajosa, más adictiva; de manera que es mucho más fácil olvidar un mal amor que curarse de una soberbia perniciosa, porque es sutil y suele pasar inadvertida, aunque sus efectos sean devastadores.

Cuando el orgullo no puede tomar la forma de respeto por uno mismo se convierte en arrogancia (Bion, 1957). Pensar que uno está por encima del bien y del mal no es admirable: es patético.

Marcos y Diana

Diana llegó a mi consulta remitida por el Servicio de Oncología del hospital en el que la habían tratado de un cáncer de mama, porque su médico pensaba que necesitaba ayuda psicológica después de la mutilación que había sufrido. Estaba deprimida. Cuando la conocí, todavía estaba deforme, calva, hinchada, y con unos dolores horribles en las piernas, arrastrando los efectos secundarios de la quimioterapia. Sin embargo, su aspecto externo no era lo más impresionante. El relato de los últimos meses de su relación de pareja (o de aquello que Diana creía que era una relación de pareja) asustaba mucho más que su palidez y que su calvicie. Cuando llegó ya estaba separada de Marcos, pero Diana estaba muy dolida con él.

Me contó que vivía con Marcos desde hacía unos cuatro años. Marcos no había querido ni casarse ni tener hijos, a pesar de que Diana deseaba ardientemente ambas cosas, pero no quería ni obligarlo ni contrariarlo. Marcos siempre tuvo mal carácter, pero ella sabía llevarlo con paciencia. No le hacía mucho caso a sus enfados y esperaba a que se le pasara la rabieta. Parecía que todo iba bien cuando a Diana le diagnosticaron el cáncer de mama. Fue un duro golpe para ambos. Le quitaron un pecho. Cuando la operaron, su madre pasó un par de semanas cuidándola.

Por entonces, Marcos estaba de mal humor (ella lo comprendía porque el pobre estaría angustiado). Era maleducado con su suegra (Diana lo justificaba porque el pobre había perdido intimidad). Cuando la madre se fue de vuelta al pueblo y Diana empezó con los ciclos de quimioterapia, Marcos habló con ella y le explicó que él no quería seguir en esa relación, que todo eso era muy complicado para él. Diana tuvo paciencia e intentó convencerle con buenas maneras y tristes argumentos: estaban los dos muy estresados, ellos siempre se habían querido mucho, tendrían que darse un tiempo, elle entendía que su enfermedad lo hubiera puesto muy nervioso. Ningún argumento sujetó a Marcos. Pero eso no importaba, nada importaba, porque Diana estaba dispuesta a esperar a que él entrara en razón. El caso es que Marcos no aceptó ningún tiempo, y decidió separarse. Diana lo comprendió. Tal y como había quedado su cuerpo, sería difícil para él volver a desearla… Así que se separaron. ¿Se separaron? Era una manera de decir, puesto que la separación consistió en que Marcos se fue a la habitación de al lado, se desentendió de Diana y de su tratamiento y empezó a hacer vida de hombre libre. Marcos entraba y salía de casa con los horarios de un adolescente y procuraba no mirar los estragos que el tratamiento estaba causando en Diana. Pero Diana volvió a comprenderlo, y le permitió que permaneciera bajo el mismo techo, porque el pobre «no quería volver a casa de sus padres, sería humillante para él y, además, no encontraba ningún piso que le gustara». Diana entendía que Marcos no la cuidara durante la semana mortal de la quimio; y que ni siquiera la acompañara al hospital, porque sabía de sobra lo poco que le gustaban a él las enfermedades y los hospitales. Por otra parte, ahora que estaban separados, tampoco estaba obligado... «Yo soy fuerte —pensaba Diana—. Yo puedo sola». El problema era que, como él seguía viviendo allí, tampoco consentía que nadie viniera a cuidar de Diana más que cuando él estaba trabajando, porque el piso era muy estrecho y cada uno de ellos ocupaba una de las dos habitaciones. Diana aceptó en silencio. «Bastante tengo con lo que estoy pasando —pensaba Diana—, no quiero más líos, ya se irá». «La situación entre nosotros está muy tensa como para que haya un tercero sufriendo las consecuencias —decía Diana a sus amigas que la cuidaban y que no entendían ese arreglo ten desventajoso para ella—. Ya encontrará algo que le guste y se irá». Así pasaron no uno, ni dos, ni tres meses, sino los seis meses que duró la quimioterapia. ¡SEIS MESES!

Diana sobrevivió a la quimioterapia. No sola, sino muy mal acompañada.

Durante meses, revisamos en la consulta toda esta situación y alguna otra en la que Diana mostraba la misma actitud condescendiente con familiares, amigos y compañeros de trabajo. No fue fácil hacerle ver que detrás de tanta bondad, detrás de tanta comprensión, detrás de tanto sacrificio, se escondía una actitud altiva, omnipotente, de quien no se deja afectar por nada, ni por el cáncer, ni por la pérdida de un pecho, ni por la quimio, ni por el maltrato continuado del que había sido objeto.

Una tarde, cuando ya Diana tenía pelo y volvía a estar guapa y deshinchada, quedó con Marcos a tomar un café. Esta vez Diana no se dejó intimidar y no se hizo cargo de las culpas que él intentaba echar sobre sus hombros. A pesar de todo, esa conversación, y los muchos meses de terapia, le permitieron a Diana preguntarse qué hubiera pasado si ella hubiera sido un poco menos «buena», si hubiera comprendido menos y se hubiera defendido más, si se hubiera mostrado un poco más frágil y no hubiera perdonado tantas cosas. Llegó a la conclusión de que probablemente el final hubiera sido el mismo, pero el trayecto hasta el final no habría sido ni tan escabroso ni tan humillante para ella.

> *Viky, treinta y nueve años. Un año después de separarse*
> No sé qué me pasa, pero ahora tengo rabia, estoy con ganas de pelearme, me da igual con quién, solo sé que tengo ganas de pelearme. Quiero vengarme, no sé de qué, pero quiero vengarme. Antes siempre hablaba bien de Miguel, pero estoy harta de seguir salvándole el pellejo. Se portó fatal y tengo ganas de contarle a los amigos cómo fueron las cosas en realidad y que los amigos sepan que no es tan bueno como él se pinta, ni tan mosquita muerta. Estaba con la otra hacía tiempo. Creo que me he bajado de un golpe de esa actitud bondadosa y ahora estoy en el suelo, tirada, pero acompañada con todos los humanos. Ya no estoy por encima del bien y del mal, ni quiero estarlo. Ahora siento rabia como los humanos normales y también soy capaz de pedir ayuda y compasión de mis amigos.

Durante su matrimonio, y a lo largo del proceso de separación, Viky mantuvo una actitud arrogante, perdonando y protegiendo a su marido, aun después de saber que hacía tiempo que él llevaba una doble vida. Viky es una mujer de su tiempo, muy progre, y sabe que con frecuencia las relaciones empiezan y terminan. No es de esas que va a perseguir al marido, ni a ponerle un detective, ni a rogarle que se quede a su lado. Ella no se va a rebajar ni va «a montar un numerito». El caso es que, desde esa actitud, ni siquiera había podido enfadarse con él ni reclamarle por su engaño. Cuando finalmente la rabia tomó el mando, Viky se sintió muy aliviada y sobre todo ¡muy humana!

> *María Eugenia, tres años después de haber sido abandonada por su marido*
> Estuve pensando en la arrogancia. Tú me lo has dicho muchas veces, pero, al principio, no entendía bien lo que me decías. Ni siquiera me acordaba de la palabra. Salía de aquí pensando: «¿Qué fue lo que me dijo? ¿Prepotente? No, creo que fue otra palabra». Y me quedaba dándole vueltas a la palabra que habías dicho, pero no a su significado. Ahora lo entiendo perfectamente. Ahora que ya me he caído de bruces con todo el equipo y que no encuentro razones para ser arrogante, lo entiendo perfectamente y me reconozco en esa actitud. Era muy agradable la arrogancia porque yo siempre tenía razón, aunque me saliera todo mal. Era como que yo sabía que, en el fondo, yo tenía razón. La realidad se equivocaba, pero yo no. ¡Eso estaba muy bien! ¡Qué tonta! ¿No?

Las palabras de María Eugenia se explican por sí mismas. Reconocer el exceso de suficiencia y deponer sus armas supone también una renuncia. María Eugenia ha tenido que renunciar, por ejemplo, a «tener razón siempre». ¡Una pena! Pero ahora está más cerca de la realidad aunque no le guste y la toma más en cuenta, que es la única manera de cambiarla.

Contra la arrogancia, hay que ponerse en sintonía con el otro

Si la arrogancia consiste en colocarse unos escaloncitos por encima del otro, la manera de combatir este pecado consiste en ponerse en igualdad de condiciones. Ni más ni menos que el otro, ni más alto ni más bajo, en sintonía con la situación, con el otro y con la realidad.

«Entonces —se preguntarán—, si él me grita, ¿yo también le tengo que gritar?». No. Si él te grita, das por terminada la conversación porque no estás dispuesta a que nadie te levante la voz. Pero escuchas los gritos, los tomas en cuenta y actúas en consecuencia.

«Si él me insulta, ¿yo le tengo que responder con otro insulto?». No, si él te insulta te vas del lugar o lo echas de casa porque no te mereces que nadie te insulte. Pero reconoces un insulto y no lo disfrazas de «efectos del estrés», ni lo suavizas pensando que en realidad él dijo cosas que en el fondo no sentía, y que seguro que está muy arrepentido.

Si Diana hubiera estado en sintonía con su propia situación vital, hubiera podido poner su enfermedad y su necesidad de ser cuidada por encima de todo, y si Marcos no estaba dispuesto a cuidarla, ella se habría dejado cuidar por una amiga o por su madre. Viky, por su parte, se sintió muy aliviada al permitirse sentir rabia y reconocer que su marido le había hecho daño y que a ella no le daba igual que la ruptura se hubiera producido por una infidelidad. Ser la más fuerte ya no la consolaba. María Eugenia, a su vez, ha tenido que renunciar a tener siempre razón, y ahora le da la razón a la realidad, que es cruda, y a veces cruel, pero que nunca se equivoca.

Esta actitud de sintonía nos ahorraría un montón de sufrimiento inútil, un montón de afrentas. Si a la primera, o a la segunda, uno deja muy clara su posición y dice: «No. Por aquí no estoy dispuesto a pasar», el otro puede que tome nota y que se lo piense dos veces antes de maltratarnos de nuevo. Tal vez el otro sea un cafre incapaz de tomar nota de nada, pero nosotras, a la segunda, ya estaremos a buen resguardo, a muchos kilómetros de distancia del gato malqueredor. Sufriendo horriblemente por él, echándole muchísimo de menos, pero sanas y salvas. ¡Dignas! Deponer una actitud altiva mal entendida no nos va a garantizar la continuidad de una relación, pero nos va a ahorrar un montón de sufrimiento inútil.

Capítulo 3
SEPARARSE

La gota que colma el vaso o tocar fondo

Porque el tiempo tiene grietas,
porque grietas tiene el alma,
porque nada es para siempre,
el amor acaba.
EL AMOR ACABA

«Todas las familias dichosas se parecen, y las desgraciadas lo son cada una a su manera». Así empieza Tolstoi su monumental novela *Anna Karenina*. Lo mismo ocurre con los amores. Los amores felices se parecen, mientras que las historias desdichadas toman las formas de sus protagonistas. Ya hemos hablado de las razones subjetivas para no separarse. Esas son universales y nos conciernen a todos. Las razones para separarse, en cambio, son exclusivas de cada quien.

Con todo, hay situaciones que claman por una separación: el maltrato —cualquier tipo de maltrato—, la pérdida del respeto, las infidelidades continuadas, el desencuentro y la pelea como única moneda de cambio, la insatisfacción y el desamor o estar enamorado de otra persona... son todas situaciones que justifican una separación. Lo cierto es que separarse es tan difícil que nadie se separa porque sí, sin haberlo pensado mucho antes de dar el paso definitivo.

A veces parece que las separaciones ocurren a partir de los hechos más peregrinos, o aparentemente más triviales. Una mala contestación, un retraso, una discusión intrascendente por una película o ni siquiera por la película, sino ¡por el asiento en la sala del cine para ver la película! Ese detalle sin importancia se convierte en la gota que colma el vaso: apenas una gota. «Me voy a separar porque a mí me gusta el teatro y a él el fútbol», «Nos separamos porque no quiso venir el domingo a comer a casa de mis padres», «Me dejó porque le pregunté si ya había hecho las cuentas del negocio», «Lo voy a dejar porque se ha pasado la tarde pegado al ordenador» o «Lo dejé porque no me regaló nada por Navidad».

Todas estas frases suenan a nimiedades convertidas en exabruptos. Es lo que tienen las gotas, que parecen inofensivas y pueden ser letales. En el caso de una separación, esa gota encubre el sufrimiento de muchos meses de incertidumbre y de cavilaciones. El problema no es «esa» gota, sino la acumulación de gotas. Una tras otra, tras otra, tras otra gota, hasta que hay una, una sola gota, igual que todas las demás, que se derrama y nos hace ver que el vaso de la paciencia ya no da más de sí, que ya no hay manera de estirarlo. Entonces parece que la decisión se toma sola, que nos viene dada, y en ese momento se declara clausurado el vaso, y alguien dice: «¡Ni una gota más!».

Las gotas que llenan nuestros vasos respectivos se parecen, lo que suele variar es el tamaño de los vasos. Hay vasos que son como dedales. Son los que se ven desbordados a la segunda gota. Los vasos de quienes reaccionan a la primera como si fuera la última. A estas personas les cuesta emparejarse porque no toleran las peculiaridades del otro, porque necesitan imponer su voluntad. Príncipes o princesas que viven bajo el influjo de la idealización. Consideran una afrenta cualquier gesto de independencia de su pareja. Son quienes creen que ellos sí saben cómo hay que hacer las cosas, y si las cosas no se hacen como ellos piensan, o su pareja no reacciona como ellos esperan, o difiere de sus gustos, o sus inclinaciones, entonces se marchan, abandonan. Con ellos, el que se mueve no sale en la foto. Prefieren vivir solos, mantener relaciones a distancia o del tipo «Tú en tu casa y yo en la mía». Así consiguen que las gotas del otro vayan a parar al vacío y mantienen su vaso impoluto.

Hay otros vasos de formas irregulares que parece que se han colmado, que ya no cabe más y que, no obstante, de la noche a la mañana, van y se tragan un montón de otras gotas. Tiempo después, vuelve a dar la impresión de que el vaso otra vez se ha colmado, de que esta vez sí es verdad que ya no aguanta ni media gota más y «¡Esto sí que es el colmo!». Pero a la semana siguiente, o a los tres días, vuelven a tragar. Estos son los vasos de los amores intermitentes, de los que se dejan y regresan una y otra vez. Vasos que se desbordan y se vacían cada mes, cada semana, cada tarde. Estos vasos parece que tienen una salida de emergencia, cuya llave está en manos del amante. «¡Si tú me dices ven, lo dejo todo!» y «¡Una palabra tuya bastará para vaciar mi vaso!». Una llamada, un gesto, unas flores, un mensaje oportuno, una promesa de amor eterno y la secreta compuerta del vaso se abre, las gotas se deslizan, ¡y el vaso vuelve a estar vacío y reluciente, dispuesto para la próxima gota, que, por desgracia, no tardará en caer! Son los vasos-Penélope que se llenan durante el día y se vacían durante la noche para estar otra vez dispuestos a recibir sus gotas de dolor por las mañanas.

Hay vasos anchos, extensos, condescendientes, en los que caben millones y millones de gotas. Vasos sin fondo que da igual el caudal que les caiga encima, ellos no se dan por aludidos y siempre tendrán espacio para una gota más, para un chorreo más. Estos son los vasos arrogantes de los amores incondicionales. Da igual lo que les echen, siempre estarán allí, dispuestos a soportar una afrenta más, otra mala contestación, otro grito, otra infidelidad...

Hay quienes parece que ni siquiera tienen vaso. En el lugar donde tendría que estar un vaso, disponen de un océano infinito al que da igual las gotas que le caigan. Todo aguacero es poco. Todo lo reciben en su seno, lo aceptan y lo perdonan. Mar de los Sargazos, cementerio de los barcos perdidos adonde todo puede ir a parar. Las mujeres malqueridas, las maltratadas, todas aquellas que soportan estoicamente la lluvia de desprecios y ultrajes que reciben cada día, como si no hubiera otra manera de vivir, son exponentes de esta configuración oceánica de un vaso que no se llena nunca.

Las dueñas de estos vasos infinitos tratan a cada gota como si fuera la única. La miran, la inspeccionan, ¡y la pasan por alto! Porque, ¡total! ¡por una gota! Si los vasos-dedal se sujetan en la idealización y el narcisismo, los vasos infinitos suelen ensancharse gracias a la arrogancia.

Lo mismo ocurre con los pozos. El fondo del pozo de cada quien está a una altura muy diferente. Las hay que tocan fondo con el primer cumpleaños sin flores, mientras que a otras el fondo les queda mucho más lejos y, por mucho que caigan, aguantan y aguantan y siempre les queda pozo por donde descender. Otras, las más sufridas, se arman de pico y pala y horadan su propio pozo —su propia fosa—, para que dé más de sí y el fondo no se toque jamás. La pregunta es siempre la misma: ¿qué precio está pagando y cuánto más está dispuesta a pagar?, y sobre todo, ¿con qué objeto paga usted ese precio?

Pero ¿qué permite que una gota sea la última? ¿Cuándo consideramos que hemos tocado fondo? Esto tampoco tiene una medida objetiva. Desde fuera, el fondo del pozo o el borde del vaso de una amiga, por ejemplo, nos puede parecer infinito. Desde fuera, no entendemos cómo no le dejó hace dos años, o por qué soporta tanto o a qué espera. Desde fuera es fácil detectar los infiernos ajenos: «Yo no hubiera aguantado ni la mitad», «Yo lo hubiera dejado antes de serle infiel», «Yo nunca sería la amante de un hombre casado», «Es evidente que esa relación está acabando con su vida» o «Está perdiendo sus mejores años junto a él», etc., etc., etc. Desde dentro, el panorama no es tan nítido.

Para dar una relación por terminada, para pronunciar las fatídicas palabras: «Tenemos que hablar», la persona tiene que estar convencida de que ya no le compensa pagar el elevado precio que ha estado pagando, que prefiere quedarse sola a mantener la situación actual. En algún momento reconoce que es preferible aceptar la pena que le espera durante el duelo que mantener una mentira o seguir invirtiendo a fondo perdido en el negocio ruinoso de «a cualquier precio» de una relación que no va a mejorar. Por eso las separaciones a veces tardan en llegar, porque el que toma el mando y propone separarse ha necesitado de un tiempo para hacerse a la idea y para imaginar que hay vida después de la vida que ha tenido junto a esa persona.

Cuando la relación va mal, muy mal, el fantasma de la separación acecha y tiende emboscadas. No obstante, a pesar del sufrimiento, hacemos todo lo que está en nuestras manos para esquivar ese fantasma y conjurarlo con promesas de cambio y buenas intenciones. Con frecuencia, si la situación de fondo no ha cambiado, el fantasma de la separación insiste y se instala a vivir con la pareja. Deja de ser un fantasma y cobra cuerpo, parece que se materializa y nos lo tropezamos a cada momento, hagamos lo que hagamos. Sabemos que ya no hay nada más que hacer y que cada quien tendrá que irse por su lado y que habrá que decir adiós para siempre jamás, por mucho que nos duela... Pero todavía necesitamos un tiempo para hacernos a la idea. Empezamos a despedirnos en silencio, poquito a poco, en los gestos más nimios. Nos vamos haciendo a la idea de cómo será nuestra vida sin él mientras que nos tomamos el primer café, bajo la ducha o al regreso de una tarde de trabajo. Nos preguntamos: ¿a qué sabrá este café cuando no estemos juntos? Y si hacemos el amor, pensamos: ¿será la última vez? Y cuando hacemos la compra no sabemos si comprar la mitad de todo o si comprar el doble. Nos imaginamos cada gesto de su vida sin nosotros y cada aspecto de la nuestra sin él. Empezamos a separarnos del otro con el otro delante. Postergamos una despedida que sabemos inevitable, mientras nos hacemos a la idea. Hasta que un buen día, sin más, una gota cualquiera colma el vaso de la paciencia, o el pozo del amor ya no da más de sí, tocamos fondo, y alguno de los dos se atreve a decir: «¡Hasta aquí hemos llegado!».

No todas las separaciones cumplen con un único patrón. Cada pareja tiene su forma personal de poner fin a una relación; pero, ¡no hay duda!, hay estilos más dignos, más respetables y más elegantes que otros...

Capítulo 4

FORMAS DE SEPARARSE

Dejar o «Tenemos que hablar»

Atiéndeme,
quiero decirte algo
que quizás no esperes.
Doloroso tal vez...
NOSOTROS

Yo siento en el alma
tener que decirte
que mi amor se extingue
como una pavesa.
NO ME QUIERAS TANTO

Cuando ocurre una separación, uno quisiera poder pasar una línea divisoria y distribuir a los personajes del drama como en las viejas películas del Oeste: de un lado los buenos: allí colocamos a la víctima, al abandonado que pasivamente no tuvo más alternativa que tragarse la decisión del otro. Del otro lado ponemos a los malos: al insensible que tomó la decisión, al despiadado que pronunció las palabras asesinas que nadie quiere oír: «Ya no te quiero».

Me temo que la vida suele ser más complicada que las películas de vaqueros, así que no se trata de defender a unos y demonizar a los de enfrente. El amor es caprichoso y viene y se va sin avisar. Las relaciones son complicadas, y a veces no es fácil mantenerlas a flote, a pesar del amor. No digo yo que al que deja siempre haya que ponerle una medalla; se trata de comprender a los dos polos de este drama, y de reconocer que unos y otros desempeñan un complicado papel en el espanto que supone una ruptura. Una separación es siempre dolorosa, como dijimos, nadie se separa porque sí, casi nadie abandona sin sufrir su parte y, por supuesto, nadie es abandonado de gratis.

Dejar es muy difícil

> Ya ni siquiera me atrae sexualmente. No siento nada. Lo tengo a mi lado y no siento nada. Es muy triste, pero no me atrevo a hablar con él. Me da pena. Me da pena y me da miedo lo que me espera.

La mayoría de las mujeres que viene a mi consulta después de haber leído *Mujeres malqueridas*, lo hace porque se ha visto reflejadas en el libro. Suelen ser mujeres que llevan muchísimo tiempo sufriendo los embates de una relación adictiva, tóxica, que en vez de hacerlas crecer, las empequeñece. Muchas de ellas llegan desesperadas, buscan una respuesta a sus preguntas, una salida a su situación, o al menos eso es lo que conscientemente piden en una primera entrevista. En realidad, vienen buscando un milagro, el milagro de la resurrección podríamos decir, el milagro de: «Y serán felices comiendo perdices», que sueñan alcanzar con dos o tres consejos, con dos o tres indicaciones mágicas que las devuelvan a la situación inicial, al momento en el que todo era posible y la vida junto a sus parejas prometía ser extraordinaria.

Si alguien examinara objetivamente la situación de la mayoría de estas mujeres, llegaría a la conclusión de que lo más sensato que podrían hacer, lo único sano, sería dejar la relación y empezar una vida distinta. Poner tierra y tiempo de por medio, recuperarse a sí mismas y no volver a permitir jamás que alguien las trate de esa manera. Uno piensa que esas mujeres deberían sacar fuerzas de donde fuera para atreverse a dejar a sus parejas, pero eso que desde fuera pensamos con tanta claridad no es nada fácil de llevar a cabo. Llegar a esa conclusión y ponerla en práctica es un camino duro de emprender, que además no se sabe muy bien adónde conduce. A menos que exista una tercera persona, se trata de un camino en el que uno se adentra en la oscuridad y sin cobertura: a ciegas. ¿Qué nos deparará el futuro? ¿Volveremos a vivir en pareja? ¿Nos quedaremos solos por siempre jamás? ¿Qué pasará con los niños? ¿Qué será de la familia? ¿Podremos sobrevivir económica y afectivamente sin el otro?

El que deja no solo ha tomado una decisión y hace su santa voluntad, el que deja también ha perdido mucho, se ha sentido igualmente traicionado por su pareja, porque el otro no ha cumplido con las expectativas que él o ella se habían forjado. El otro traiciona en la medida en la que no ha podido ajustarse a lo que se esperaba de él, a lo que se quería que fuera, a lo que se necesitaba. En ocasiones, el «abandonador» se siente el abandonado, le echa en cara al otro que la situación haya llegado a ese punto en el que ya no hay retorno posible. Hay ocasiones en que no se puede hablar de malos tratos, pero así como el pecado de la omisión también es un pecado, postergar, dejar estar, la pasividad extrema son también una forma de hacer, de interrumpir el progreso o la evolución de una relación.

El que deja tiene sobre sus hombros la responsabilidad, el miedo y el sentimiento de culpa, y sufre asimismo la incertidumbre de no saber si está dando un paso en falso. El dejado es la víctima —no es poco—, sin duda, pero a él le viene todo hecho —para bien y para mal—, a ambos les queda por delante la enorme tarea de reconstruir sus vidas. El abandonado habrá de esperar a perder la cara de desconcierto que se le queda para empezar a recoger los retazos de la explosión, no lo niego, pero hay toda una parte del trabajo sucio que alguien ha hecho por él. Otra vez nos encontramos ante el par pasividad-actividad, ante las bondades y los inconvenientes que cada uno de estos polos supone.

Conozco muchos casos en los que son ellas quienes toman la iniciativa. Cuando ellas deciden separarse lo hacen porque no están dispuestas a soportar ciertas situaciones, ni a vivir una mentira. La vida que llevan no las satisface y quieren algo distinto —no necesariamente algo más, puede ser algo menos—, lo cierto es que no quieren ESO que tienen ahora junto a su pareja y están dispuestas a pasar por el dolor de una ruptura con tal de recuperar la sensación de que son dueñas de su vida. La mayoría de las mujeres que se separan, al contrario que los hombres, no necesariamente cuentan con un sustituto en el momento de separarse —muchas de ellas pasan años hasta poder entablar otra relación—. Se separan a pelo, a tumba abierta, a ciegas, en nombre de una cierta honestidad con ellas mismas, con su propia vida.

Joana, treinta y ocho años. Tres meses después de separarse

Yo sufrí más antes de la separación. Ahora estoy más tranquila. Más triste, pero más tranquila con la decisión que tomé. A mí también me han dejado alguna vez y sé que eso hace muchísimo daño y que Juanjo tiene razones para estar muy cabreado; pero lo que yo he sufrido hasta tomar la decisión no lo sabe nadie. Lo que he pasado hasta tenerlo claro primero y decírselo después no se lo deseo a nadie. Es verdad que cuando te dejan se te queda cara de tonta, porque por mucho que sepas que la relación no va, como que no lo ves venir. Pero tomar la decisión es muy duro.

Sé que lo que me espera no será fácil. Tengo una hija pequeña y plantearme la vida como una familia monoparental es muy duro. Pero la incomodidad y la angustia que sentía cuando vivíamos juntos era mucho más insoportable. Ahora me preocupa mi hija. Ahora pienso más en ella que en mí. Ya habrá tiempo para pensar en tener o no tener una nueva relación. Ahora ni me lo planteo. Prefiero la pena a la angustia. Prefiero la soledad a la zozobra de no saber si esa noche vendría o no vendría a dormir. Ahora sé que no vendrá, sé que solo estamos en casa mi hija y yo, un día y otro día. No es muy diferente a lo que había, porque Juanjo apenas estaba con nosotras. Todo el día trabajando, de viaje o haciendo su vida cuando estaba en Madrid, como si nosotras no fuéramos su vida. Como si no existiéramos. Sé que todavía me queda mucho por sufrir y por vivir, pero no tengo ninguna duda de que hice lo que tenía que hacer. No volvería a la situación anterior por mucho que me sienta sola y por mucho miedo y mucha pena que sienta en este momento.

Joana pasó muchos meses padeciendo las infidelidades de Juanjo y sus desplantes. Durante ese tiempo, pensó que se le pasaría, que entraría en razón y que todo volvería a ser como era antes del nacimiento de su hija. Joana sabía que nada de lo que la esperaba después de la separación sería fácil. La vida no suele ser amable con una mujer de treinta y muchos que levanta sola a una hija de dos años... Sin embargo, en un momento, la gota de la infidelidad y el desamor colmó su vaso, y decidió que era mejor ponerse de pie para enfrentarse a la vida sola que vivirla de rodillas, humillada. Sus predicciones se cumplieron. La separación fue difícil y quedarse sola lo fue más aún; no obstante, Joana nunca dudó de que había hecho lo que tenía que hacer, y a pesar del dolor, se sentía orgullosa de sí misma por haber sido capaz de tomar la decisión que correspondía.

Ignacio y Lara

Lara no sabe si tiene un niño o dos. No es que sea despistada hasta ese extremo, es que Ignacio —adorable para un montón de otras cosas— se comporta con frecuencia como si fuera un niño más, incluso menor que ese pequeño de tres años que corretea por los pasillos, que se llama Ignacio como él y que también es hijo suyo. Ignacio no es ambicioso, ni se ilusiona con facilidad, ni tiene inquietudes intelectuales o artísticas como Lara. Se conforma con ir y volver del trabajo, pasar un rato frente al ordenador y fumar porros; fumar muchos porros.

(He comprobado en mi práctica clínica que así como el alcohol produce seres violentos, descontrolados, que dificultan la convivencia, los porros desgastan a los seres que los consumen hasta hacerlos desaparecer. Con ellos tampoco hay convivencia posible, porque el de los porros no comparece. Está de cuerpo presente, pero no está disponible para la vida).

Con el tiempo, ese rato que Ignacio pasa frente al ordenador se ha hecho cada vez más largo, y ese «porrito después de cenar» se ha multiplicado, así que Lara lleva mucho tiempo sintiéndose sola, sin interlocutor, sin pareja, sin un padre para su hijo con quien compartir las obligaciones y las preocupaciones que genera un niño de tres años. Seguramente Ignacio podría hacer feliz a muchísimas mujeres, pero no a Lara. Ella lo sabe, protesta, se queja, pide. Ignacio intenta complacerla, adaptarse, pero su ilusión renovada y su disposición a hacer buena letra no tardan más de uno o dos fines de semana en desaparecer.

Mientras Ignacio se esfuma tras la pantalla del ordenador, envuelto en la bruma de un porro, todo lo que concierne a la vida familiar es un «no sabe, no contesta»; Lara está cada día más mustia, más triste, más insatisfecha ¡y más gorda! La cama ha dejado de ser un lugar de encuentro y de pasión, Ignacio no entiende por qué ya no follan como antes y se queja de que su mujer es más madre de su hijo que mujer de su marido. «Puede ser —dice Lara—, pero es que alguien tiene que hacerse cargo del niño, alguien tiene que llevarlo al parque, alguien tiene que jugar con él. Además —agrega—, yo no puedo follar y punto. Si llevamos tres días casi sin hablarnos, sin compartir nada, si se le olvida todo lo que le digo, si no me toma en cuenta y veo que nada de lo nuestro le importa, ¿cómo voy a estar dispuesta y con ganas de acostarme con él si estoy furiosa?».

Mientras Lara deshojaba la margarita del «Me separo, no me separo», empezó a sufrir terribles dolores de espalda. Notaba como si el peso de un enorme piano de cola se posara sobre sus hombros, y era difícil emprender la vida cotidiana cada mañana, con ese piano a cuestas. A estas molestias, que la perseguían durante el día, se sumó el insomnio que no la dejaba descansar por las noches. Miraba dormir a Ignacio a pierna suelta, lo escuchaba roncar a mandíbula batiente, ajeno por completo al desierto que ella atravesaba sola cada noche mientras cavilaba, mientras rumiaba por igual su dolor y su miedo. Lara, además de llorar, comía; así que en poco tiempo ganó un montón de kilos y, con ellos, un montón de mal humor.

Una noche pensaba: «No puedo soportar esta situación por más tiempo. Estamos viviendo una mentira. Mañana hablo con Ignacio y nos separamos». Y a la noche siguiente: «¿Cómo me voy a separar? ¿Cómo le voy a hacer eso al niño? Aguanto. Aguanto un par de años más, a ver si las cosas cambian y el niño es un poco más mayor». Y dos días después: «¿Cómo voy a pasar dos años más en esta situación? Quedarme otra vez sola, y esta vez sola y con un hijo... ¡otra vez sola no! Total, no se puede tener todo. Ignacio es un buen hombre y nos quiere. Además, yo no quiero tener un hijo único, tal vez es el momento de tener otro hijo». Y al otro día: «¡Otro hijo con Ignacio! ¿Pero cómo puedo pensar en tener otro hijo con Ignacio? ¡Lo mataría! ¡También eso me lo ha quitado! ¡La posibilidad de soñar con tener otro hijo! ¡Es que lo mataría!».

Así de contradictorios eran sus pensamientos en las noches de insomnio. A la mañana siguiente, su piano de cola la encontraba ojerosa y cansada para clavar todo su peso otra vez sobre sus hombros... Y así un día y otro día, una noche tras otra. Lara pasó muchos meses sumergida en una ensalada de sentimientos opuestos: el cariño, la culpa, la preocupación por su hijo, el miedo a quedarse sola, la rabia, el mal humor, la esperanza, ¡y los kilos! Por supuesto que su ensalada estaba convenientemente aderezada con una vinagreta de incertidumbre. ¿Me estaré equivocando? ¿Será que soy muy exigente? ¿Estaré echando todo por la borda? ¿Me arrepentiré cuando me vea sola? En cuanto parecía que había tomado una decisión, pongamos por caso «Lo dejo, nos separamos, ya no aguanto más»; miraba a su hijo, o Ignacio vaciaba el lavavajillas, o se encontraba con una amiga separada hacía años que seguía sola y que le decía: «Piénsatelo», y entonces le hacía caso a la amiga, le hacía caso a su propio miedo y se echaba atrás. Ese día, como por arte de magia, le parecía que Ignacio era un buen hombre, que no era tan malo compartir la vida con él, que tendrían que recuperar la pasión, que tal vez un viaje sin el niño, que total… Hasta que una semana después, por ejemplo, Ignacio olvidaba que esa tarde él debía recoger al niño en la guardería y llegaba a las tantas, sin el niño y sin otra explicación que: «¡Cuánto lo siento! ¡Se me pasó por completo!».

A Lara le daba rabia pensar que si se separaban, también en esto, como siempre, ella tendría que llevar las riendas. Que de la misma forma que ella tenía que decidir qué piso comprar, cuándo había que cambiar de coche, a qué banco había que pedirle el crédito, adónde podían ir de vacaciones o a qué guardería iría el niño y en qué colegio reservaban una plaza para él, también sería ella quien tendría que decir: «Basta ya», porque Ignacio estaba demasiado ocupado con la pantalla del ordenador, demasiado abstraído en sus pensamientos y en sus videojuegos como para perder su tiempo en esas minucias. Entonces volvía la rabia. También en la separación se topaba Lara con los rasgos pasivos de Ignacio que tanto odiaba en su vida cotidiana.

Así llegó Lara a mi consulta y así transcurrió un año eterno. Durante ese año de terapia, Lara bajó algo de peso (bajo el peso del piano), sufrió, lloró, dudó, hasta que finalmente tomó la decisión de separarse. La ruptura fue mucho menos traumática de lo que anticipaba y, desde luego, menos dolorosa que la incertidumbre. Resultó mucho más difícil decidirse a dar el paso que darlo. Ignacio, el padre, se fue como había estado: sin pena ni gloria. No reclamó, no se quejó, no intentó recomponer la situación ni puso ningún pero a la decisión que Lara había tomado. Ignacio, el hijo, recuperó a su padre de las fauces del ordenador y cada vez que se veían, Ignacio-padre era mucho más padre de Ignacio-hijo de lo que nunca había sido cuando convivían. Lara, por su parte, a pesar del miedo y de la pena que le producía la separación, recuperó el sueño y la dignidad y, poco a poco, el piano que pesaba sobre su espalda dejó paso a la levedad de la ilusión.

Ahora han pasado tres años desde que se separaron. Ya sin el dolor agudo de la ruptura, Lara se alegra de haberse decidido. Ignacio ha formado otra pareja y ella sigue sola, pero su carrera se ha relanzado, ha descubierto una vena para los negocios que la llena de satisfacción y alivia mucho su situación económica. «Esto nunca habría podido hacerlo si hubiera seguido con Ignacio», dice cada vez que se topa con uno de sus logros.

Adriana

Hace muchos años que Adriana vive con Jorge y desde hace dos mantiene una relación clandestina con un compañero de trabajo. Lo que era una vida cotidiana amable se ha transformado en el jardín de los horrores. Todo lo que hace Jorge le parece insulso. Ya no recuerda qué le gustaba de él. No puede soportar otras manos que las manos del amante sobre su cuerpo, de manera que la vida sexual entre Adriana y Jorge es, en el mejor de los casos, un recuerdo borroso, y, en la realidad, un espacio para los reproches, para la insistencia de Jorge, para el rechazo de Adriana y sobre todo para su sentimiento de culpa.

Adriana se queja de no poder ser como los hombres que llevan una doble vida durante años, no sufren y encima consiguen que nadie se entere. Ella no puede fingir. Ella llora de noche porque echa de menos al amante y porque sabe que está haciendo sufrir a Jorge injustamente. Intenta convencer a Jorge de que sufre por una crisis de la edad, otra de identidad, una de fe y alguna vocacional. ¡Cualquier cosa antes de confesar su infidelidad!

¿Qué será lo mejor para cada uno de los tres?, se pregunta. ¿Qué será lo mejor para ella? ¿Qué será lo más honesto? ¿Y lo más racional? Con Jorge tiene una buena relación y el amante no parece dispuesto a ser nada más que un amante. ¿Y si deja a Jorge y se queda sola? ¿Y si sigue así y Jorge se entera? ¿Y si le cuenta la verdad a Jorge y a ver qué pasa? ¿Y si se muda a vivir a Grecia o a Checoslovaquia y se olvida de todo y de todos?

Al final, Adriana llegó a la conclusión de que aunque su decisión no fuera la más «conveniente», ella tenía que ser íntegra consigo misma y con sus propios sentimientos. Jorge no se merecía estar con una mujer que no estuviera enamorada de él y de la que no le llegaran más que reproches injustos, indiferencia y algunas migajas de cariño. Y ella tampoco se merecía esta doble vida que la hacía sentir tan inquieta y tan incómoda en sus propios zapatos.

Se separó de Jorge. Como estaba previsto, el amante dejó de serlo y desapareció de su vida, pero, aun así, Adriana no se arrepintió de su decisión. Con el tiempo, entabló una relación con un hombre que combinaba mejor los papeles de amante y de marido.

Tomar la decisión de dar por terminada una relación es algo muy difícil. Las dudas de si «¿Estaré haciendo lo correcto?», «¿Me estoy precipitando?», «No quiero hacerle sufrir», «No quiero sufrir», «No quiero hacer sufrir a los niños», «Es que me da pena que lo nuestro no haya funcionado» o «Es que no me resigno», o el miedo al duelo y a la soledad, suelen postergar ese momento. De hecho, con frecuencia, la separación empieza mucho antes de la fecha en la que se pronuncia esa temida frase del: «Tenemos que hablar». Como ocurre con los enfermos terminales que pasan meses adheridos a una vida artificial, la muerte anunciada de una relación también nos permite empezar a despedirnos mientras que todavía estamos juntos, vivos; hacernos a la idea cuando el otro todavía está presente. Una vez pronunciadas las palabras, tampoco suele ser inmediata la separación. Entre lo que se dice y lo que se hace también pasa un tiempo. El otro tiene que encajar el golpe y hacer lo que buenamente pueda.

Lo cierto es que las personas que conozco que tomaron la decisión de separarse están satisfechas de haber podido hacerlo. Ninguna de ellas se arrepiente y la mayoría se pregunta por qué esperó tanto…

Ser dejado

Sin ti
qué me puede ya importar,
si lo que me hace llorar está lejos de aquí.
Sin ti
no hay clemencia en mi dolor.
La esperanza de mi amor te la llevas
por fin.
SIN TI

De todas las situaciones posibles, de todos los escenarios imaginables, el peor, no hay duda, es ser dejado. En un capítulo anterior hablábamos de lo difícil que es separarse, del miedo que da y de la sensación de vacío que produce. Esto es así para ambos, pero al abandonado no se le ha permitido ni siquiera acostumbrarse a la idea. Él va como la Caperucita Roja, tarareando una canción por el bosque, recogiendo florecitas de colores, y el otro (ya sabemos que en estos cuentos el que abandona siempre hace de lobo), de buenas a primeras, le da un empujón por la espalda y, ¡¡¡zzaaassss!!!, lo lanza al precipicio. Así, sin aviso y sin anestesia. ¡¡Tooooma!! ¡Al vacío! Sin paracaídas, sin red, sin pasaje de vuelta. ¡Al vacío! ¡Directo al «barranco»!

El abandonado tiene ante sí una tortuosa tarea, lleva una triple carga sobre sus espaldas: él, como el otro, para empezar, ha de sobreponerse a las consecuencias propias de cualquier separación: tendrá que inventarse una vida nueva, cambiar sus planes de futuro, empezar otra vez. Por otro lado, deberá curarse del efecto traumático de la sorpresa (ese inesperado empujón por la espalda) que lo lanzó al vacío. Por último, habrá de reconstruirse a sí mismo desde los despojos en que le ha convertido esa herida de muerte que el otro le infligió: la herida al amor propio que le parte la vida en dos.

La primera de las tres tareas del abandonado, lo que concierne a rehacer la vida después de una separación, es justamente el tema de este libro y compromete por igual a las dos partes de lo que hasta ayer fue una pareja. Ambos habrán de acomodarse a una vida distinta sin el otro. Los dos tendrán que olvidar. Tanto si la separación es elegida, como si no lo es, esta es una labor que tendrán que emprender por separado. Será para bien. Aun cuando nos parezca un castigo, recomponer la vida y adaptarla a la realidad, por cruda que esta sea, siempre es para bien. ¡Es lo que hay! Si alguien que no te quiere te abandona, ¡te está haciendo un favor! ¿Para qué quieres estar con alguien que no te quiere? Lo horrible no es que te abandone, sino que no te quiera, y en eso nadie puede mandar. Podrías mantenerlo a tu lado —con amenazas, por los niños, con chantaje emocional—, pero no puedes obligarlo a que te quiera. Si alguien te abandona porque quiere a otro, por mucho que nos duela, a la larga es mejor. No te mereces formar parte de un trío que no has elegido, ni vivir con alguien que ama a otra persona y que solo piensa en ella. En fin, que si seguimos por este camino parece que vamos a tener que mandarle un ramo de flores de agradecimiento al desalmado que acaba de abandonarnos. No es así. La pena y el desconsuelo no se mitigan tan fácilmente. Lo que quiero decir es que al final solo contamos con la realidad y que, cuanto más pronto la reconozcamos y nos acostumbremos a ella, más pronto podremos rehacer nuestra vida, solos o acompañados.

La segunda tarea supone recuperarse de la sorpresa, del hachazo imprevisto de un abandono. Perder la expresión de perplejidad o «la cara de tonto» que se nos queda cuando alguien nos abandona, cosa que también lleva su tiempo.

El efecto sorpresa

El que deja, lo hemos visto, tiene la sartén por el mango. Una sartén que quema y que se quiere soltar ¡cuanto antes mejor! Sí, es horrible llevar el peso de esa sartén hirviendo sobre los hombros, pero el que deja, por muy mal que lo pase, siempre tiene algo de control sobre la situación. Mientras tanto, al abandonado le cae el sartenazo en la cabeza y no sabe ni cómo, ni de dónde, ni por qué le cayó. Aunque lo sepa, aunque lo esté esperando de un momento a otro, no es consciente del todo. El abandonado sufre pasivamente la decisión del otro y sus consecuencias. Al abandonado nadie le pidió su opinión, nadie le preguntó: «¿Te viene bien que te deje la semana que viene?».

No existe tal cosa como «un buen momento para ser abandonado». Por eso escuchamos frases del tipo: «¡Cómo pudo dejarme antes de las Navidades!». Junto con otras tales como: «¡Es un hipócrita. Esperó a que pasaran las Navidades para dejarme…!».

El «Ya no te quiero» es SIEMPRE una puñalada a traición. Da igual el tiempo que llevemos sufriendo los efectos del desamor, da igual lo mucho que nos lo hayan demostrado. No conozco a nadie preparado para escuchar esas palabras. Por mucho que uno se las barrunte, por mucho que uno esté de acuerdo y también haya dejado de querer al otro, el «Ya no te quiero» siempre nos pillará desprevenidos.

Hay algo en la situación traumática, en cualquier situación traumática, que está directamente relacionado con el factor sorpresa. Por eso el síndrome por estrés postraumático se caracteriza, entre otras cosas, por una anticipación exagerada de lo que pueda ocurrir. El afectado entra en un estado permanente de alerta roja con el que es muy difícil convivir. Imaginemos a alguien que ha sido víctima de un asalto: pasará tiempo hasta que el susto le deje volver a su rutina habitual. Al principio, únicamente se atreverá a salir acompañado. Poco a poco empezará a aventurarse solo por las calles, preferirá el coche al transporte público y andará con miedo, mirando a un lado y a otro y cambiándose de acera cada vez que le parece que ha visto algo sospechoso. Y en ese momento ¡todo le resulta sospechoso! ¿De qué le sirve ese estado de alerta? Puede que no le proteja contra otro robo, pero, al menos, le dejará la sensación de que lo tiene todo bajo control y la ilusión de que así podrá evitar otra desagradable sorpresa.

El abandonado, además de la angustia horrible del vacío, pondrá todo de su parte para evitar otra sorpresa. Se esconderá detrás del miedo, acurrucado como un animal herido para protegerse de otra relación, de otro abandono. Son los que engrosan las filas del «Más vale solo que mal abandonado».

Ahora veremos tres casos que atendí en mi consulta y que ilustran, cada uno a su manera, el desconcierto por el que ha de atravesar el abandonado.

Aurora

Todavía recuerdo a una de las primeras pacientes que tuve en los años ochenta cuando llegué a Madrid. Era una mujer de cuarenta y muchos. De pelo muy corto, más que entrada en años, yo diría que estaba entrada en kilos. Una de tantas, una de esas muchas mujeres anónimas que han dedicado su vida a cuidar de tres hijos, de una casa y de un marido. Aurora venía triste, deprimida, abatida. Hacía más de un año que su marido la había dejado por otra mujer con menos años, con menos kilos, con menos canas, con menos hijos: una joven profesional exitosa. A pesar del tiempo que había transcurrido, Aurora no conseguía levantar cabeza. Económicamente, su exmarido se hacía cargo de sus gastos y dos de sus hijos se habían independizado. No se llevaba mal ni con los unos ni con el otro, pero —insisto— no levantaba cabeza. En las primeras entrevistas me incliné a pensar en un duelo enquistado, mal resuelto. Sí, probablemente no me equivocaba, pero en su lamento había algo más, algo que a mí me llamaba la atención, algo que yo no había escuchado antes y que, entonces no lo sabía, escucharía unas cuantas veces más.

En la queja de Aurora había mucho de sorpresa, demasiado de perplejidad: «Es que no lo entiendo —decía una y otra vez—, es que todavía no me lo puedo creer».

Sé que la mitad del efecto que convierte a un hecho en traumático está constituido por la sorpresa. Lo sé, ya entonces lo sabía y, sin embargo, había algo en la sorpresa de Aurora que excedía la situación por la que había pasado. Por supuesto que ser abandonada por el marido es espantoso, por supuesto que si encima el abandono es por otra mujer, tanto peor. Y si es más joven, ni que decirlo. Todo eso es así y no pretendo minimizarlo. Pero es la vida, son cosas que pasan, y me refiero a los dos sentidos de la palabra «pasar»; son cosas que suceden y son cosas que a la larga se olvidan o al menos se dejan atrás. Pero Aurora era incapaz de olvidar.

Entonces caí en la cuenta de que a Aurora la había sorprendido la transición española haciendo la colada, una transición de la que todos hablaban (de la que todavía se habla) y de la que, por entonces, nadie le había contado en qué consistía, cómo funcionaba por dentro y cuáles serían sus consecuencias. Se acababa de aprobar la ley del divorcio sin preguntarle, sin su consentimiento, y lo que es peor, sin prevenirla.

La aprobación del divorcio encontró a Aurora en zapatillas, desarmada para la guerra. El divorcio entraba en los planes de la recién adquirida democracia, pero no en los suyos. Aurora sabía por los periódicos de la polémica ley, pero no conocía a nadie que se hubiera divorciado y nunca imaginó que esa lista empezaría por incluir su nombre.

Aurora se había casado para toda la vida. Para ella, el matrimonio era como haber aprobado una oposición a funcionario del estado. ¡Un puesto asegurado en la Administración y nunca más había que preocuparse por el asunto laboral! De manera que preocuparse por conservar una pareja no entraba en su vocabulario. ¡Pero si ella ya se había casado! ¡Pero si ese era su marido y ella era la mujer de ese hombre! ¡Pero si tenían tres hijos! ¡Pero si…!

Gracias al tratamiento, Aurora empezó a usar su tiempo libre a su favor, y llegó incluso a agradecer ciertos giros de libertad que nunca se hubiera permitido de seguir casada. Pasó el dolor, pasó la pena, el miedo a la soledad también pasó. Lo que permaneció impertérrito en el discurso de Aurora fue el asombro.

Amelia

Pocos años después de conocer a Aurora, recibí a Amelia. Amelia no tenía nada que ver con Aurora. Amelia venía de una familia bien, casada con un marido bien, con dos hijos perfectos. Nunca había tenido que hacer ni la comida ni la compra ni las camas de su casa, porque para eso contaba con suficiente servidumbre. Salía con las amigas, jugaba con ellas a las cartas, viajaba, iba de compras, de museos, de té con pastas. Amelia era una mujer guapa y muy cuidada que iba a misa todos los domingos, pero también a Amelia la había dejado su marido. No por una más joven, sino por una amiga viuda de la misma edad. Sus hijos le habían insistido en que buscara ayuda porque consideraban que tanto encono no podía ser normal. Amelia vino a la consulta indignada, furiosa, despotricando contra su marido. El problema es que no despotricaba únicamente en la consulta, donde está permitido decirlo todo, sino que había empezado a desprestigiarle entre sus amigos, y lo que era más importante, entre sus colegas de profesión. Su odio y su resentimiento no la dejaban disfrutar de nada de lo que sí tenía: de su vida holgada, de unos hijos sanos que la adoraban, de su primer nieto que venía en camino o de sus amigas. La vida se le había dado la vuelta como un calcetín y todo lo que había sido luz ahora era sombra.

Amelia no venía a buscar ayuda, estaba acostumbrada a dar órdenes, no a pedir apoyo, solo necesitaba mi aprobación. Quería que yo le diera la razón en todo, a ciegas. Acostumbrada al trato que recibía en las tiendas de firma que frecuentaba, en las que, cómo no, «el cliente siempre tiene la razón», no daba crédito a que yo discrepara, a que pensara por mi cuenta, o me atreviera a preguntarme sobre la conveniencia para ella de algunas de sus batallas campales contra su exmarido. La veracidad de su versión de los hechos nunca la puse en cuestión. Mi labor no es la de un notario que certifica la realidad, eso no me incumbe; lo que yo cuestionaba era el peso y el origen de su encono, sus malos modos, su lucha ciega y sus rabietas infantiles. Ella reconocía que hacía años que su relación estaba acabada, que hacía años que no mantenían relaciones sexuales, que hacía años que discutían por cualquier cosa, pero aquello no tenía por qué terminar en una separación; es más, pasara lo que pasara, una separación no era algo que estuviera contemplado en su vida. Punto.

Además de la sorpresa del divorcio, a Amelia se le sumaba su formación religiosa y la firme convicción de que a Dios uno no le promete cosas en vano, que cuando se le promete algo a Dios… se le cumple… pase lo que pase. Así que su promesa ante el altar era una garantía de eternidad, independientemente de que la pareja funcionara, o no funcionara.

Como era de esperar, Amelia no duró más que unos pocos meses en tratamiento.

A pesar de las muchas diferencias entre Amelia y Aurora, la una me hizo recordar a la otra y no sabía muy bien por qué. Esa evocación me sirvió para comprender mejor a Amelia.

Alicia

Alicia no recordaba en nada a ninguna de las otras dos. Era profesional, tenía cuarenta y muchos años y fue una de esas mujeres pioneras en compaginar la vida laboral y la vida familiar. También era un poco bohemia e indiscutiblemente progre. Pija y progre. Las dos cosas muy bien combinadas, muy bien engranadas gracias a una inteligencia nada común, a una cultura de profundas raíces familiares y a un espléndido sentido del humor. Así que en nada me hacía pensar en ninguna de mis dos pacientes anteriores, la una tan ama de casa y la otra tan señora de sociedad. En nada, excepto en que el marido de Alicia también había decidido separarse de ella.

En este caso no había una tercera persona; sencillamente las cosas ya no eran lo que habían sido, él ya no estaba enamorado, y el cariño que le tenía a Alicia no era suficiente como para seguir a su lado. El marido de Alicia también era progre y auténtico y no estaba dispuesto a vivir una mentira.

Alicia sí sabía pedir ayuda, así que empezó un tratamiento y trabajamos varios años juntas. Me gusta pensar que yo hice algo por ella, lo cierto es que he de reconocer que ella hizo mucho por sí misma. También Alicia estaba —más que dolida— sorprendida. Más que expresión de pena, en su duelo predominaba la expresión de asombro; su boca permanentemente abierta, su incredulidad. Alicia había forjado su relación de pareja en la universidad, animados por los mismos ideales progresistas. En la segunda o tercera manifestación estudiantil contra el régimen en la que coincidieron, su marido y ella se enamoraron. Ambos estudiaron arquitectura y juntos armaron muchos edificios y armaron, sobre todo, una familia feliz. Alicia trabajaba codo con codo con su marido y además de los proyectos de otros, compartían proyectos personales. Sus hijos, sus intereses políticos y culturales; en fin, que nada hacía presagiar el desenlace de esta historia.

Aurora confiaba en las instituciones, Amelia creía ciegamente en el carácter indisoluble de un sacramento y Alicia tenía una fe ciega en el compromiso personal. A cada una de ellas la vida la sorprendió tirando por tierra sus profundas convicciones. A estas tres mujeres no solo les había cambiado la vida, sino que estaban obligadas asimismo a revisar sus certezas y sus perspectivas.

El duelo en el caso de estas tres mujeres no consistía solamente en llorar por un amor perdido o por el fin de una situación familiar confortable; en ellas, el duelo más importante era el que las obligaba a llorar por sus creencias, por sus convicciones políticas o religiosas, por la caída de aquellos pilares, de aquellos ideales sobre los cuales habían construido sus vidas. La perplejidad con la que las tres habían recibido la noticia de la separación era un indicio de que en esas rupturas no solo estaba en juego la pareja, sino que se rompían también otros vínculos menos visibles, menos evidentes, pero tal vez más sólidos que los vínculos contractuales o afectivos. Se rompían los vínculos con sus creencias y con sus certidumbres.

La herida al amor propio

La última de las tareas que ha de enfrentar el abandonado es la más dura de las tres, la más dolorosa y la que lleva más tiempo.

Las peores palabras que alguien puede escuchar (quitando «Es maligno») son: «Ya no te quiero». Estas son las palabras que más tememos y que esquivamos desde que descubrimos que el otro no está obligado a querernos, que puede elegir, que puede quedarse o alejarse cuando le parezca. Cuando descubrimos la autonomía del otro, somos capaces de cualquier sacrificio con tal de que nos quieran, o con tal de que nos hagan creer que todavía nos quieren. Primero con la madre, luego con los hermanos, con la maestra, con los niños del patio del colegio, con los amigos, con la pareja, con los hijos y con los nietos. Hacemos todo lo que hacemos para que nos quieran.

Muchísimas veces, en nuestra búsqueda del tesoro del amor, emprendemos un camino equivocado, somos torpes y al final despertamos sentimientos disparatados, que nada tienen que ver con la devoción que queríamos inspirar. Ese es el nudo de este drama: que el otro sigue siendo libre de sentir o de hacer lo que quiera, independientemente de lo que nosotros hayamos hecho por o para él. El berrinche de un niño de dos años que busca restaurar el control que meses atrás todavía ostentaba sobre sus padres generalmente lo único que consigue es un tirón de orejas y un castigo. Así somos... A veces, de mayores, insistimos en el berrinche, y nos llevamos el tirón de orejas de la vida. Y es que somos capaces de cualquier sacrificio —incluso del sacrificio del ridículo o de postergar nuestra propia vida— con tal de no escuchar jamás ese «Ya no te quiero» que tanto nos aterra.

Aunque ya no nos quieran, aunque la relación vaya fatal, aunque el sufrimiento nos desgaste y sepamos a ciencia cierta que es mejor escuchar de una vez por todas las palabras temidas a seguir esperando por no sé qué transformación sobrenatural, lo cierto es que la mayoría de nosotros estaríamos dispuestos a inmolarnos, con tal de no escuchar ese «Ya no te quiero» que suena como una sentencia de muerte.

Hay momentos en los que la herida narcisista que esas palabras producen es tan devastadora que el afectado no piensa más que en vengar su orgullo herido. Para algunos, el único consuelo posible es ver sufrir al otro tanto como el otro le ha hecho sufrir a él. Un consuelo perturbado y perturbador, un consuelo que no acepta un no por respuesta y que no atiende a razones. Un consuelo infantil, loco y desesperado como la pataleta de un niño de dos años, pero que en casos extremos, si se da en un adulto, puede tener consecuencias trágicas. Los dictadores domésticos son niños peligrosísimos de dos años que no pueden soportar la afrenta a su amor propio. De dignidad dudosa y frágil, los asesinos la pierden por completo ante un NO y buscan recuperarla matando al mensajero de ese no.

En fin, que de todas las razones por las que aceptar un abandono es muy difícil, la más importante es la herida que el abandono amoroso inflige a nuestro amor propio: «¡Es que no puede ser verdad que no me quiera!».

En ocasiones, es más sencillo aceptar la muerte de la pareja que un abandono. Primero, porque la muerte es contundente y no tiene vuelta atrás, no nos deja ninguna alternativa, mientras que en la ruptura siempre nos queda la esperanza de la reconstrucción, de volver a intentarlo, de una segunda o una última oportunidad. Por otra parte, la muerte del otro, que nos destroza la vida, no nos pone en entredicho. El otro no se muere solamente para nosotros. Quien muere nos deja, pero deja también todo aquello que lo unía a la vida, sus relaciones, sus pertenencias. Nadie se muere para nadie en particular —a menos que se trate de un suicidio dedicado—; en cambio las separaciones, como las cartas, tienen nombre y apellido, remitente y destinatario.

Ser el destinatario del «Ya no te quiero», del «Te quiero solo como amiga», del «No te quiero suficiente como para dejar a mi mujer» o del «Te quiero, pero no estoy enamorado de ti» supone un torpedo en la línea de flotación y entonces el hundimiento del barco que somos es inevitable. Pero ¡solo durante un tiempo! ¡No para siempre! ¡Más tarde o más temprano saldremos a flote!

Hacerse dejar u «Olvídame tú que yo no puedo»

Olvídame tú,
que yo no puedo...
OLVÍDAME TÚ

Tómame o déjame,
pero no me pidas que te crea más.
TÓMAME O DÉJAME

Llegaba tarde todos los días y una noche no vino a dormir. Entonces yo le puse un ultimátum: «Las cosas no pueden seguir así», le dije. Y él se fue. Yo me quedé con cara de tonta, no entendí nada. No me lo podía creer. Cuando intenté hablar con él tranquilamente solo me dijo: «Has sido tú. Tú lanzaste un órdago y te estalló en la cara. Yo no quería separarme. Tú lo quisiste. Que sepas que has sido tú».

Nieves se arrepiente de su ultimátum. Está desolada. Aunque reconoce que la relación iba fatal, ahora piensa que preferiría seguir con él tal y como estaban, a quedarse sola con una niña de nueve meses. Nunca pensó que su amenaza tendría estas consecuencias y que su marido le tomaría la palabra al pie de la letra y se marcharía de casa esa misma noche. Ahora comprende que él simplemente estaba esperando ese órdago que hoy le echa en cara; que todo lo que hacía estaba encaminado a presionarla para que fuera ella quien dijera las palabras fatídicas que él no se atrevía a pronunciar. Nieves estaba desvencijada de dolor y encima se repetía: «¡He sido yo! ¿Cómo he podido? ¡Pero si he sido yo!». Por supuesto que no fue ella, pero tal y como se sucedieron los acontecimientos, era difícil hacérselo entender y perdonar.

Las ventajas de «hacerse dejar»

Quienes se suman a esta iniciativa quieren separarse (generalmente ya cuentan con un sustituto para el cargo), pero no se atreven a enfrentarse a todo lo que supone proponer una ruptura y poner las cartas sobre la mesa sin ambages. Entonces, a cambio de palabras, aparecen los actos. En sus actos queda claro que no están interesados en mantener la relación. Con sus actos se dedican a hacerle la vida imposible a su pareja oficial. Se olvidan de cuidar las formas y optan por la desfachatez, por la falta de respeto y por el desamor. Suele ser una escalada cruel, cuyo único tope es que el agraviado hable y tome la decisión de romper el pacto. El pacto de la vida en pareja y el pacto de silencio que el artífice del «Olvídame tú» ha impuesto entre los dos.

Entonces, en algún momento se escucha una voz tímida que dice: «Yo así no quiero seguir». Y otra voz que se hace la resignada y que responde: «Bueno, si eso es lo que tú quieres, vale, lo dejamos». Como si el inmolado, el mártir, fuera él.

Para los que optan por la alternativa del «Olvídame tú» todo son ventajas: ni dejan ni, en sentido estricto, son dejados. Son ahorradores natos: se ahorran la agonía de la incertidumbre que atraviesan los que se deciden a dejar; se ahorran la culpa por abandonar al otro; se ahorran el peso del piano de cola sobre los hombros y las noches de insomnio; se ahorran el mal trago del «Tenemos que hablar», que tanta desazón produce a quien lo pronuncia; se ahorran pronunciar ese espantoso «Ya no te quiero», que a nadie le gusta decir y muchísimo menos escuchar. Se ahorran el papel desagradable de ser el malo de la película, porque dejan el trabajo sucio a cargo del otro. Tampoco pasan por la humillación de sentirse abandonados, porque, en el fondo, no han sido abandonados sino liberados. Generalmente se sienten muy aliviados cuando el otro cumple a cabalidad con sus expectativas. Ellos son los autores intelectuales del crimen, pero la mano ejecutora es la del otro.

El reparto aquí es muy injusto, porque el que pronuncia las palabras que corresponden a los actos de su pareja, el «obligado a abandonar» (la verdadera víctima), además del maltrato del que ha sido objeto antes de la separación, se lleva el peso de una culpa que no le corresponde... Él ha sido el vapuleado y ahora pasa por ser el verdugo. Él es el maltratado y encima ha de cargar sobre sus hombros con la responsabilidad de haber echado por la borda los proyectos de pareja o los años de matrimonio. En estos casos, la perplejidad adopta formas retorcidas. Ya no se trata únicamente de la sorpresa ante las palabras del otro, ni del horror de escuchar ese «Ya no te quiero», o la pena por el abandono que vimos en el capítulo de «Ser dejado». Es que a todo esto hay que sumarle la extrañeza ante las propias palabras. Lo siniestro que resulta dictar la propia sentencia de muerte: «¿Cuándo lo dije? ¿Cómo pude proponerlo? ¿Pero si yo no quería separarme? ¿Qué pasó? Pero ¿por qué nos separamos si yo todavía lo quiero?». El artífice del «Olvídame tú...» es el verdadero dueño de la pelota y es, además, un trilero que la esconde y la muestra cuando y como le parece, ante la mirada atónita del otro que no alcanza a entender la jugada.

El «obligado a abandonar» sufre la misma sensación traumática de la sorpresa que sufre el abandonado y encima se pregunta: «¿Cómo pude empujarme yo a mí mismo, por la espalda, a este abismo? ¿Será que me desdoblé? ¿Será que sufro un trastorno de personalidad múltiple? ¿Será que por un lado me aferro desesperadamente y por otro me empujo al vacío? ¿Qué pasó?».

Lo que ocurre es que al pronunciar unas palabras con las que ni siquiera está de acuerdo, el «obligado a abandonar» encarna el papel que le tocaba interpretar a su pareja… suponiendo que su pareja tuviera la valentía de hacerse cargo de sus propios deseos, de sus propias contradicciones, de sus dudas, de su desamor. El «Olvídame tú» escribe el guión a escondidas y, cuando le parece, cambia los nombres de los personajes, de manera que el «obligado a abandonar» dice aquello que debería decir el otro, y viceversa.

A continuación, veremos algunos casos en los que el protagonista de la historia se las arregló para hacerse dejar. Esta vez hablaremos de dos hombres. Uno que se vio obligado a dejar y otro que se hizo dejar.

En muchas de las entrevistas que me han hecho en torno a *Mujeres malqueridas*, hay una pregunta que se repite: «¿Y solo hay mujeres malqueridas? ¿Y no hay también hombres malqueridos?». Suelo contestar siempre lo mismo: ¡por supuesto que sí! Y remito al entrevistador a las páginas de *Mujeres malqueridas* en las que explico ese continuo que va desde lo femenino a lo masculino, desde la pasividad a la actividad en el que todos elegimos colocarnos en algún punto, independientemente del género y de la orientación sexual que manifestemos. De manera que un hombre, heterosexual, ubicado más cerca del polo femenino que del masculino, siempre estará más predispuesto a sufrir por amor que una mujer ubicada más cerca del polo masculino. El caso de Alberto es una muestra de un hombre malquerido en toda regla.

Alberto es un profesional exitoso. Él y su mujer tienen una niña y una relación extraña. Vino a mi consulta dispuesto a hacer lo que hiciera falta con tal de mantener el matrimonio en pie. Por lo que me contó desde el minuto cero, me pareció evidente que su mujer le era infiel, pero mi papel no consistía en hacerle ver la realidad, sino en acompañarlo hasta que él pudiera verla por sí mismo —si podía—. A los meses de empezar el tratamiento, las supuestas cenas con amigas de su mujer pasaron a ser noches fuera de casa. Su adicción al teléfono y a los SMS empezó a ser excesiva y sospechosa. Unas fotos a la vista en las que ella aparecía con otro hombre, unos billetes de avión que desmentían el destino oficial que ella había argumentado para faltar de casa un fin de semana empezaban a ser pruebas difíciles de ignorar, ¡incluso para Alberto!, quien todavía tardó un tiempo en reconocer que todos esos indicios apuntaban a una sola cosa: su mujer le era infiel y ni siquiera se tomaba la molestia de ocultarlo.

A pesar de saber lo que sabía, Alberto hizo cuanto estuvo a su alcance para recuperar a su mujer. Le hizo regalos de amante, la invitó a viajar sin la niña, empezó a hacer dieta y se apuntó en un gimnasio. Se aferraba a la ilusión de que la situación podía estar en su mano.

Mientras que él se deshacía en detalles, ella parecía estar cada vez más ausente. Entonces, Alberto empezó a dormir mal, a no tener ganas de nada y a arrastrar una tristeza crónica. No solo se sentía abandonado por su mujer, sino humillado. La situación fue a más y llegó un momento en el que ya no pudo mantener el propio engaño por más tiempo.

El detonante (la gota) fue un supuesto viaje a Barcelona por trabajo, que en realidad resultó ser un viaje a París por placer. Durante la conversación que siguió al descubrimiento, su mujer no hizo ningún esfuerzo por negar lo que Alberto le planteaba. Lo escuchó con serenidad, y cuando él terminó de hablar, dijo muy ofendida: «Vale. Si eso es lo que piensas de mí, si es eso lo que quieres, entonces será como tú digas. Yo me quedo con la casa y con la niña y tú te puedes ir a vivir a mi apartamento de soltera que ahora está vacío».

No se defendió, no argumentó. Su respuesta fue tan contundente y tan firme, que parecía ensayada. Tal vez llevaba meses esperando a que Alberto pronunciara de una buena vez las palabras mágicas: «Tenemos que hablar».

De la noche a la mañana, Alberto pasó de ser la víctima de una infidelidad a ser el malo de la película; de ser el agraviado a ser el insensible que no tenía ningún escrúpulo en romper una familia. De ser el humillado, a ser el malvado. Alberto no se animó a contar la verdad, toda la verdad y nada más que la verdad de los motivos de su separación, de manera que al final fue criticado por los amigos, enjuiciado por la familia política y recriminado por la suya propia por no pensar primero en el bienestar de su hija y en su compromiso matrimonial y separarse de su mujer sin explicaciones. Alberto tuvo que cargar con el dolor de ser dejado y, a la vez, con el peso de la culpa de dejar.

Ahora veremos en detalle el caso de Darío, que presencié de cerca. En su historia puedo asegurar que, a pesar de sus sueños, que interpretamos, y a pesar de sus palabras, que no dejaban lugar a dudas, Darío estaba convencido de que había sido su mujer quien había tomado la decisión de separarse, y de que él no había hecho más que acatar sus órdenes. Solo el tiempo y la distancia de la situación le permitieron reconocer que él había abonado ese terreno con generosidad, que había puesto las semillas y que, en justicia, únicamente recogía lo que había sembrado haciéndose el distraído.

Darío llegó a mi consulta con cincuenta y pocos años a raíz de un infarto que a punto estuvo de costarle la vida. Físicamente estaba bien, pero su cabeza había dado un vuelco. Mientras estaba convaleciente, recordó el pasaje de una novela de Marai: un médico se pregunta junto a la cama de un moribundo cuál sería la mentira que le enfermó. La frase cayó como un rayo sobre la vida de Darío y fue lo que le animó a buscar ayuda. Reconoció que la insatisfacción recorría su vida. Estaba cansado del estrés del trabajo, pero, sobre todo, estaba cansado de una relación de pareja seca, en la que ya no había nada que rascar. Entre él y su mujer quedaba el cariño, sí, la costumbre y un cierto hábito de preparar el desayuno. Hacía mucho que ¡ni siquiera se peleaban! El sexo no era sexo, sino costumbre, y sus hijos ya eran mayores. Darío empezó a jugar con la idea de separarse. «La vida es corta —decía—. Ahora sé por experiencia que te puedes morir en cualquier momento y claro que no me quiero morir, pero sobre todo lo que no quiero es estar muerto en vida, ni vivir una mentira».

Yo tuve la impresión de que había llegado a la consulta con la decisión de separarse ya tomada y que solo necesitaba el visto bueno de una voz autorizada. Había tenido más de una aventura, alguna más seria que las otras, ninguna capaz de poner en peligro su matrimonio. Pero eso no era lo que él quería para su vida; ahora que la valoraba tanto no quería una doble vida, sino una sola vida que valiera el doble y le devolviera el doble de satisfacción. Tenía claro lo que perseguía, pero la culpa no le dejaba ni tomar una decisión, ni sentarse a hablar con su mujer sobre el tema.

Durante esa época soñó varias veces que su mujer tenía un accidente, o que se moría, o que se iba con otro o, simplemente, que desaparecía sin dejar rastro ni dar explicaciones. Eran sueños en los que él sufría mucho, y la buscaba inútilmente. En alguno de ellos se veía a sí mismo llorando, rodeado de la compasión de amigos y familiares.

No es que Darío le deseara ningún mal a su mujer, es que quería que la situación se solucionara sin su participación, sin tener que pasar él por el trago de poner sobre la mesa el tema de la separación. Si ella desaparecía, como en el sueño, entonces él estaría autorizado a empezar una nueva vida sin ella, sin necesidad de hacerle daño, sin someterse al horror de dejarla. Por otro lado, en vez de miradas de desaprobación, recibiría —como en los sueños— la compasión de sus allegados. Cuando intentábamos desentrañar el significado de sus sueños, Darío concluía: «Sí, yo no quiero que le pase nada. Lo mejor sería que fuera ella quien planteara la separación, así parecería que es ella la que toma la decisión, y no se sentiría abandonada por mí. Yo aceptaría muy obediente lo que me propusiera y todos tan contentos».

Se puede decir más alto, pero no más claro.

El desinterés de Darío por su mujer fue en aumento. Durante un tiempo ella le perdonaba su hosquedad, achacándola a los efectos del infarto, al estrés, a la angustia de muerte por la que había pasado. En cierto sentido tenía razón: el cambio de actitud de Darío tenía mucho que ver con el infarto y con los efectos de haber estado tan cerca de la muerte, pero no de la manera que ella suponía.

Llegó el momento en el que —cómo no— fue ella quien dijo: «Así no quiero seguir», y él quien respondió: «Vale, como tú quieras, cariño».

Le tomó la palabra, ¿pero qué palabra? Una palabra dicha sin querer y escuchada al pie de la letra por un Darío que no había sido capaz de pronunciarla.

A la semana siguiente estaban separados.

Él se quedó muy aliviado. Supe por Darío que ella no. A su mujer le fue difícil comprender lo que había ocurrido. ¿Separados? Pero ¿por qué se habían separado si ella todavía lo quería? Si su única intención había sido poner a su marido contra las cuerdas para que reaccionara, justamente para salvar la relación, ¿cómo es que ahora estaban separados y cómo es que, además, había sido ella quien había terminado la relación?

Entiendo la rabia del «obligado a abandonar», entiendo su pena y su sensación de injusticia. No hay consuelo ni alternativa. Quien pone en palabras el silencio del otro no se equivoca. ¿Qué remedio le queda? ¿Qué tendría que haber hecho Nieves? ¿Aceptar que su marido no fuera a dormir a casa como algo normal o como si a ella no le importara? ¿Qué alternativa le quedaba a Alberto? ¿Y a la mujer de Darío? Mantener una relación a «cualquier precio» no tiene demasiado sentido; ya sabemos que «a cualquier precio» nunca es un buen negocio. Hay situaciones intolerables que no tiene sentido prolongar y en algún momento alguien tiene que decir ¡basta!

No digo ni pienso que siempre se trate de una estrategia calculada con frialdad por parte del «Olvídame tú». Puede que quien se haya hecho dejar se sorprenda y se ofenda con estas afirmaciones y las niegue. Es muy probable que ni siquiera sea consciente de todo el daño que produce y piense que todo lo hace «por su bien». No tienen en cuenta el sufrimiento extra que tiene que padecer el otro gracias a sus tretas para hacerse dejar; ni el desconcierto con el que se quedan, que es muchísimo peor que un «Lo siento, pero ya no te quiero» dicho a tiempo, con valentía y con dignidad.

Con frecuencia, estas observaciones solo se pueden hacer a posteriori, cuando ya la separación se ha producido y se intenta reconstruir la historia para entenderla. Si repasamos la película a cámara lenta, podemos ver dónde estuvo escondida la pelotita del trilero en cada instante. Entonces, junto al cartel que dice «FIN», aparecen los créditos y sabemos con certeza quién escribió el guión original, y cuál era su verdadero texto; sin tachaduras, sin cambios de última hora... Sabemos quién montó el decorado y quién hizo el *casting*. Quién repartió los papeles y quién se llevó la mejor y la peor parte...

—*Olvídame tú.*

—*No, yo no, tú...*

Conozco casos en los que ambos participantes de la pareja quieren hacerse dejar. Repito, no es una decisión consciente, pero, de alguna manera, ambos saben que la pareja está terminada; sin embargo, ninguno de los dos se atreve a dar el paso. Ambos saben que ya no hay modo de salvar la relación, pero ninguno quiere ser el mensajero de las malas noticias. Entonces se enzarzan en una espiral mortífera de peleas, desplantes, insultos y malos tratos, a ver cuál de los dos consigue que sea el otro el que diga primero: «Hasta aquí hemos llegado».

Son el negativo de esas parejas de enamorados que no se animan a colgar el teléfono y pasan quince o veinte minutos con aquello de:

—Cuelga tú (cariño).

—No, yo no, cuelga tú (mi vida).

—No. No puedo, anda, ¡cuelga tú! (bonita).

—No. Tú (mi amor).

Y así, hasta que llega la madre de alguno de los dos y le arranca el teléfono a su hijo y resuelve la discusión en un segundo.

Pues lo mismo hacen nuestras parejas del «Olvídame tú que yo no puedo»; pero al revés. Se pasan meses diciéndose con los hechos:

—Déjame tú (¡imbécil!).

—No, anda, déjame tú a mí (¡desgraciado!).

—No. Yo no quiero dejarte, déjame tú (¡irresponsable!).

—No. ¡Tú! (¡idiota!).

Y el resultado es *¡¡La guerra de los Rose!!* Por supuesto que quien primero acepte la derrota y tome la palabra será el más digno de los dos.

Los evaporados o «Me voy a por tabaco»

La puerta se cerró
detrás de ti
y nunca más
volviste a aparecer.
LA PUERTA

Por si volvieras,
por si volvieras
la puerta la dejo abierta
para que puedas pasar.
POR SI VOLVIERAS

Cuando hablo de «los evaporados», no me refiero a una marca de helados, ni a una película de ciencia-ficción. Se trata de un segmento de la población —generalmente masculina— compuesto por seres que no solo no son capaces de dejar a sus parejas, sino que ni siquiera tienen la paciencia de esperar hasta hacerse dejar por ellas. Ni dejan ni son dejados y, no obstante, no están. ¿Cómo se las arreglan entonces? Pues sencillamente desaparecen, ¡se evaporan! Tal y como se evapora el agua hirviendo, que ahora está y si uno se despista unos minutos deja de estar y no hay forma de recuperarla, ¡pues así! En un acto cobarde de prestidigitación —«¡Nada por aquí, nada por allá!»—, nuestro protagonista se va a por tabaco y simplemente no regresa. Se despista, no se da cuenta, se le pasa la hora y no vuelve a llamar en veinte años. No me refiero al destino de los encuentros esporádicos, sino al final de relaciones establecidas durante un tiempo prolongado, meses, años, que terminan sin una explicación; sin una despedida en condiciones, sin una mínima conversación que ayude al abandonado a poner las cosas en su sitio. En esta horrible categoría, también se enmarcan los que abandonan por teléfono (casi nunca lo hacen de viva voz), los del SMS, a través de Facebook, por Twitter o por correo electrónico.

Para reconocerlos, expongo a continuación un par de casos.

Carla, treinta y dos años, cuatro años de relación con Andrés. Se posponen los planes de boda porque Andrés se va en septiembre a Londres con una beca posdoctoral. No pasa nada, serán apenas nueve meses y Andrés vendrá a verla en diciembre. Al principio se echan muchísimo de menos. Hablan todos los días por teléfono y por Skype porque se extrañan. Tienen muchísimas cosas que contarse. A las pocas semanas de la estancia de Andrés en Londres, las llamadas empiezan a espaciarse sin explicación aparente. Cada vez es más difícil coincidir con él. Carla pregunta: «¿Te pasa algo? ¿Todo va bien?». «Sí, no te preocupes, es que tengo muchísimo trabajo». Poco a poco Andrés deja de responder a las llamadas, y cada vez es más difícil encontrarlo conectado en Skype. Carla insiste, le escribe un *mail* pidiendo explicaciones y recibe una escueta contestación del tipo: «Estoy bien, bonita, no te preocupes, es que estoy muy agobiado con el trabajo. Por cierto, no podré ir en diciembre, tengo una entrega en enero y me resulta imposible». Carla empieza a angustiarse y decide que si él no viene, ella irá a verle por Navidad. No es que el tiempo o el dinero le sobren, pero esos silencios, ¡tan prolongados!, la tienen angustiada y necesita aclarar la situación. Andrés acepta el cambio de planes, pero no vuelve a dar señales de vida. Ella llama, insiste, un correo, otro, otra llamada. Nada. Una noche lo encuentra conectado en Skype, ¡al fin! Y le pregunta:

—¿Qué te pasa, Andrés? No entiendo nada. ¿Has conocido a alguien? Dime la verdad. ¿Quieres que vaya a Londres o no?

Lacónico y condescendiente, le responde:

—Como tú quieras.

Carla decidió ir a verle con la esperanza de recuperar la relación o al menos de recibir una explicación personalmente. Ella llega, pero él no va a recibirla al aeropuerto. Carla lo llama y no hay respuesta. Va a la dirección conocida, nadie responde. Hacía dos semanas que se había mudado sin dejar una nueva dirección. Al día siguiente, en un hotel cualquiera, perdida, sola, Carla recibe un correo electrónico: «Perdona lo malo, bonita. Necesito tiempo para pensar. Por favor, si no te importa, recoge todas mis cosas de tu casa en Madrid, que mi hermano pasará a buscarlas esta semana. Te deseo lo mejor. ¡Te lo mereces! ¡Feliz Navidad!».

A Carla la conocí cuando llevaba apenas tres meses sufriendo por Andrés. Entonces era el espectro de una mujer, un suspiro, un hilito de mujer con ojeras. Había perdido nueve kilos y vino a pedir socorro para que alguien la sujetara y le diera una buena razón para levantarse cada mañana. Fue muy difícil. Al final consiguió odiarlo como merecía y, con el tiempo, llegó incluso a perdonarlo desde la compasión, desde el desprecio. No era ni bueno ni malo, era un cobarde, un incapaz de hacerse cargo de las consecuencias de sus actos. Pasó mucho tiempo hasta que Carla recuperó la confianza, no solo en sí misma, sino en la especie humana…

Emma, veintiocho años. Seis meses de relación con Paco. Todavía no viven juntos, pero ya se han presentado a los amigos. Él se va un mes por trabajo a México. Se comunican con cierta asiduidad. No todos los días, porque la diferencia horaria no ayuda, pero sí dos o tres veces por semana. La última vez fue en pleno agosto, Paco estaba todavía en México y telefonea para avisarle que regresaría a Madrid en dos días y que la llamaría cuando llegara. Emma estaba de vacaciones en la Costa Brava, pero tenía tantas ganas de verle que no duda en interrumpirlas para recibirlo en Madrid. El día antes del regreso de Paco, Emma ocupa la jornada en peluquería, depilación, manicura, pedicura y un poco de rebajas. ¡Todo a punto! El día «D» está pegada al teléfono para darle la sorpresa de que está en Madrid y de que pueden verse de inmediato; pero Paco ni llama, ni responde llamadas. No sabe nada de él el día de su regreso, ni al otro, ni al otro. ¿Habrá perdido el avión? ¿O habrá sido otra víctima del cartel de Sinaloa? Al cuarto día Emma le escribe un correo: «¿Estás bien? ¿Te pasa algo? No entiendo nada». Un año después, todavía está esperando respuesta... (Por cierto, sabe que todavía está vivo porque su cuenta de Twitter sigue activa).

Separarse es difícil, poner las cartas sobre la mesa y hablar claro parece que también. Ser consecuente con uno mismo, con los propios sentimientos y con los propios actos, requiere valentía. Nadie está obligado a permanecer con nadie. Cualquiera puede romper sus promesas de amor eterno. Cualquiera puede enamorarse locamente de otra persona, o descubrir que prefiere estar solo a continuar embarcado en una relación que no le dice nada. Cansarse, aburrirse, desilusionarse, desenamorarse o amar a otro... todo está permitido; solo hay un precio que pagar: dar la cara.

Dar la cara y decir: «Estoy cansado, aburrido, ya no te quiero, he perdido la ilusión, ya no me gustas o quiero a otra». Lo único que hay que hacer es dar la cara y despedirse. Dar la cara y aguantar el chaparrón. No es demasiado caro. Es simplemente un acto de decencia, un último gesto que ¡supone tanto para el abandonado!

Escuchar esas palabras no le va a evitar al otro el dolor de la ruptura; ese golpe, nada ni nadie podrá ahorrárselo, pero, al menos, el abandonado contará con unas últimas palabras que recordar, con unas últimas palabras que pueda repetirse en *play back* una y otra vez hasta hacerse a la idea. Por otro lado, esas palabras le darán derecho al recurso final del pataleo. El pataleo no le valdrá para retener a su pareja, pero supone un gran alivio el haberlo intentado, el haber podido participar activamente de la ruptura, aunque sea para decir: «Vale, lo entiendo». «¡No sabes cuánto lo siento!». Por supuesto que a nadie le gusta ni decir ni escuchar eso de «Ya no te quiero», pero es más honesto decirlo que demostrarlo sin palabras. Es más honesto decirlo en voz alta que dejar que el otro lo adivine mientras está solo, en caída libre, en pleno abismo.

Quienes optan por la evaporación lo único que consiguen es evaporarse ellos de la situación. Ante el otro no desaparecen, no se evaporan, al contrario, se petrifican en la vida del otro con su ausencia. Cuanto menos están, más presentes se encuentran. El «evaporado» se va con una leve sensación de que «Aquí no ha pasado nada» y con toda la tranquilidad del mundo se da permiso para el «A rey muerto, rey puesto». Al «evaporado» no le importa que esa evaporación que protagoniza sea mucho más dolorosa para el otro que una despedida en plan bolero en condiciones; con su llanto, su drama y su «No te vayas todavía, no te vayas por favor», y su «Volvamos a intentarlo, te lo ruego», y su rabia, y su «Te odio, eres un hijo de…», y su insulto procaz correspondiente y su «¿Cómo has podido hacerme esto a mí, con lo que yo te he querido?».

El «evaporado» no solo se quita él del medio, sino que le roba al otro su derecho al duelo. Porque todas esas conversaciones horribles que se suceden después de una separación, todas las peleas, los llantos, el reparto de las pocas o las muchas pertenencias; los intentos de reconquista, la lucha por la custodia de los hijos, por el patrimonio, por la pensión alimenticia, por el perro o por la cámara de fotos, los reencuentros sexuales ocasionales sin futuro, todos esos momentos son maneras de ir haciéndonos a la idea de la ruptura definitiva; son formas de darle forma al dolor. Como sucede con los floreros y con los cuadros en una casa nueva, gracias a esos momentos vamos colocando al dolor en distintos lugares de la vida. ¿Dónde lo pongo? ¿En el armario de la esperanza? ¿En la pared de la rabia? ¿En el rincón de la pena? Así, vamos cambiándolo de sitio hasta que encuentra su puesto definitivo en la habitación del duelo, en el trastero del pasado. Es así como se va libando la pena. Poquito a poco se van despegando los cuerpos y las almas, hasta que, una mañana, uno se levanta ligero, sin el peso del recuerdo del otro sobre los hombros. Las víctimas de los «evaporados» tienen que hacer todo ese trabajo en solitario. Sin tregua, sin palabras que enmarquen y expliquen el dolor, sin palabras que lo bauticen y le pongan un nombre propio para denominarlo y diferenciarlo de cualquier otro dolor.

Si se pudiera recuperar a los «evaporados» de su estado de evaporación y preguntarles qué les llevó a una huida tan cobarde, seguramente esgrimirían razones varias, pero siempre razones en las que solo cuentan ellos:

—Es que no quería verla llorar. (¡Qué sensible! ¡Claro que, así, TÚ no la vas a ver llorar; pero que sepas que ella va a llorar el triple, aunque tú no la veas!).

—Es que sabía que ella iba a insistir en seguir juntos y yo lo tenía muy claro. (Pues sí, por supuesto que iba a insistir, a eso se le llama derecho al pataleo, y si tú lo tenías tan claro, ya tendrías tiempo de hacérselo ver).

—Es que no sabía cómo decírselo. (Si no tienes mucha imaginación, hay una lista de frases hechas que se vienen usando desde el principio de los tiempos: «No lo tengo claro», «Tengo que pensarlo mejor», «Vamos a darnos un tiempo», «No sos vos, soy yo», «No estoy preparado para el compromiso» o simple y llanamente: «Ya no te quiero»).

—Es que prefería evitarle el dolor de la despedida. (¿A ella o a ti? ¡Caradura! Porque sabrás que sin una despedida, el dolor se multiplica y se estira por unos periodos de tiempo inhumanos).

—Es que no quería que se llevara un mal recuerdo de lo nuestro y cuando la gente se separa dice cosas horribles. (Llevarse un mal recuerdo es por lo menos llevarse algo. Lo tuyo es dejar al otro solo y perdido con todo el sufrimiento y sin ninguna explicación. Que sepas que esas «cosas horribles» que se dicen también sirven para separarse).

—Es que ya estaba decidido y no había nada que decir. (¿No había nada que decir? A lo mejor no había nada que hacer, pero decirlo… ¡qué te costaba!).

Estas separaciones son especialmente traumáticas justamente porque no hay trauma, porque no hay golpe, porque en sentido estricto ni siquiera hay separación. En el lugar del golpe una ausencia que uno no sabe muy bien cómo interpretar. Un vacío hueco que lo llena todo. La esperanza toma su forma más mortífera, y la espera, con su horrible lentitud, se convierte en el personaje principal.

En estos casos, el enamorado pierde un tiempo precioso esperando el regreso, y todos sabemos que cuando se espera, solo se puede esperar. No es que uno coma y además espere, es que uno espera y, si hay suerte, come de vez en cuando. No es que uno duerma mientras espera, es que cuando se espera uno no puede dormir porque tiene miedo de perderse el momento del regreso mientras está dormido. Cuando se espera, uno no puede trabajar porque está demasiado ocupado en esa pavorosa pasividad que es la espera. La espera es espesa, y densa. Agotadora. Todo el cuerpo pesa y uno no consigue moverse porque está calcificado por la espera. Como bien saben los deportistas, la espera es un «tiempo muerto», por eso el tiempo no transcurre mientras se espera, porque está muerto. Y así un día, y otro día, y otro y otro. En estos casos atravesar por el proceso del duelo es prácticamente imposible, porque no ha habido entierro y no puede haber entierro porque no hay muerto. En el lugar del muerto no hay más que vacío y espera. En España está legalmente estipulado que hacen falta tres años de ausencia continuada para dar por muerto a un desaparecido. Afectivamente, ¿cuánto tiempo se necesitará?

Recuerdo a una paciente que había sido abandonada por el método rápido y eterno de la evaporación. Meses después de emprendido el silencio, encontró en el Facebook de un amigo común una foto de su expareja con una nueva novia. Al principio lloró a gritos, aulló. Y después decidió poner la horrible foto como fondo de pantalla en su ordenador. A primera vista podía parecer morboso y cruel, sin embargo, fue la única manera que encontró de romper con las cadenas de ese «tiempo muerto» que la mantenían atada a la espera. Así, cada mañana, cuando lo primero que se encontraba era la horrible foto, pensaba: «Ah! Ya me acuerdo. Ahora lo entiendo. No va a volver. No tengo nada que esperar, el muy hijo de puta está con otra y ni siquiera fue capaz de despedirse». Esa foto horrible y su pequeño ritual matutino, su diminuto funeral, fueron la puerta por la que mi paciente consiguió al fin salir del cuarto oscuro de la espera.

Hay otra modalidad de «evaporados». Son los que están convencidos de pertenecer al grupo de los valientes que dan la cara y se despiden, pero no lo son. Hacen el paripé, una especie de simulacro de despedida, pero se evaporan igual que quienes se alejan en silencio, sin hacer mucho ruido. El caso de Mercedes y Rafa ilustra bien esta variedad.

Mercedes llevaba más de veinte años casada con Rafa. No habían tenido hijos porque Rafa aportó al matrimonio dos hijos adolescentes y ya no quería tener más. Hacía mucho que su vida sexual había muerto, pero Mercedes lo atribuía al delicado estado de salud de Rafa, que hacía un par de años había tenido un infarto. Por lo demás, Mercedes pensaba que eran una pareja como tantas otras, que se llevaban bien sin demasiado entusiasmo, que discutían de vez en cuando, pero que se querían mucho y eran muy buenos compañeros. ¡Más que suficiente para ella! Una tarde cualquiera, cuando Mercedes regresó del trabajo, Rafa la estaba esperando en el salón y dijo aquello de: «Tenemos que hablar», pero lo dijo en sentido figurado, porque en la realidad solamente habló él. «Me voy de casa —le dijo—. Ya tengo las maletas listas. Ya tengo un piso alquilado. Ya cambié las cuentas de los bancos y mis domiciliaciones. Esta mañana vino el camión de la mudanza y ya me llevé lo que considero que es mío. El resto te lo puedes quedar. Aquí te dejo las llaves de la casa. Mañana te llamará mi abogado para que firmes los papeles del divorcio». Le dio dos besos y se fue.

Al principio, Mercedes pensó que era una broma. Aquello solo podía ser una broma... Cuando lo vio partir, cuando vio que se llevaba las maletas y se topó con las manchas en las paredes de los cuadros que ya no estaban y con su armario vacío, y con las marcas en la alfombra que había dejado su sillón, y con un único cepillo de dientes en el baño, entendió que si aquello era una broma, era una broma muy pesada que había ido demasiado lejos... Intentó llamarlo para hablar con él, para pedirle alguna explicación, para rogarle, para insultarlo, para lo que fuera, pero le respondió una señorita muy amable que solo sabía decir: «Este abonado ha cambiado su número». Entonces comprendió que más que una broma, aquello era una burla, la peor burla que la vida le había hecho.

¡Que alguien me explique si esto es, o no es, evaporarse!

Me parece que estaremos de acuerdo en que Rafa es un evaporado en toda regla. Marcharse de la noche a la mañana, sin explicaciones, es evaporarse; aunque al «evaporado» se le pueda ver partir mientras escuchamos el rodar de sus maletas.

Mi experiencia como terapeuta me ha enseñado que, cuando se analizan con calma los meses previos a la evaporación, en la mayoría de los casos encontramos indicios de que la relación no atravesaba por su mejor momento. El otro estaba más ausente que de costumbre, más escurridizo. El «evaporado» no se desvanece el día en el que desaparece, sino que empieza a dar signos de evaporación en presencia de su víctima meses antes de desaparecer. Empieza a no mirar al otro, a no desearlo, a postergarlo, a ignorarlo. No es fácil distinguir los síntomas previos ni mucho menos anticipar una evaporación; pero, con frecuencia, la víctima de una evaporación lleva meses aferrada a la venda apretada con la que se cubre los ojos para no ver que el final está cerca; vive bajo el embrujo del pensamiento mágico, convencida de que si no mira la realidad, si no la nombra, esto no está pasando.

Evaporados 2.0

Una nueva modalidad de «evaporados» son aquellos que se valen de las nuevas tecnologías para terminar una relación. Está el que solo es capaz de escribir: «Lo *snt sta nch n* voy a *drmr* a *cs* ni *mñn* ni *nnc* TQM». ¡A ese no vale la pena tenerlo ni como amigo en Facebook! O el que, sin mediar palabra, se conforma con cambiar su estado en Facebook y pasa de «Tiene una relación con» a «Soltero, libre y sin compromiso». O el que tiene la desfachatez de terminar una historia de amor con apenas ciento cuarenta caracteres a través de Twitter. Este, no es que tenga mucha capacidad de síntesis, sino muy poca vergüenza torera.

Hay otro grupo —¡numerosísimo!— de quienes se borran después de una noche de pasión. Son los que dicen: «Ya, si eso, te llamo yo». Esos son multitud y no se merecen un apartado propio en este libro, ¡con un párrafo tienen bastante! Esos no dejan a una mujer, esos solo dejan en la mujer un mal sabor de boca. Esos no cuentan, a menos que se cuenten entre sí, que se sumen en la vida de una mujer y terminen por formar un equipo de baloncesto, uno de fútbol, ¡o llenen un estadio! En cuyo caso, esa mujer tendrá que preguntarse por su marcada inclinación a encontrar «gatos callejeros», y a abrirles la puerta de su casa y de su cama sin conocerlos. De los «Ya, si eso, te llamo yo» lo que de verdad duele es la repetición. Duele el chichón que se va formando en la frente cuando uno se da un golpe, más de una vez, en el mismo lugar y con la misma piedra. A esos los conocemos. Yo diría que les vemos venir y, libremente, elegimos ser otra muesca en el revólver de un seductor desconocido y poner otra muesca apasionada y fugaz en el nuestro. Esos constituyen los amores eternos de una noche, y terminan en separaciones inmediatas, de una mañana. Esos son aire y en aire se convertirán.

Capítulo 5

EL TRABAJO DEL DUELO

La negación o «Esto no puede ser verdad»

Hay golpes en la vida,
yo no sé.
Golpes, como del odio de Dios.
César Vallejo

No, no soy yo la que llora,
yo no podría sufrir tanto.
Anna Ajmátova

«Esto no puede ser verdad» es una frase que repetimos en situaciones de duelo y que todos reconocemos haber pronunciado alguna vez. Da igual si es una muerte o una enfermedad, si lo que se pierde es un puesto de trabajo o una pareja, el caso es que la incredulidad es la primera reacción ante un golpe de la vida —de esos «como del odio de Dios».

Con los trancazos del destino, nos comportamos como cuando nos parece que un completo desconocido nos saluda por la calle: que miramos extrañados a un lado y a otro para ver a quién iría dirigida esa mirada o ese saludo, porque, para nosotros ¡seguro que no es! Pues lo mismo hacemos con la vida que, si nos trata mal, le damos la espalda, miramos en otra dirección y no nos damos por aludidos; porque ese golpe ¡no puede estar destinado a nosotros! ¡Faltaría más!

El recurso de la negación es una fase, un escalón inevitable que hay que atravesar y del que en algún momento tendremos que salir para enfrentar la pérdida, dolernos por ella y digerirla. En esa medida —la estrecha medida de apenas un escalón—, la negación tiene el sentido de permitir al doliente una tregua, un respiro. En España, los niños dicen: «No vale» para interrumpir un juego cuando les parece que algo ha salido mal, en Venezuela decimos: «Taima», en una muy libre adaptación del *time out* anglosajón. Lo cierto es que en la vida muchas veces es necesario parar el juego; pedir un tiempo muerto, retroceder, volver al punto de partida, a la línea de saque, para organizar la defensa y continuar.

El momento de negación por el que atraviesa un doliente es su manera de decir: «¡Taima!», «¡No vale!», porque cuando la vida nos coloca en una situación de duelo, lo primero que pensamos es que alguien nos está haciendo trampa, que alguien o algo nos está haciendo una falta personal que siempre es muy injusta: «¡No vale, no hay derecho, vamos a repetir la jugada!», y repetimos la jugada mentalmente una y otra vez esperando que en algún momento la situación tomará el curso que deseamos, el curso que consideramos que nos merecemos, ¡nosotros!, ¡que siempre hemos jugado limpio con la vida! En fin, que negar es una manera de decirle a la realidad que nos espere, que todavía no estamos preparados ni para estar enfermos, ni para perder a un ser querido, ni para terminar con una relación. Necesitamos un tiempo para entender el significado de las palabras «Tienes un cáncer», «Ha muerto tu madre» o «Vamos a separarnos». El impacto de la noticia es tan apabullante que embota nuestros sentidos, y dejamos de escuchar, de entender, de pensar. En un primer momento ni siquiera podemos sentir. Solo decimos: «¡Esto no puede ser verdad! ¡Esto no puede ser verdad! ¡Esto no me puede estar pasando!».

Pedimos tiempo, ¡un poco de tiempo, por favor!, y ¿por qué no? ¡Tenemos derecho a hacerle trampa al calendario! Si, al fin y al cabo, ¡tiempo es lo que nos va a sobrar de ahora en adelante para hacernos a la idea! El tiempo —con el tiempo— nos va a obligar a enterarnos de la verdadera dimensión del golpe. ¡Tiempo habrá para que realicemos el largo y penoso trabajo del duelo! Por ahora, todavía, no podemos hacernos a la idea.

En ocasiones, cuando la muerte de un ser querido sobreviene, no solo hay «un momento» de negación, sino que se instala a vivir entre nosotros una secreta corriente de negación, una certeza loca de que el ser perdido volverá. Se trata de una convicción que convive, como si nada, con la certeza de la pérdida. Este estado de división interna, de saber y no saber algo al mismo tiempo, lo describe de forma sobrecogedora Joan Didion en *El año del pensamiento mágico,* el libro que escribió la autora norteamericana a raíz de la muerte repentina de su marido. Ya el título del libro nos anuncia el contenido: para negar es preciso echar mano —a manos llenas— del pensamiento mágico.

Joan Didion no tenía ninguna duda de que su marido había fallecido de un infarto aquella noche. Ella personalmente lo había acompañado al hospital, había reconocido el cadáver, leyó el acta de defunción y dio la orden de que fuera incinerado. Sin embargo, una parte de sí misma se resistía a aceptar que esa fuera la única realidad posible, y, como los niños, que entienden la muerte como un estado transitorio del que se puede regresar, ella también aguardaba el retorno de su marido. No es que lo esperara con flores, ni que colocara un cubierto en la mesa para él —no estaba loca—, pero unas semanas después de su muerte, cuando se dispuso a desocupar el armario de su marido, se dio cuenta de que no era capaz de tirar su par de zapatos preferido... y se sorprendió a sí misma pensando: «¡No puedo tirarlos! ¿Cómo va a salir a caminar si los tiro?». Allí descubrió lo poco dispuesta que estaba a aceptar que su marido no volvería jamás.

He tenido ocasión de presenciar muchos estilos de no pasar por el aro de la cruda realidad, he visto algunos más elegantes que otros, unos más toscos y otros más elaborados. De todos ellos, uno me conmovió especialmente. Se trata de un caso que reseñé en otro libro y que ilustra la diferencia entre creer algo y saberlo a ciencia cierta; o entre saber algo a ciencia cierta y hacer como si no se supiera. Y es que para llegar a enterarnos realmente de lo desagradable que la realidad nos impone hemos de pasar por sucesivos estadios del no saber, del no poder creer, del saber y no saber al mismo tiempo; en definitiva, hemos de cruzar el escalón de la negación.

Es lunes 15 de marzo del 2004 por la noche. Solo han pasado cuatro días desde el atentado que sacudió a Madrid el 11 de marzo, estoy en un hospital de esta ciudad en el que colaboro por esos días como voluntaria. Una enfermera viene alarmada y me pide que vaya a hablar con una persona que está en estado de shock.

«Es Ana —me explica la enfermera—, una víctima del atentado, que acaba de ver por televisión la foto de su marido en la lista de los muertos». Cuando llego a la habitación el reportaje ha terminado, pero la televisión sigue encendida sin que nadie la mire.

Ana es una mujer latinoamericana, menuda, que en este momento está ausente, con los ojos muy abiertos, mirando a ninguna parte. Desde ese lugar de la nada en el que se encuentra, empieza a contarme —como en trance— lo que acaba de ver: «Es que han pasado la foto de mi marido por la televisión, y dicen que es uno de los muertos. Yo no sé qué creer. En un canal dicen que está entre los heridos y en otro dicen que está muerto. Creo que se equivocan. A Perú llegó la noticia de que yo estaba muerta, y fíjate, estoy viva. Es que no sé... En Antena 3, en cambio, no lo ponen en la lista de los muertos... A veces en la televisión se confunden y yo no sé muy bien qué pensar...».

La situación es dramática y, como Ana, yo tampoco sé muy bien qué pensar. ¿El marido de Ana estará vivo o estará muerto? ¿Cómo es posible que Ana se haya enterado de algo tan terrible así, sola y viendo la televisión? Pienso que tengo que hablar con los Servicios Sociales para que una situación como esta no se repita.

Decido esperar. En vez de inquirir acerca de los detalles del reportaje o de intentar precisar qué es lo que Ana sabe y qué es lo que Ana cree, me acerco a ella desde otro ángulo, desde nuestro origen común de latinoamericanas —y sí, también, desde mi formación como psicoanalista—, le pido que me cuente un poco de su vida, cómo llegó a Madrid, qué hacía en Perú, qué hace aquí... Con esta conversación no pretendo distraerla del horror que está viviendo, sino acompañarla en la reconstrucción de una historia que empezó muchísimo antes del 11-M, una historia que en este momento está desintegrada por el efecto de las bombas, pero que poco a poco habrá de armar otra vez para continuarla. Es así como Ana empieza a contarme cómo fue que ella se vino a Madrid antes que su marido: «Yo quería una vida mejor. En Perú estudié contabilidad y trabajaba como contable.

Aquí trabajo como empleada de hogar, pero gano más y tengo mejores condiciones de vida».

Me contó que llevaban ocho años viviendo en Madrid, que tienen una hija de un añito que nació con una afección pulmonar y que se acababan de comprar un piso. «A pesar de todo lo que ha pasado, yo me quiero quedar en España porque aquí mi hija tendrá una mejor atención médica».

Después de decir esto, Ana se queda en silencio, parece que pierde el hilo de lo que me estaba contando y regresa a ese rincón de la nada en el que vagaba cuando yo llegué a la habitación. Yo también guardo silencio y acompaño su dolor. Entonces, Ana suspira profundamente y continúa: «De hecho, ayer, cuando vino mi cuñada con la funcionaria de la Comunidad de Madrid para preguntarme dónde quería enterrar los restos de mi marido —si repatriábamos el cadáver o lo enterrábamos en Madrid—, yo decidí que lo enterráramos aquí. Mi hija y yo vivimos en Madrid, y será en Madrid donde vayamos las dos a visitar su tumba».

En ese momento me enteré de que Ana sabía desde el día anterior que su marido estaba muerto. Ella misma había decidido enterrarlo en Madrid. Pero igual de perfectamente que Ana sabe hoy que su marido está muerto, al mismo tiempo lo ignora. Su mente funciona como una televisión con canales distintos, en la que aparecen simultáneamente informaciones contradictorias. En un canal de su pensamiento ella sabe que su marido está muerto. Pero en otro, ella se resiste a enterarse de ese horror, lo niega y decide que no, que seguramente está herido, y que en cualquier momento vendrá con su hija a acompañarla a salir de este hospital, que todo esto es una pesadilla de la que una mañana ella se va a despertar en su cama, junto a su marido, como se despertó el 11 de marzo por la mañana, antes de tomar aquel tren. Ella sabe que a veces las televisiones, las cuñadas, las funcionarias de la Comunidad de Madrid y ella misma pueden dar informaciones equivocadas, confundirse... Ana hace una especie de *zapping* mental y pasa de un canal a otro; del canal en el que está esa información horrible que ella conoce, a un canal más benevolente en el que ella se niega aceptar lo que sabe y todo volverá a ser como antes. Entre uno y otro canal, Ana «no sabe muy bien qué creer», como me dijo cuando llegué junto a su cama.

Deliberadamente, decido no hacer ningún comentario en el sentido de: «Bueno, pero entonces tú sí sabías desde ayer que tu marido había muerto en el atentado...», porque me parece inútil y porque respeto el derecho que tiene Ana a «creer» lo que a ella le parezca y a postergar el horror hasta estar un poco más fuerte —incluso físicamente— para soportar la noticia y sus consecuencias. Me parece suficiente con que Ana se haya escuchado a sí misma contar una historia que empieza en Perú, que incluye el atentado y la muerte de su marido, pero que no termina allí, una historia que continuará en Madrid junto a su hija, con quien visitará no solo la tumba de su marido, sino el Retiro, el zoo y el parque de atracciones.

Ana sabe, pero todavía no puede creer en lo que sabe. Por ahora, lo único que puede hacer es negarlo. Necesita una tregua. Tiempo habrá, el tiempo largo que se toma el duelo para hacer su trabajo minucioso de orfebre.

El caso de Ana es muy claro y muy conmovedor, pero hay otros estilos de negar. Por ejemplo, quienes pretender dar por zanjado el duelo en dos o tres días también están negando. Esos son quienes demasiado pronto se pertrechan tras el estandarte de «La vida tiene que continuar» y continúan con ella como si nada, sin escuchar su pena, a costa de su propia pena. Recuerdo a Andrea, una viuda que vino a verme seis años después de haber muerto su marido. Estaba deprimida y no entendía cómo podía estar tan triste ahora, tanto tiempo después, con lo bien que ella había llevado su muerte. Todavía recuerdo sus palabras: «Yo lo llevé muy bien. Pensé: si se ha muerto, vale. Se ha muerto y punto. A la semana siguiente recogí toda su ropa, regalé lo que era de regalar y me fui a la modista con dos chaquetas suyas que apenas había usado y me las hice arreglar a mi medida. Mi hija mayor se horrorizaba, pero yo soy así, muy de coger al toro por los cuernos. Si esto es lo que hay, pues mientras más pronto empiece mi vida sin él, más pronto me acostumbraré a su ausencia».

Varias cosas hacía Andrea con esa actitud. Aparentemente, aceptaba la muerte de su marido, pero negaba su dolor. Y es que al toro del duelo no se le puede coger por los cuernos, al toro del duelo no hay más remedio que dejarle pastar a sus anchas y torearlo, y dejar que nos embista y volver a torearlo hasta dejarlo exhausto y quedar nosotros exhaustos y rendidos a sus pies. En la actitud de Andrea había algo de «Aquí no ha pasado nada» que no se correspondía con la realidad. Algo sí había pasado, algo muy importante que iba a cambiar su vida de una manera radical.

Hacerse arreglar aquellas chaquetas cumplía varias funciones. Para empezar, Andrea se identificaba con su marido, allí estaba ella, llevando su ropa para encarnarlo y demostrarse a sí misma que él no había muerto. Además, cubierta tan de cerca con esas prendas, ajustadas a su medida, podría sentirse arropada por él. ¿Quedaría algo de su olor en aquellas chaquetas? ¿Se encontraría con algún mensaje cifrado en sus bolsillos?

Quienes intentan aceptar la crudeza de la realidad de inmediato creen que pueden saltarse el primer paso del camino del duelo, el de la negación. No niegan la pérdida, niegan el dolor que la pérdida les produce, pero niegan. Son quienes se imaginan que al saltarse una casilla acortan el camino, no saben que el trabajo del duelo no tiene atajos y que generalmente esos saltos, como en el juego de la oca, no hacen más que llevarnos de regreso a la casilla número uno. Los duelos no perdonan y, más tarde o más temprano, vuelven para cobrarse su cuota de sufrimiento por el amado ausente —sea un marido, uno de los padres, un amigo, la pareja o un hermano.

Tres viudas, tres maneras distintas de encarar el duelo. Joan Didion espera el regreso de su marido a través de unos zapatos viejos; Ana se resiste a aceptar lo que sabe y Andrea niega su dolor. Cada una de ellas ha de tomarse el tiempo que necesite para reconocer la pérdida y continuar la vida a pesar de esa horrible ausencia.

Las consultas de los psicólogos, psiquiatras y psicoanalistas se nutren, entre otros, de esos duelos postergados y no reconocidos que aparecen después de los años en forma de una inexplicable depresión, de un desinterés inconcebible por la vida o de una lista de fracasos afectivos o laborales que vienen a ser el precio secreto que se está pagando a cambio de no atreverse a ocupar la habitación del duelo.

Recuerdo que hace mucho recibí en la consulta a una mujer de setenta y dos años. Me contó que arrastraba desde hacía años una tristeza sorda, como una pena rara que no alcanzaba a explicarse porque ella había sido una mujer con mucha suerte en la vida. Después de muchísimos años de casados, todavía mantenía una muy buena relación con su marido y sus cuatro hijos estaban sanos. ¡No se podía pedir más! Como hago siempre con mis pacientes, independientemente de su edad, exploré un poco en su infancia. Me contó que su madre había muerto de parto cuando ella tenía apenas un año. Lloró como si acabara de ocurrir. Mientras lloraba por su madre, me explicó que también lloraba por un bebé que se le había muerto a ella a los dos días de nacido. Ninguno de los cuatro hijos que tuvo después, ninguno de sus once nietos había borrado ese recuerdo ni esa pena. Esa abuelita adorable, a sus setenta y dos años, necesitaba llorar por su madre ausente —¡quién no necesita hacerlo!—, y, cuarenta y dos años después, por su hijo muerto. Hasta entonces, había estado muy ocupada en sobrevivir, en levantar una familia, haciendo esfuerzos por no pensar, por no sentir.

Algo parecido le ocurrió a Patricia, una mujer que hacía tres años había perdido a su hijo de veinte en un accidente de tráfico. Me contó que en su momento lo había llevado muy bien, que a la semana siguiente se había reincorporado al trabajo, pues, al tratarse de un negocio familiar, no podía descuidarlo; también tenía que ayudar a su hija mayor, que tenía una niña a la que Patricia cuidaba mientras sus padres trabajaban. Todo iba bien, hasta que, recientemente, la nieta de Patricia entró en la guardería. «¡No lo pude soportar!», dice. Desde entonces llora día y noche y solo piensa: «¡Me han quitado mi vida! ¡Me han quitado mi vida!». Por supuesto que el duelo de Patricia no es por su nieta, a la que sigue viendo con frecuencia, sino por su hijo. La vida del hijo es la vida que la vida le arrancó a Patricia a destiempo. Lo que Patricia no pudo sentir en su momento, la asignatura pendiente que se dejó para septiembre, es el duelo por la muerte del hijo, revivido dramáticamente ahora, con la leve ausencia de la nieta.

Es lo que tienen los duelos, que pueden esperar el tiempo que haga falta, pero que siempre regresan para cobrarse su tributo.

Mientras estamos en la sala de espera de la negación, nos acurrucamos a las puertas de la habitación del duelo y no queremos saber nada de esa realidad antipática que nos lleva la contraria y que insiste en demostrarnos la ausencia, la falta, la muerte o el abandono. Porque a la habitación del duelo no se entra de bruces, ni mucho menos se sale de allí de un día para otro.

Cuando lo que nos duele es una separación, la antesala del duelo nos puede detener en sus fauces toda la vida. Los estragos que puede causar la negación, y una esperanza retorcida, merecen en este libro todo un capítulo dedicado al tema. Lo cierto es que conozco mujeres que dedican su existencia a esperar por un hombre que no las quiere, con la esperanza de que algún día entrará en razón y volverá a su vera. Conozco hombres que no entienden el significado de la palabra NO y se dedican a perseguir a su víctima para convencerla de que comete un grave error si no vuelve mansamente junto a ellos.

Una paciente lo puso en palabras de una forma muy clara. Carlota llegó a mi consulta después de haber leído *Mujeres malqueridas,* y en la primera entrevista me contó: «¿Te acuerdas de esa habitación del duelo de la que hablas en tu libro? Bueno, pues lo que a mí me pasa es que yo me asomo por la puerta y lo veo todo quemado, destrozado, hecho cenizas. Lo miro y pienso: bueno, esto hay que empezar a recogerlo, esto habrá que limpiarlo. Pero ¿por dónde empiezo? Entonces cierro la puerta y me voy. No quiero entrar allí».

¡Nadie quiere entrar en esa habitación! ¡Nadie querría visitarla por pura curiosidad! Lo que ocurre es que a veces la vida nos coloca a sus puertas sin remedio y, si queremos llegar a salir de ella, no nos quedará otra alternativa que bajar la cabeza y entrar. No pasa nada porque nos detengamos en el umbral de esa puerta por un tiempo, no pasa nada porque necesitemos respirar hondo hasta que nos hagamos con el ánimo y con la fuerza necesarias para entregarnos al arduo trabajo del duelo (empezar a recoger y a limpiar, como dice Carlota), no pasa nada... Siempre y cuando sepamos que en algún momento tendremos que entrar y comprendamos que en la sala de espera de la negación lo único que hay es una sillita incomodísima, y ese no es lugar al que uno pueda mudarse a vivir para siempre.

La rabia

¡Ah, el odio, el odio!
Única pasión que sobrevive a la esperanza.
ALFRED DE MUSSET

Te odio tanto
que yo mismo me espanto
de mi forma de odiar.
BRAVO

Una vez que abandonamos la salita de espera de la negación, cuando ya la esperanza no tiene nada que esperar y el dolor más agudo cede, aparece la rabia. ¡Claro que tenemos derecho a sentir rabia! Rabia contra la vida que nos hace sufrir de forma inmerecida, contra el destino que se ha llevado de nuestro lado a una persona muy importante para nosotros, contra quien nos abandonó o al menos no cumplió con nuestras expectativas, o rabia por lo que nos parece que es un tiempo perdido a su lado.

Lo primero que hay que hacer con la rabia es reconocerla. Aceptarla y sacarla a la luz. Toda la rabia que se queda dentro, sin usar, toda la rabia que negamos o que nos empeñamos en esconder y en ignorar es un tiro que siempre saldrá por la culata y que nos matará sin remedio. La rabia que no somos capaces de dirigir contra el blanco adecuado nos convertirá en terroristas suicidas, haciendo estallar bombas en nuestra propia casa. De hecho, con frecuencia, el origen secreto de algunos estados depresivos es una rabia no reconocida contra otro, que fatalmente lanzamos contra nosotros mismos en forma de autorreproches.

La rabia puede tomar muchas formas y dirigirse, como una flecha envenenada, contra los más diversos blancos: la vida, el destino, la otra, el ex. Recojo a continuación unos cuantos testimonios vivos de esa rabia. Algunos los he escuchado en la consulta, otros los he entresacado de los correos que recibo de las lectoras de *Mujeres malqueridas*; en cualquiera de ellos puede verse reflejado alguien que atraviesa un duelo.

Silvia, treinta y cinco años, inspectora de Hacienda
Solo recuerdo lo negativo, lo que más me molestaba, las cosas que me enfadaban de él. Es la única manera que encuentro de mantenerme en mi decisión y de comprender por qué estoy donde estoy y cómo estoy. ¡Lo odio!

A Silvia, por ejemplo, la rabia le sirve para no correr a llamar por teléfono a su exnovio como hizo tantas veces; la rabia la protege de rendirse de nuevo a sus pies o entre sus brazos. Esta es una de las utilidades de la rabia, que nos hace sentir fuertes en el momento de mayor fragilidad, que nos hace sentir capaces de mantener nuestra palabra y nos ayuda a defender nuestra dignidad.

Ángeles, cuarenta y dos años, administrativa
Lo que más rabia me da es sentir que he perdido el tiempo a su lado. Ya sé que todo lo que se vive es una experiencia, pero si hubiera terminado la relación la primera vez que nos separamos, hoy estaría

en otro lugar, con otra persona y tal vez hubiera podido tener hijos. ¿Cómo pude perder tanto tiempo con él sin darme cuenta?

Ángeles no es la única que se revuelve furiosa contra el paso del tiempo. A casi nadie le gusta envejecer, o perder la juventud, pero los años nos parecen más amables cuando sentimos que los estamos usando a nuestro favor o que vamos acompasados con lo que se supone que nos toca vivir en cada momento. La rabia ante el paso del tiempo es una constante. Sobre todo cuando la alarma del reloj biológico ha sonado. Conozco a muchas mujeres que, después de haberse resistido durante años a abandonar una relación, se preguntan: «¿Por qué esperé tanto? ¿Por qué insistí tanto? ¿Por qué perdí todo ese tiempo precioso junto a alguien que no compartía conmigo un proyecto de vida?». Cuando una mujer ha dedicado largos años de su vida a esperar, o a insuflar vida a una relación que estaba muerta y que no ha conseguido resucitar, suele sentir mucha rabia por no haber desistido a tiempo del boca a boca.

Lorena, treinta y seis años, diseñadora
No quiero llorar por alguien que no vale la pena. Ahora sé que no me quería, que nunca me quiso. Y me da mucha rabia. Cuando alguien te quiere al menos lo intenta, y él no ha hecho ningún esfuerzo, casi diría que está contento, aliviado de que yo haya terminado la relación. Y a mí lo único que me queda es la rabia por el tiempo que perdí a su lado pensando que los dos estábamos en el mismo barco. En ese barco estaba yo sola remando como una esclava, y él también iba en barco, sí, pero de pasajero, en primera clase y en un crucero por el Caribe. Por eso no quiero llorar, porque no se lo merece. Solo se merece mi rabia, así que también lloro de rabia.

Lorena describe de una forma muy plástica esa rabia que se impone cuando finalmente cae el velo y descubrimos la cruda realidad. Cuando tenemos que reconocer que aquella maravillosa relación de pareja por la que habíamos apostado tanto no era más que una mueca, una pantomima de lo más injusta, en la que los verbos dar y recibir estaban muy mal repartidos: uno de los dos siempre y solo daba y el otro siempre y solo recibía.

Sé que la rabia no tiene buena prensa, sé que a nadie le gusta verse cautivo de un sentimiento tan ruin y que preferiríamos elevarnos unos centímetros por encima de los mortales para sobrevolar la mezquindad de espíritu y aceptar lo malo que nos sucede con la misma elegancia con la que aceptamos lo bueno. Pero la rabia tiene una razón de ser. La rabia es un arma para la supervivencia. La rabia está emparentada con la ambición y nos anima a avanzar, a subir otro escalón, a probar otros caminos. Cuando estamos en el fondo del agujero negro, la rabia nos hace pisar fuerte para tomar impulso y salir a flote. Cuando el agua de la melancolía nos llega hasta las cejas y nos ahoga, es el sentimiento de rabia el que nos hace sacar la cabeza con fuerza para respirar. La rabia es pedir auxilio, revolvernos contra nuestra suerte y dar una última bocanada de dignidad. La rabia es abrir bien los ojos y no dejarnos pisar ni un día más. La rabia es aprender a defendernos ¡con uñas y dientes! y no volver a perdonar lo imperdonable. En fin, la rabia es Escarlata O'Hara y su solemne juramento: «¡A Dios pongo por testigo...!».

Rabia y venganza

Cuando transitamos por el escalón de la rabia, es normal que nos invada el sueño de la venganza: «¡Que al menos una vez lo pase mal!», «¡Que alguien le haga sufrir tanto como me hizo sufrir él a mí!», «¡Que alguien le haga lo mismo que él me hizo!», «¡Que por lo menos pase una noche de insomnio sintiéndose culpable por lo que me hizo!», «¡Que vuelva arrepentido y me encuentre con otro!». Ponemos a trabajar a nuestra imaginación y empezamos a desearle cosas bonitas:

a. Que se quede impotente para siempre.
b. Que se arruine sin remedio.
c. Que se quede solo para el resto de la eternidad.
d. Que le detecten una enfermedad lenta, dolorosa y mortal.
e. Todo lo anterior.

O como dice la letra descarnada de un vals peruano: «*Que sufras mucho / pero que nunca mueras. / ¡Ay! Aurora, te quiero todavía…*».

Pero una cosa es «el sueño de la venganza» y otra, muy diferente, «tomarnos la justicia por nuestra mano». En un ensayo reciente sobre la venganza, T. Böhm (2011) afirma que «quienes perpetran un acto de venganza, sufren una vulnerabilidad interna que les impide diferenciar entre fantasear con hacerle daño al otro y hacerle daño en la realidad». En efecto, después de una despedida traumática, es normal que al otro le deseemos, desde el fondo de nuestro corazón herido, lo peor. Una cosa es deseárselo y otra muy distinta infligírselo. Una cosa es este nivel rabioso-festivo de consolarnos imaginando castigos terribles, y otra, muy diferente, llevar esta venganza al terreno de la realidad concreta. Perseguir al otro, pincharle las ruedas del coche, intervenir sus cuentas, denunciarlo injustamente, prohibirle o dificultarle ver a los niños, desprestigiarlo entre sus colegas, dejarle en la calle, enfrascarnos en litigios eternos o ponerle unos cuernos más contundentes que los cuernos que nos pusieron son actos que, más allá del consuelo inmediato, nos dejarán más solos, más tristes y más hundidos, porque ninguno de ellos va a devolvernos lo que tuvimos. Desplegar la rabia en actos concretos no nos ayuda a desprendernos de ella, ni a superar el duelo. Por el contrario, pasar de la fantasía de la venganza a la realidad del ajuste de cuentas, nos obligará a vivir por tiempo indefinido en ese escalón de la rabia, y nos impedirá pasar página y seguir adelante con nuestra vida.

¿Ojo por ojo?

La ley del Talión, comúnmente conocida como el «Ojo por ojo y diente por diente», a pesar de su aspecto punitivo, fue el primer intento de equiparar el daño producido con el castigo recibido. Se basa en un principio de reciprocidad que pretende poner freno a la fuerza devastadora de la venganza. Si la justicia se dejara en manos del agraviado, el que ha perdido un ojo estaría dispuesto a arrancarle a su agresor no solo los dos ojos, sino también los brazos, una pierna, el hígado y los pulmones. La ley del Talión viene a decir algo así como: «Solo te quitaron un ojo, cariño, así que tienes permiso de arrancarle nada más que un ojo a tu agresor». Vale, entiendo lo del ojo y lo del diente, pero ¿cómo cuantificamos una pena de amor? ¿Cómo ponemos precio a las noches de insomnio? ¿Cómo se mide la angustia? ¿Cómo contamos las lágrimas derramadas por un amor perdido? ¿En qué libreta apuntamos nuestra entrega? ¿Quién nos devuelve el tiempo desperdiciado? Seguramente por la dificultad que supone sacar estas cuentas, hay tantas parejas enfrascadas en años y años de pleitos legales por una casa o por un párrafo en la sentencia de divorcio. Hombres y mujeres que están dispuestos a «llegar hasta el final» como en la película *La guerra de los Rose,* en la que «llegar hasta el final» supuso la muerte de ambos.

«Llegar hasta el final» es tan mal negocio como «a cualquier precio». Toda situación que se salte la realidad de nuestras limitaciones es, repito, ¡un pésimo negocio! Por mucho que nos duela, al final nos saldrá mucho más barato reconocer que —tanto nosotras como ellos— solo somos capaces de pagar un precio restringido y que —tanto ellos como nosotras— apenas podemos llegar hasta donde buenamente nos alcancen las fuerzas. De estos duelos eternos en los juzgados, de estos litigios a muerte, los más beneficiados son los abogados…

La sed de venganza y la rabia desatada del abandonado es lo que explica los muchísimos crímenes pasionales de los que somos testigos. El mismo ser al que hasta ayer se adoraba es objeto ahora de todo el odio posible. La herida al amor propio del maltratador es tan demoledora que el agraviado necesita volver a tener a su amado-odiado bajo un control contundente, indiscutible. Ese afán de controlarlo todo es lo que ha caracterizado la relación, suele ser el motor del maltrato y el motivo de la separación de una mujer maltratada que opta por su autonomía y abandona a su amo. El controlador-abandonado no se rinde y busca apoderarse de su presa de la forma más radical posible: «Mientras que está viva, puede respirar sin mi permiso. Solo muerta será completamente mía». Ya sabemos que el «La maté porque era mía» no es más que una envoltura que esconde el verdadero motivo: «La maté porque descubrí que NO era mía». El orgullo herido puede convertir a un simple ser humano en una bestia.

La justicia divina no existe. Es un ideal al que tenemos que tender, pero hemos de aprender a convivir con esa certeza. No es justo que los niños enfermen, ni que se mueran de hambre, ni que haya dictadores y dictaduras. No es justo que una mujer muera a manos de un exmarido celoso, ni es justo que no nos ame aquel a quien amamos. No, no es justo, y «tomarnos la justicia por nuestra mano», imponer lo que imaginamos que sería lo equitativo desde nuestros deseos, no restaurará la justicia divina que añoramos. Con el mismo entusiasmo con el que tenemos que abogar por alcanzar ese ideal de justicia allí donde es posible, tenemos que aprender a convivir con las injusticias que la vida comete con nosotros.

Rabia y mal humor

La manera que tiene la rabia de salir a escena y de decir ¡presente!, en el día a día, es a través del mal humor. Cuando atravesamos el «barranco» de un duelo, estamos enfurruñados con la vida y nada de lo que la vida nos propone nos hace gracia. A todo le falta o le sobra algo. Cualquier cosa nos supone un engorro y nos estorba. Hablar, lo que se dice hablar, hablamos poco, y únicamente pronunciamos palabras para aburrir al vecino con el relato pormenorizado de nuestra pena; por lo demás, cuando no estamos llorando, ¡ladramos!

Ese mal humor perenne también tiene un sentido, porque a través del mal humor conseguimos que nadie se nos acerque y que nos dejen un poquito en paz, que nos dejen a solas con nuestra pena, con nuestro dolor, con nuestra rabia, porque estamos furiosos con todo y con todos; cuando atravesamos un duelo no nos importa si hace buen tiempo, ni si la vida es bella; no nos importa si no sé quién tuvo un hijo, o si fulanita se va a casar; no nos importan las buenas noticias de los demás. ¿Por qué no? ¡Estamos indignados con la vida!, la vida se ha portado fatal con nosotros y simplemente le respondemos con la misma moneda.

Nuestra rabia y nuestro mal humor tienen un sentido, sí, pero en ningún caso estamos autorizados a tratar mal a quien quiera que tengamos al lado. Saber que el mal humor forma parte del proceso nos puede servir para identificarlo y estar atentos a sus efectos en los otros, que, al fin y al cabo, no son los responsables directos de nuestro dolor.

Las 3D para sobrevivir a la rabia

1. Decirla

A la rabia no hay que tenerle miedo. Hay que poder reconocerla, sentirla y pensarla. Pero, sobre todo, a la rabia hay que poder decirla, hablarla. Ponerle palabras a la rabia nos ayuda a sacarla fuera, a darle forma y a distinguir que no es que tooooodddddoooo nos dé rabia por igual. Aunque al principio la rabia parezca indiscriminada, cuando la nombramos, cuando la bautizamos, descubrimos que nos da rabia esto concreto, o aquello, o lo otro, y ese ejercicio nos proporciona un marco en el que la rabia puede habitarnos sin que corramos demasiado riesgo de quedar atrapados en sus redes por siempre jamás. Por eso es tan importante contar con un interlocutor en los momentos de duelo. A veces el interlocutor es la misma pareja, a quien se le pueden echar en cara unas cuantas cositas... En otras ocasiones es una amiga, un familiar cercano o un terapeuta. Pero, si no se cuenta con ninguna de estas posibilidades, en última instancia, un diario siempre puede servirnos de ayuda. Redactar la rabia es un buen recurso para acotarla, sin necesidad de negarla. El diario tiene la ventaja de que podemos sacar a relucir lo peor de nosotros mismos sin dañar al de al lado. Así, el veneno de la rabia ya no está dentro ejerciendo su efecto letal, pero tampoco está completamente fuera, matando a quienes nos rodean; se le mire por donde se le mire, ¡escribir siempre es una bendición!

2. Dirigirla

A la rabia hay que poder dirigirla contra el culpable de nuestra pena: el otro, el destino, la vida, y no contra nosotros mismos. En el apartado dedicado a la culpa me refiero a esos casos en los que nos tragamos la rabia y nos envenenamos con ella martirizándonos por nuestros errores, por haber sido demasiado blandos, demasiado duros, demasiado complacientes o demasiado exigentes, como si fuéramos los únicos artífices de los acontecimientos. Como si hubiera una clave, un truco, para mandar en los sentimientos del otro o en sus capacidades. Una cosa es la reflexión que nos permite reconocer nuestra participación en los hechos, y otra muy distinta es cargar a cuestas con TODO el peso de los acontecimientos, ¡desde la caída del Imperio Romano hasta el calentamiento global!, pasando, por supuesto, por esta ruptura tan dolorosa.

3. Despedirla

Y, por último, a la rabia hay que dejarla ir. El peligro de la rabia, como pasa con la negación, con la pena o con el miedo, es quedarnos detenidos en ese escalón como si fuera el único. El problema con la rabia no es sentirla, ni decirla, es «hacerla», llevarla a cabo y embarcarnos en una cruzada de odio y de rencor en nombre de una merecida venganza, en nombre de una justicia restaurada que solo nos dejará más cansados y más viejos. Estamos furiosos, sí, nos hemos sentido injustamente tratados por la vida o por el ex, sí, pero eso no es toda nuestra vida. Somos más que rabia, somos más que una mujer engañada o abandonada, somos una mujer en la vida, en el trabajo, en la familia, entre amigas. Además del objeto de una traición, somos ¡un montón de otras cosas estupendas! En algún momento la rabia debe diluirse en el caudal del resto de nuestra vida hasta hacerse inofensiva, como gotas de arsénico en el mar.

El miedo

Miedo, de volver a los infiernos.
Miedo a que me tengas miedo, a tenerte que olvidar.
Miedo, de quererte sin quererlo,
de encontrarte de repente, de no verte nunca más.
MIEDO

No sé quién eres tú, y no interesa.
Solo sé que mi tristeza necesita de tu amor.
EMBORRÁCHAME DE AMOR

El miedo es como un perro fiel que nos acompaña antes, durante y después de una separación. El miedo es uno, pero, como el animal mitológico, tiene mil cabezas; de manera que cuando nos parece que —¡finalmente!— le hemos vencido, descubrimos que hay otra cara del miedo al acecho y otra y otra, esperándonos en la oscuridad para asustarnos con sus dientes transparentes y afilados.

Son muchos los miedos que se despiertan en torno a una separación: «¿Estaré cometiendo un error?», «¿Me quedaré sola para siempre?», «¿Podré con la carga económica o con la responsabilidad de educar sola a mis hijos?», «¿Podré recuperarme alguna vez de esta pena?», «¿Sabré elegir la próxima vez?». De entre todos, vamos a centrarnos en los dos miedos más contundentes y más universales: por una parte, está el miedo a la soledad y la incertidumbre ante el futuro: «¿Volveré a encontrar una pareja?», «¿Volveré a ser feliz aunque me quede sola?». Y, por otra, su contrapartida: el miedo a volver a equivocarnos y a cometer el mismo error, bien retomando la relación con la expareja, a pesar de que sabemos que nos hace infelices, o eligiendo al siguiente compañero desde el mismo criterio desatinado que nos llevó al fracaso anterior. Estos dos miedos, muy reales y muy contundentes, pueden atenazarnos o llevarnos a tomar decisiones impulsivas. Por último, pero no menos importante, hablaremos también del miedo concreto a las represalias que pueda tomar la expareja, cuando se trata de un maltratador.

Miedo a la soledad

Son muchos los testimonios que he escuchado o que he leído de mujeres torturadas por el terror a quedarse solas para siempre. Transcribo algunos de ellos porque sé que cualquier persona que esté atravesando una separación podrá verse reflejada en estas palabras:

> La vida se me ha partido en dos y yo solo conozco cómo se vive en esta mitad. La otra mitad, la que me espera, no la conozco y no quiero ni pensarlo. Ahora mismo siento más el miedo que el dolor.

La incertidumbre ante el futuro, la interrogante de cómo se vive en la otra mitad de la vida que todavía no se conoce, es una constante después de una separación. El «barranco» y su abismo correspondiente se caracterizan por esa terrible sensación de vacío. ¿Cómo se muda uno a vivir en el vacío? ¿Cómo redecoro mi vida en la nada? ¡Qué me pongo! Es como si se nos olvidara que antes de conocer a nuestro amado también estábamos vivas. Como si la vida hubiera empezado y terminado con él. El miedo seguirá siendo el mismo, pero buscar un poco de perspectiva y mirar nuestra vida de forma longitudinal, como un continuo en el que pasan tanto cosas buenas como cosas malas, nos permitirá salir de ese corte frío y transversal de un duelo que nos parte la vida en dos.

> Me da miedo no poder superarlo, me da miedo encontrarme cada vez peor. ¿Será que lo peor está todavía por venir? ¿Será que voy a vivir amargada el resto de mi vida? ¿O alguna vez podré recuperar mi bienestar? Ya no digo ser feliz, solo pido un mínimo de tranquilidad para que el trayecto del metro no sea tan duro.

¿Cuántas personas que atraviesan un duelo no firmarían este párrafo como propio? Y es que, cuando la angustia aprieta, perdemos la dimensión temporal y nos parece que ya nunca más podremos recuperar, ya no digamos ¡la «felicidad»!, sino una cierta tranquilidad, que, como dice mi lectora, nos permita subirnos al metro como una persona normal. Ahora, con todas las heridas abiertas, no es fácil reconocer que hay vida después de una separación, pero es bueno no perder de vista que el tiempo pasa y que siempre jugará a nuestro favor.

No obstante, cuando el tiempo ha pasado y el dolor permanece terco, imperturbable, cubriendo todo lo que toca, entonces es el momento de pedir ayuda profesional, para entender la pena, para digerirla y sobre todo para poder dejarla atrás.

> Gracias por tu libro. Ya era hora de escuchar que «Sí pasa algo», que el «No pasa nada» que nos quieren vender no es cierto, que la vida cambia, que es muy doloroso y que hay momentos en los que

> el miedo y la soledad se agarran a uno como garrapatas. Gracias a tu libro ¡ya no me siento un bicho raro!

Otro de los miedos que se cuece en la soledad del duelo que sigue a una separación es el miedo a ser «un bicho raro», a ser la única mujer del universo que nunca podrá superar esta pena. El miedo a ser «una quejica» exagerada, porque «¡Total! ¡Si todo el mundo dice que no pasa nada, será que no pasa nada! Entonces, ¿por qué yo siento que a mí me está pasando TODO?». ¡Claro que pasa, y mucho! ¡Claro que la vida cambia! ¡Claro que nada volverá a ser lo que fue! Puede que después de un tiempo, cuando escampe, la vida sea mejor, tal vez entonces solo nos lamentemos de no haber concluido antes con esa relación; pero hasta que eso suceda, el miedo y la soledad serán nuestros fieles compañeros del camino. Y a nadie le gusta ni tener miedo, ni sentirse abandonado.

> A veces pienso que estoy a punto de entrar en una profunda depresión porque me paso el día llorando. La verdad es que tengo un miedo terrible al futuro, a estar sola, a no volver a tener una pareja.

Si te sucede como a nuestra lectora, y tienes miedo a «entrar en una profunda depresión», ¡busca ayuda! Piensa que si una ruptura amorosa te lleva a esa situación, probablemente no solo estés llorando por ese amor perdido, sino por heridas antiguas que siguen abiertas y que supuran todas juntas ante una situación de pérdida. ¡No pasa nada por pedir ayuda! Vale muchísimo la pena conocernos mejor y cerrar situaciones difíciles del pasado que en su momento no pudimos dar por terminadas.

> He leído tu libro *Mujeres malqueridas*, me he reído, he llorado, he compartido momentos increíbles conmigo misma, pero, sobre

todo, me he sentido tristemente identificada. Creo que he aprendido a respirar, aun cuando él no me quiera bien, y tal vez pueda vivir sin él y ser feliz. Aunque el miedo a quedarme sola es superior a todo eso.

Esta lectora agradecida ha podido disfrutar y sufrir cada página de *Mujeres malqueridas.* Sin embargo, parece que su miedo sigue en pie de guerra y la acompaña como un fantasma obstinado. Cuando el miedo la ataca por la espalda, borra de un plumazo todos sus esfuerzos y se hace más fuerte que ella misma. Borra sus reflexiones, su capacidad para mirarse a sí misma, sus intentos por recuperar su autonomía para «respirar»; en definitiva, el miedo borra a la mujer adulta que ella es, y, en su lugar, aparece una niña pequeña aterrada por el monstruo que se esconde debajo de su cama.

Cuando Alejandro me dejó, sentí lo mismo que cuando mis padres me mandaban al pueblo de pequeña. Todo alrededor me resultaba hostil. Conocía a mis tíos y a mis abuelos, pero me sentía sola, perdida sin mis padres, que eran mi referencia. Tengo la misma sensación física de miedo y de desvalimiento.

Esta paciente es capaz de hacer ella sola el camino directo entre su miedo actual al abandono y aquel miedo infantil que experimentaba cuando sus padres la llevaban al pueblo con los abuelos. Generalmente, el exceso de miedo (casi me atrevería a decir que cualquier exceso) suele hundir sus raíces en la historia infantil. Es allí donde tendremos que hurgar para comprender el miedo actual.

El miedo a la soledad ¿es psíquico o físico?

> No sé si lo que tengo se llama miedo o se llama angustia. Sé que es como si tuviera un pulpo en la boca del estómago que me aprisiona y me retuerce las tripas. No es solo una sensación psicológica. Es que el miedo me duele físicamente.

A veces el miedo parece que se solidifica. Se hace carne y se convierte en una sensación corporal de la que es difícil escapar. Ese terror nos devuelve a situaciones muy tempranas, cuando se piensa y se siente con el cuerpo, cuando no se está triste, sino que se llora. Cuando no se siente el miedo, sino que el cuerpo se retrae, se encoge sobre sí mismo y se hace un nudo: «Un nudo en la garganta» o «una bola en el estómago».

En mi libro *Un año para toda la vida* explico cómo, durante los primeros meses de vida, lo físico y lo psíquico están íntimamente conectados. Así, cualquier padecimiento físico —hambre, frío, sueño, dolor— se convierte en miedo, en angustia; y, de la misma manera, cualquier angustia tendrá su correspondiente manifestación corporal. Será con el tiempo y gracias a la palabra de la madre, que nombra y que distingue una cosa de otra, que cada sensación ocupará el lugar que le corresponde. Entonces, al pan de lo físico lo llamaremos pan y llamaremos vino al vino de la esfera emocional. Con el tiempo podremos diferenciar un dolor de oídos del miedo y discriminar entre la rabia y un retortijón de barriga. El caso es que esto, que ya es bastante, no será suficiente ni definitivo. En adelante, cada vez que nos topemos con situaciones que nos desborden, que nos sorprendan y que no sepamos cómo manejar, volveremos a mezclar una cosa con la otra. Vino convertido en pan y viceversa. Sin ir más lejos, ¡no conozco a nadie más malhumorado que mi hermano cuando tiene hambre! Su hambre, que es una sensación física, se transforma en un estado de ánimo que se apodera de él y lo transmuta; deja de ser ese hombre divertido y encantador y se convierte ¡en el monstruo de las galletas! Lo mismo pasa con la angustia, que es una sensación psíquica, pero que cuando se desborda toma cuerpo y se vuelve físicamente insufrible. ¿Cuántos ataques de angustia no se han confundido con infartos? ¿Cuántos moribundos agonizantes no van a urgencias dispuestos a decir sus últimas palabras y regresan a casa esa misma noche, sanos y salvos, gracias a una pastillita de ansiolítico?

Quienes estamos fuera podemos distinguir que el hermano malhumorado lo único que tiene es hambre y que el que sufre de ansiedad no se va a morir de un ataque al corazón. Sabemos que sufrirá, que llorará, que va a pasarlo fatal, pero que en algún momento retomará la vida y, si los astros se colocan en una correcta alineación, incluso llegará a olvidar. Lo que ocurre es que la angustia nos hace reproducir una experiencia infantil que no pasa por la cabeza, que no se deja pensar, ni nombrar, sino sentir.

Lo que revivimos es la sensación de soledad de cuando estar lejos de los rostros conocidos nos convertía en Lucía, la niña de los peluches y nos hacía sentir irremediablemente perdidos, sin asideros, sujetos a un «¿Qué será de mí?» sin respuesta y sin horizonte. Si un niño pequeño, pongamos por caso, se despierta en una casa ajena y no reconoce los rostros que le rodean (aunque sean los rostros conocidos de los abuelos), llora angustiado mientras espera el regreso de su madre; en ese momento no le vale escuchar: «No te preocupes que no pasa nada». «¿¡¡¡Cómo que no pasa nada!!!? —pensará él—. ¡¡Claro que pasa!! ¡Si me voy a morir de un momento a otro!!». O: «No llores que mamá regresa mañana». «Pero ¿qué es mañana? ¿Dónde queda mañana? ¿¿¡Cuánto falta!??». Lo mismo ocurre con el dolor del duelo, con la angustia indescifrable de la soledad. ¡Hasta cuándo! ¡No puedo ni un minuto más! ¡Cuando llegue el alivio será tarde! ¡Ya me habré muerto! ¡No podré sobrevivir hasta entonces! ¡No puedo esperar!

No es casual que los cuentos infantiles insistan en la imagen del niño perdido en el bosque para poner al pequeño que lo escucha en una situación de desamparo extremo y sumergirlo, con una sola palabra, en una experiencia aterradora. Para él no puede haber nada peor que estar solo en el bosque, en un lugar desconocido y misterioso, plagado de peligros. En el bosque y solo; solo y sin recursos, solo y sin cobertura, solo y sin teléfono móvil para llamar a urgencias y pedir una ambulancia. En el bosque se está sin perspectiva, no se puede ni ver el árbol, ni atisbar nada que esté más allá de las pequeñísimas narices de un niño. La angustia que se siente tras un amor perdido nos obliga a revivir esa primera angustia infantil: la del bosque y el abismo que separan la vida de la muerte. El bosque es peligrosísimo sin la mano tranquilizadora de un adulto —de mamá, de papá o de la pareja—, que son los únicos que saben cómo funcionan las brújulas y los GPS, que son los únicos que pueden conducir al niño (o al enamorado) de vuelta al mundo conocido y controlable de su habitación, de la cocina de su casa, de su cuna, de su osito de peluche o de la vida cotidiana. En el bosque de la soledad todo es noche; en su abismo no existe más que un hoy eterno sin futuro, ni pasado, ni mañana, ni tarde.

¡Todo esto es lo que sentimos antes, durante y después de una separación! Y hay que ser muy valiente para enfrentarlo, para ponerle nombre y para esperar a que pase lo peor sin correr a refugiarnos en los brazos equivocados.

Quienes estamos alrededor, como en el caso de los niños, o el médico de guardia que recomienda el ansiolítico, sabemos que lo que se está atravesando no es un abismo, somos conscientes de que no es más que un «barranco» que con un poco de tiempo y en buena compañía se pasará. Sabemos que esa arboleda espesa no es un bosque y, en cualquier caso, sabemos que ese bosque tiene caminos despejados de regreso a la vida.

Miedo a repetir la misma historia

Pero el miedo a la soledad que acabamos de revisar no termina en sí mismo, sino que tiene consecuencias. Escuchemos el caso de esta lectora:

> Estoy consumida por el miedo que me hace sentir débil e indefensa; esto me genera una dependencia que sé que me hará aferrarme al primer carcamal que se me acerque, y eso también me da miedo.

En efecto, cuando la escena está dominada por el miedo a la soledad y lo único que nos importa es volver a estar acompañados, es muy fácil equivocarse y elegir «al primer carcamal que nos pase por delante». En casos desesperados, los criterios de selección ya no serán: «Me gustas porque me haces reír» o «Me gustas porque eres cariñoso y detallista» o «Me gustas porque despiertas mi pasión» o «Me gustas porque eres interesante y culto», sino que será más que suficiente con: «Me gustas porque pasabas por aquí», «¡Eureka! ¡He encontrado una reja para mi abismo!». Y estarán de acuerdo conmigo en que ese criterio de selección solo es válido para repartir publicidad por la calle o para vender kleenex en las esquinas. Así las cosas, comprendemos a nuestra lectora. Su miedo a la soledad provoca y justifica su temor a otra elección fallida.

De hecho, otro tipo de miedo que se repite en la mayoría de las mujeres que acuden a consulta después de una ruptura traumática es el temor a volver a elegir mal y a repetir la triste historia. El miedo a tropezar contra la misma piedra de un mal amor y emprender una nueva relación con un señor con otra cara, con otro nombre, pero, en definitiva, otro «gato», tan dispuesto a devorar ratitas como el anterior, es un miedo que está justificado.

Los curiosos caminos del inconsciente nos llevan a repetir ciegamente las historias traumáticas, con la ilusión de que alguna vez terminarán con un final feliz. Ya en *Mujeres malqueridas* hablamos de la importancia de poder respondernos al «¿Qué he hecho yo para merecer esto?» y desentrañar nuestra participación en las situaciones que vivimos. Por supuesto que no somos las únicas responsables de lo que nos pasa, pero, en algún momento, accedemos libremente a representar un cierto papel en esta película. Puede que nosotras no hayamos escrito el guión, pero nosotras aceptamos el papel que nos propusieron y, en la mayoría de los casos, encarnamos con entusiasmo el personaje hasta el final. Reconocer nuestra participación es el único camino que conozco para no volver a aceptar nunca más un papel semejante, para agudizar el olfato y olernos a tiempo las trampas del guionista. Solo si conocemos y asumimos nuestras limitaciones y comprendemos cómo participamos nosotras en el fracaso anterior, estaremos más atentas la próxima vez y podremos dejarle las cosas muy claras al encargado del *casting* desde el principio: «¡No pienso aceptar el papel de segundona ni el de amante! De ahora en adelante, solamente participo en las películas en las que yo soy la única protagonista». O: «Si en esta película el protagonista masculino hace su vida y mi personaje es esa que todo lo acepta y que todo lo perdona, ¡búscate a otra para el papel!». O: «Si para estar en esta película tengo que aguantar gritos, malos tratos y faltas de respeto, ¡conmigo no cuentes!». En fin, que si no reconocemos que en algún momento, ante el guión de ese horrible papel de malqueridas, nosotras dijimos: «Sí, acepto», corremos el riesgo de conformarnos con un papel semejante la próxima vez; es más, nos expondremos a convertirnos en actrices especializadas en ese tipo de personajes que tanto dan de comer a los culebrones ¡y que tanto hacen sufrir a la mujer que los practica!

Escuchemos algunos testimonios de quienes han sentido y expresado el temor a repetir el mismo patrón:

> He leído su libro y me ha gustado mucho (...). Quizás el título *Mujeres que se hacen malquerer* definiría mejor el contenido del libro. ¿Cómo no ser tu peor enemiga? ¿Cómo eliminar el miedo a perder el rol de víctima que todo lo puede? ¿Cómo perder el miedo a entablar otra relación tan perjudicial como la anterior?

Confieso que este testimonio ha venido conmigo allí donde tengo que dar alguna conferencia sobre el tema, porque muestra con precisión y profundidad el drama en el que se encuentra enredada una mujer malquerida. «Víctima que todo lo puede» es una definición perfecta de esa extraña combinación que reúne en una misma persona al amo y al esclavo. Perder ese poder que engrandece tanto da miedo, pero elegir desde ese poder ¡debería asustarnos muchísimo más!

> Acabo de terminar de leer tu libro *Mujeres malqueridas*. ¡Gracias por escribirlo! Hace un año que salí de una de esas relaciones que describes en tu libro y ahora siento miedo a comenzar otra relación y a volver a equivocarme. Hasta ahora, todas las relaciones que he tenido acaban en desastre y yo lo paso fatal.

Si a usted le ocurre como a nuestra lectora y todas las relaciones que ha tenido acaban en desastre, ya es hora de preguntarse por qué. En estos casos, el miedo a que la siguiente relación se parezca peligrosamente a las anteriores está más que justificado. No digo que estemos obligados a repetir una mala elección. Lo deseable es que po-damos aprender de la experiencia. La repetición no es una estrategia planificada conscientemente, sino un plato que se cocina en los oscuros fogones del inconsciente, en su núcleo duro, y que nos impele a repetir situaciones traumáticas, animados por la loca esperanza de que «Esta vez todo será diferente», «Esta vez la piedra se apartará y yo podré proseguir mi camino felizmente», «Esta vez la piedra será de goma y no me causará dolor», «Esta vez yo seré más fuerte que la piedra y la haré cambiar con mi amor y mi paciencia». Pensamos cualquier cosa, con tal de no buscar un camino alternativo para esquivar la dichosa piedra contra la que llevamos años tropezando.

El miedo es una reacción de protección. Sentir un miedo excesivo nos domina, y puede paralizarnos o llevarnos a realizar una acción precipitada, pero una cierta cantidad de temor nos hará más prevenidos, más cuidadosos y nos vendrá bien para protegernos de nosotros mismos y para estar atentos a los desniveles del camino y eludir esa piedra contra la que parece que nos encanta tropezar.

Miedo al maltratador

Otro miedo, esta vez absolutamente justificado, es el que se tiene a la reacción violenta, loca, de un maltratador. Miedo al acoso, al maltrato físico y al maltrato psicológico que puede infligir un maltratador. Miedo a que tome represalias con los niños, a que los utilice de cebo para hacer sufrir a la madre. Miedo de estar al alcance de su sed de venganza, miedo a los efectos de su amor propio herido y a su manera violenta de restaurarlo.

El simple hecho de sentir este miedo, de sospecharlo, es un indicativo de que se está junto a una persona potencialmente peligrosa. Para estos miedos solo hay una salida: ¡buscar protección! No únicamente de los amigos y de la familia. Hay que buscar protección en una autoridad superior: la policía, la justicia. En estos casos, siempre es mejor que la protección sobre a que nos falte. Es preferible parecer una histérica exagerada que aumentar la lista de las víctimas de maltrato doméstico. No vale justificarlo y pensar: «No, él a mí no me haría daño» o «Si alguna vez me gritó es porque estaba nervioso, pero ahora ha aceptado que ya todo acabó» o «Me quiere demasiado como para hacerme sufrir» o «Él es violento, pero es muy buena persona y en el fondo es muy noble». Ninguna de estas justificaciones está permitida, todas ellas están destinadas a protegerle a él, o a la imagen que nos empeñamos en mantener de él, y ahora es ella quien necesita protección.

La pena

Dime cómo me arranco del alma esta pena de amor.
DIME

Más fuerte que el dolor
se aferra nuestro amor, como la hiedra.
LA HIEDRA

No ha sido fácil escribir este capítulo. Me hubiera gustado poder pasarlo por alto, poner un asterisco junto al título y copiar un *link*, la letra de un bolero o recomendar un libro que haya escrito otro. ¿Qué les voy a decir de la pena? ¿Cómo voy a contarla sin que se me parta el alma? ¿Cómo consolarlas? ¿Con qué palabras les explico, sin que les duela, que de este dolor horrible se sale, sí, ¡claro que se sale!, pero que, para salir, hay que pasar por él? Algunos de los testimonios conmovedores que he recogido en la consulta hablan por sí solos:

> *Manuela*
> Ahora sé el significado de la frase «llorar desconsoladamente». No sé cómo lloraba antes, pero ahora lloro desconsoladamente. Paso todo el día con ganas de llorar, con la lágrima boba. Me aguanto como puedo, y por la noche lloro desconsoladamente. Y es que es eso, nada me consuela. No hay ningún pensamiento que me sirva para dejar de llorar, ninguna imagen, nada. Lo único que quiero es llorar y llorar y llorar...

> *Cristina*
> No es que llorar me alivie la pena, es que no lo puedo evitar. Voy en el coche y lloro, y hago la compra llorando y me despierto llorando y me vuelvo a dormir llorando...

Y es que la pena es la pena, y nada tiene que ver con las razones racionales que nos han llevado a una ruptura. Lo mismo ocurre con la rabia, con el miedo o con la esperanza. Son parte de un proceso afectivo que desconoce la racionalidad y que no se detiene a considerar qué es lo que nos conviene. Cuando una pareja toma la decisión de separarse, seguro que hay razones que justifican sobradamente la ruptura; sin embargo, esas razones objetivas nunca son suficientes para aliviarnos, ni sirven para evitar o disminuir el desconsuelo.

En la banda sonora de un duelo, la pena es el tema principal. Suena en los momentos culminantes, se tararea de fondo, unas veces aparece con más ímpetu y otras como una leve melodía. Hay variaciones —la duda, la rabia, el miedo o el recuerdo—, pero, repito, en la banda sonora del duelo, el tema central siempre es la pena.

Todos sabemos que el duelo duele, que a nadie le gusta sufrir, que preferiríamos quedarnos dormidos hasta que escampe y que alguien viniera a despertarnos cuando el dolor ya se haya ido y la pena no sea más que un pálido recuerdo. Es probable que, mientras sufrimos, alguien venga con su mejor intención a decirnos que no hay nada que temer, que esto es un túnel, que al final encontraremos una salida y que la luz volverá. Vale, pero mientras tanto, desde el fondo de las tinieblas, ¿cómo sabemos que avanzamos?, ¿quién nos dice que no estamos dando vueltas en círculos y que cada mañana no empezamos el recorrido del túnel desde cero? ¡Y sobre todo!, ¿quién conduce?

Para ponernos es situación y comprender las dimensiones y el sentido del sufrimiento, las invito a recrear dos imágenes cinematográficas recientes:

Primera película de *Sexo en Nueva York*: A lo largo de la serie sabemos que Carrie lleva ya muchos años sufriendo los embates de una relación intermitente con Mr. Big. Ahora sí, ahora no y otra vez sí. ¡Finalmente!, deciden casarse. Durante la mitad de la película acompañamos a la feliz novia en los preparativos: la nueva casa, el traje, el lugar perfecto, los invitados... La ilusión de Carrie es desbordada y los muchos años que lleva esperando el milagro la justifican. Todo está a punto. El día de la boda, el mismísimo día de la boda, Mr. Big se lo piensa mejor y decide no presentarse. Carrie es abandonada al pie del altar. Está destrozada y arropada por sus amigas, quienes, con la mejor de las intenciones, deciden llevársela a México para distraerla, para hacerla olvidar. A ella ya no le quedan fuerzas ni siquiera para oponerse. Total, lo mismo le da estar en Manhattan, en Albacete o en una playa de la Riviera Maya; se deja llevar. Durante los primeros días en el maravilloso hotel mexicano, Carrie solo es capaz de dormir. Las escenas se suceden en un cuarto cerrado a cal y canto, a oscuras, con las persianas bajadas, con las puertas echadas. El paso de los días únicamente se reconoce porque las bandejas con la comida, sin tocar, se mudan del desayuno a la comida, y de la comida a la cena, un día, y otro día, y el siguiente. Mientras que fuera de su habitación pasan los días, y dentro pasan las bandejas, Carrie permanece vestida, con la misma ropa, en posición fetal, tumbada sin vida, sobre la cama. No quiere comer, no quiere hablar, ni respirar, quiere dormir, quiere no estar. A veces abre los ojos y ve a una de sus amigas. Ella pregunta: «¿Lo soñé?», y la amiga dice: «No». Entonces, si no fue una pesadilla, si la realidad no tiene otra cosa que ofrecerle, mejor seguir durmiendo. No le interesa saber ni qué hora es, ni cuánto tiempo lleva durmiendo y llorando, lo único que quiere es poder seguir llorando y durmiendo. Estar viva le resulta insoportable, como insoportable le resulta cualquier cosa que le recuerde que lo está.

Un día cualquiera, sin saber muy bien ni cómo ni por qué, Carrie consigue levantarse, y la vida empieza desde cero. En adelante, todo lo que haga se hará por primera vez. «La primera vez que come», «la primera vez que se ríe», «la primera vez que lee el periódico…». Tendrá que inventarse una vida nueva. Como ya no irá a vivir a su maravillosa casa nueva junto a Mr. Big, necesita recuperar su antiguo piso que acaba de vender. Tendrá que pagar un alto precio para recuperarlo, como un precio hay que pagar para reconciliarse con la realidad.

Carrie regresa a Nueva York aturdida. Lo que está por vivir es una incógnita, y le da miedo o, en el mejor de los casos, ya no le quedan fuerzas para apostar por el futuro. El pasado le recuerda el amor perdido, el futuro sin él no le gusta y el presente se reduce a una baldosa tambaleante al borde del abismo en la que solo caben su miedo y su pena.

Anatomía de Grey: Izzie es una de las residentes de cirugía que ha entablado una relación con Denny, un enfermo del corazón que lleva tiempo ingresado en el hospital. Denny ha estado varias veces al borde de la muerte, hasta que recibe un transplante y por primera vez su corazón empieza a marchar bien. Le pide a Izzie que se case con él y ella acepta. Esa misma noche se celebra un gran baile de gala en el hospital. Izzie llega ataviada con su mejor traje de fiesta, como una princesa, como una diosa, y antes de bajar a la fiesta, pasa por la habitación de su prometido y lo encuentra muerto. Sin más. No dice nada, solo se acuesta con naturalidad junto a su muerto, como si estuvieran durmiendo la siesta, como si estuvieran descansando después de hacer el amor, como si… Como si cualquier cosa, menos que él está muerto y que ella sigue viva. Sus amigos intentan convencerla sin éxito de que ya no hay nada que hacer, hasta que uno de ellos consigue arrancarla de esa camita estrecha de hospital mientras ella se resiste y llora a gritos. Antes de salir del hospital, Izzie renuncia a su plaza de residente.

Ya en casa, Izzie cambia una extraña cama por otra tan inquietante como la anterior: se instala a vivir sobre el frío suelo de su habitación y se tumba allí, vestida de princesa, vestida de novia, como un fantasma. Sin hablar, sin comer, sin vivir. En adelante, sus compañeros de residencia, como perros fieles, se echarán uno tras otro a su lado a acompañarla en su dolor, exclusivamente a acompañarla en su dolor; sin cuestionarlo, sin apurarlo ni detenerlo. Nadie le dice: «No es para tanto», ni: «La vida es bella», ni: «Tú eres muy joven y podrás rehacer tu vida». En este momento ninguna de esas palabras significaría nada para ella. En ese momento, lo único que ella quiere es morirse junto a su muerto y estar con él donde quiera que esté.

Dice Freud

Carrie e Izzie hacen exactamente lo que describe Sigmund Freud en su ensayo *Duelo y melancolía* (1915). Para empezar, se alejan del correr de la vida. Ante la disyuntiva entre seguir con la realidad o acompañar al ser amado, el doliente —¡cómo no!— se queda con el ser amado, aunque esté muerto. Con su renuncia al hospital, Izzie renuncia a seguir viviendo; y Carrie se ausenta de su propia vida, como se ausentó de ella Mr. Big. Cuando alguien se nos muere, nosotros también morimos un poco con el difunto. Nos mudamos con él al reino de los muertos. Con las separaciones pasa lo mismo. Si él se va, nosotros también nos vamos. Aunque seguimos en nuestra cotidianidad, en realidad estamos de cuerpo presente, como están los muertos en las funerarias. Dejamos el envoltorio allí, disponible, como para que parezca que seguimos respirando, pero lo cierto es que no estamos.

El doliente está indignado con la vida y opta por darle la espalda, se tumba en el suelo de una casa —o en la cama de la habitación de algún hotel mexicano— y apaga todas las luces, cierra todas las ventanas, porque no está para nada ni para nadie. Ni Carrie ni Izzie se cambian de ropa mientras acunan su pena y ninguna de las dos quiere comer. Y es que ropa y alimento son necesidades de los vivos, y ellas solo respiran para llorar, para recordar al ser amado, para nombrarle. Tal vez haya algo de anestesia en esta manera de sufrir, porque en esos momentos se sufre tanto —¡tanto!— que ya ni siquiera se puede sentir el dolor.

El ser amado ocupa todo el espacio; y cuando digo TODO el espacio es que al doliente le resulta imposible apartarlo, empujarlo un poquito para poder comer, para mirar la tele un rato, para ducharse o para salir a trabajar, no digamos ya olvidar o sustituir al ser perdido. El que sufre por la muerte o por la pérdida de un ser querido se entrega en cuerpo y alma a su dolor, solo se consuela si está cerca del ausente, y no hay otra manera de estar con un ausente más que evocándolo.

El doliente busca acercarse a su ser querido en el único lugar en el que puede encontrarse ya con él: en su memoria. Lo nombra continuamente y repasa sus recuerdos desde todos los ángulos posibles. Recuerda al ausente dormido, recuerda su manera de andar y de pasarse la mano por la cabeza. Recuerda lo mismo una anécdota simpática que un mal día. Lo recuerda en el cine y aparcando el coche, enumera sus platos preferidos, sus chistes malos. Recuerda su olor y el sudor de su cuello, lo evoca comiendo naranjas con las manos y pelando patatas. Tumbado en el sofá, haciendo la compra o ajustándose el nudo de la corbata. Se relata una tarde exacta y una mañana cualquiera y un viaje a Nueva York y su forma minuciosa de hacer las maletas. Recuerda su sonrisa y sus matices, las canciones que solía tararear y su debilidad por Rothko. El doliente solo quiere recordar al ausente, hablar de él, pensar en él. Recrea partículas diminutas del que se fue: un rincón de su oreja, un pliegue preciso en las rodillas, la forma absurda de sus zapatos viejos. Es como si permanentemente estuviera rebobinando la película de los momentos compartidos: rebobina, mira un trozo, pausa, rebobina, mira otro trozo y pausa, rebobina… No quiere ni oír hablar de que el espectáculo debe continuar, de que la filmación de la película de la vida debe seguir adelante sin la participación del ser amado. El doliente solo recuerda, recuerda y recuerda. Repone sin parar rollos y rollos de las diferentes películas en las que su amado participó.

Dice Freud que uno de los aspectos más llamativos de un proceso de duelo consiste justamente en esa manera minuciosa que tiene la memoria de fragmentar los recuerdos que ligan al sujeto a la persona perdida. Una visita al supermercado después de una ruptura ya no es una simple visita al supermercado, es que cada detalle cobra una gran importancia: hacer la lista, subirse al coche, aparcar, coger el carrito, seguir o no seguir los mandatos de la lista, llenar o no llenar el carro, permitirse o no permitirse un capricho; cada detalle fragmentado, pormenorizado, nos recuerda a cuando hace tres semanas, dos días y siete horas, hacíamos la compra en compañía. Y a la vez, esa manera de descomponer y dividir los recuerdos también sirve para desactivarlos, para que poco a poco vayan perdiendo vigor y un buen día podamos ir a hacer la compra sin darnos cuenta…

Desgastar los recuerdos de tanto usarlos es el objetivo de esta actividad monográfica de la mente. Sobarlos, desmenuzarlos, nos hace acostumbrarnos a ellos y perderles el miedo. Si, por el contrario, nos prohibiéramos recordar, si nos empeñáramos en negar la huella que el otro ha dejado en nosotros, tendríamos que mantener los recuerdos a distancia y tratarlos con suma precaución, como si fueran *kriptonita* verde ante la que estaríamos completamente desprotegidos y vulnerables. De nuevo, evitar el «barranco» no aligera el trayecto. No hay caminos cortos, no hay atajos ni secretos mágicos que eviten el dolor. La vida también es dolor, y las separaciones siempre suponen una pérdida y un duelo por el que hay que pasar lo mejor posible, de la manera más humana que sepamos. Y, además, es la única manera de que algo que nos duela no nos mate —en vida—, sino que nos haga más capaces de enfrentarnos al dolor en adelante.

Recomendarle al doliente que piense en otra cosa es, para empezar, inútil. El que sufre no elige. Al que sufre el recuerdo se le impone, y ni querría ni sabría hacer otra cosa que recordar. El duelo es así, hace su trabajo mientras nos duele, sin que nos demos cuenta de que lo hace, y mientras nos obliga a recordar, nos enfrenta a la pérdida. Con cada recuerdo constatamos la ausencia y nuestra imposibilidad de hacer regresar al ser amado o de devolverle la vida al difunto. La cruda realidad de nuevo nos obliga a elegir: «La vida o la bolsa de los recuerdos», «La vida o la muerte». De esta forma, aunque en un principio Izzie parece elegir quedarse muerta junto a su muerto, y Carrie, empezó su duelo ausentándose de su vida, como su ausente; con el tiempo, y con un trabajo psíquico a favor de la vida, al final, ambas eligen vivir, consiguen elegir la realidad y seguir adelante con sus vidas. El duelo consiste entonces en un proceso gradual, durante el cual la persona pasa de morirse junto a su muerto a empezar lentamente a vivir de nuevo sin él. Todo esto supone un gran gasto de energía psíquica, de manera que, al final, la persona quedará libre de la carga del duelo, pero exhausta. Libre de las ataduras que la amarraban al ausente y le obligaban a morirse con él, pero agotado por este proceso de duelo al que, no en vano, Freud denominó «trabajo del duelo».

En estas circunstancias, los típicos consuelos de la sabiduría popular de «A rey muerto, rey puesto», «La vida sigue», «Tú eres muy joven todavía» o «Esta separación es por tu bien» no entran en el vocabulario del doliente, no los escucha, no los entiende. Es como si el otro hablara en un idioma desconocido o en otra frecuencia. Durante los primeros días de su duelo, Izzie no consiente que ninguno de sus amigos le hable. Soporta que estén tumbados en el suelo junto a ella, pero en silencio. Pero esto no es un capricho del guionista, sino que refleja una verdad profunda del proceso de duelo en el ser humano. Verdad que queda de manifiesto en la etiqueta prescrita por algunas culturas o religiones. En este caso, podemos fijarnos en el ritual del duelo del judaísmo, en el que durante los primeros días está prohibido ofrecer palabras de consuelo al doliente. Tal vez porque todavía no es momento para el consuelo sino para el dolor.

Contar la pena

> «¿A quién confiar mi pena?
>
> Esas cosas hay que contarlas con calma, tomándose su tiempo… Es preciso relatar cómo enfermó el hijo, cuánto sufrió, lo que dijo antes de expirar, cómo murió… Hay que describir el entierro y el viaje al hospital para recoger la ropa del difunto (…). Además, el oyente debe suspirar, gemir, lamentarse…».

Estas palabras podrían formar parte de un manual sobre el trabajo del duelo, sin embargo, están sacadas de *Tristeza*, un cuento de Antón Chéjov que relata la historia de un hombre que acaba de perder a su hijo y que necesita contarlo a toda costa. Ante la indiferencia de quienes le rodean, el hombre termina por contárselo a su caballo… Y es que para poder hacernos con la pena, como dice Chéjov, tan imprescindible es poder contarla con calma como tener a alguien que la escuche, que suspire, que gima y que se lamente por nosotros. Por eso son tan importantes los rituales del duelo, los velatorios, los entierros, los funerales a los que acuden los amigos del doliente, pero, en especial, es importante la disponibilidad de semejantes que estén allí para acompañar, y para certificar que quienes lloran tienen derecho a llorar, porque han sufrido una terrible pérdida.

No se trata simplemente de que necesitemos que nos compadezcan, es que esa compasión ajena, externa, cumple una función simbólica notarial. Precisamos de un testigo para nuestra pena, alguien que certifique: «Sí, yo estuve allí y doy fe: esta mujer, está sufriendo mucho, y su sufrimiento está justificado».

Las amigas

Los casos de Izzie y de Carrie reflejan lo importantes que son las amigas en momentos de duelo. En uno y otro ejemplo, son las amigas quienes se hacen cargo de devolverles la vida a las protagonistas. En *Sexo en Nueva York,* Samantha le da de comer a Carrie su primer desayuno, con una cuchara, en la boca, poco a poco, como a los niños pequeños.

En el momento de la ruptura, cuando nos duelen hasta las pestañas, cuando nos parece que la vida nunca volverá a ser vida, hay que dejarse querer y dejarse cuidar por las amigas. Que nos mimen, que cocinen para nosotras, que nos saquen como sacarían a pasear a sus hijos pequeños. Que nos lleven de la mano al cine, que se queden con nosotras en casa el fin de semana, en plan manta y sofá. Que nos tengan paciencia y nos escuchen por enésima vez la misma historia, porque necesitamos contarle a las amigas, ¡mil veces! y con todo lujo de detalles, el texto del guión de la ruptura, la coreografía, el vestuario, el decorado, los personajes secundarios... La secuencia exacta de lo que se dijo, y de lo que el otro respondió a lo que se dijo, y de lo que no dijo, y lo que no respondió. Dónde estaban, quién llegó primero, quién empezó la conversación, qué llevaba puesto cada uno. Se cuenta la despedida una y otra vez. Cómo y cuándo me enteré de que estaba con otra; el texto del SMS que descubrí por descuido en su teléfono; el «asunto» del *mail* acusador, su contenido.

A pesar de todo, las frases de alivio que conocemos de sobra para acompañar un fallecimiento no son tan obvias cuando se trata de una ruptura. ¿Qué hacemos? ¿Nos ponemos ciegamente del lado de la amiga y hablamos pestes del ex? ¿Y si una semana después se reconcilian? ¡No es sencillo! ¿Podemos, debemos, ponernos de su parte sin tomar partido en contra del ex? ¿Cómo se hace eso? No lo sé, pero la mayoría de las amigas lo consigue, y están presentes cuando se las necesita, para darnos de comer en la boca, como hizo Samantha con Carrie, o para escuchar y consolar nuestro dolor. De hecho, el ritual de duelo judío incluye la prescripción de llevarle comida al deudo durante la primera semana que sigue al entierro, porque entiende que quien acaba de perder a un ser querido no puede ocuparse ni siquiera de lo más elemental.

Pero así como cada cultura tiene su propio manual de cómo acompañar y cuidar el duelo del otro, o cómo consolarle cuando pierde a un ser querido, no ocurre lo mismo cuando se trata de una ruptura amorosa. Es el caso de una paciente que me contó lo que le había dicho una vecina cuando supo que acababa de separarse:

> No sé qué decirte. Cuando alguien se muere, uno sabe que hay que dar el pésame; cuando alguien se casa o tiene un hijo, ¡hay que felicitarle! Pero, cuando alguien se separa, yo nunca sé si tengo que felicitarle por haber dado el paso, o si tengo que compadecerle porque todavía le quiere, o qué es lo que tengo que decir...

El dilema de esta vecina está plenamente justificado. Una separación no es un motivo de celebración aunque sea un triunfo, y quien acaba de separarse o de ser abandonado merece un tiempo de luto. En cualquier caso, y aunque no tengamos muy claro qué decir, es importante estar allí disponibles, dejarnos utilizar por la amiga que sufre, escucharla, hacerle saber que cuenta con nosotros para lo que haga falta.

Las amigas acompañan, y son una red que protege contra la sensación de vacío. Hacer planes con ellas, por tontos que sean, nos distrae del horror. Pero, además de las funciones de apoyo moral, habremos de contar con ellas para acompañarnos en el cuidado de los hijos. Las madres de los compañeros del cole de los niños suelen ser una buena compañía; comparten edad y preocupaciones, y si practican el «Hoy por ti, mañana por mí», pueden turnarse para organizar las horas libres: «Hoy meriendan y hacen deberes en tu casa y el fin de semana se vienen a dormir a la mía». La presencia de los hijos hace más complicada la exteriorización de los sentimientos propios del proceso de duelo. Las amigas, los abuelos, también pueden brindarle a la recién separada algunas horas libres para llorar, para meterse en la cama y darse un atracón de pena.

La familia

Cuando se produce un divorcio o una separación, la familia cumple una función de sostén muy importante. Cada integrante de la pareja rota espera que su propia familia se alinee con él como un solo hombre, sin fisuras, que le comprendan, que le acojan con su manto de afecto y protección, y que se comporten como un clan incondicional. El apoyo que se espera de la familia es, sobre todo, moral. Pero la familia no debe olvidar la importancia de la ayuda en el día a día. Las comiditas de mamá, los *tupper* de la abuela, el hermano que te hace de conductor cuando puede, el cuñado manitas que se pasa una tarde haciendo chapuzas en casa, la hermana que se queda una tarde con los niños. En fin, que el apoyo logístico es tan importante como la contención emocional. Otras veces, la familia sirve para poner pie en tierra y arrojar un poco de sentido común sobre la situación cuando lo que abunda es el resentimiento y el rencor.

El lugar de la familia no es fácil. Mantener una actitud solidaria con el propio y a la vez ecuánime y neutral con el ex supone un verdadero malabarismo para algunos. El trato entre cada uno de los cónyuges y su exfamilia política es delicado. Hay familiares que se niegan a romper con el cuñado o yerno correspondiente y, en nombre de una supuesta naturalidad, dificultan las labores de rescate del propio, la elaboración del duelo y la posibilidad de pasar página. Son familias que se sienten agraviadas con la separación, como si les hubieran arrancado algo a ellas, y no están dispuestas a renunciar ni a perder. Es el caso de Cecilia, que explica su situación de esta manera.

> Ya estoy harta de que mi familia trate a Enrique como si no hubiera pasado nada. No puede ser que en todas las reuniones familiares él esté allí, como si fuera un miembro más de la familia. La semana que viene mi hermana celebra su cumpleaños y le pedí que por favor no lo invitara. ¿Puedes creer que no lo entendía? No es normal que sea YO la que me sienta incómoda en una reunión de MI familia. ¡Que él está con otra y yo estoy sola! ¡Que se supone que mi familia me tiene que apoyar a mí!

En el extremo opuesto, están las familias que se comportan como verdaderas familias de la mafia, y van a muerte contra el enemigo, a hacerle la vida imposible. Puede que no lleguen a ponerle la cabeza de su mascota favorita entre las sábanas, pero se dedican a hacer comentarios tendenciosos, faltas de respeto, jugarretas sucias de fechas y horarios con los niños… Cuando hay niños, el reparto entre uno y otro padre es lo suficientemente complicado como para que encima entren los abuelos en la contienda. Los abuelos tienen que estar ahí, dispuestos a echar una mano, a veces económica, a veces en forma de tiempo, para ayudar a levantar lo que de ahora en adelante será una familia monoparental.

Mal de muchos…

No sé si mal de muchos es consuelo de tontos. Sé que, mientras estamos sufriendo, nuestro mal, el que sea, nos parece el peor, el más encarnizado y el más injusto de los males de toda la humanidad. El dolor abre agujeros en la tierra, la taladra, a ratos como una tuneladora, sin piedad; a ratos con las uñas, poquito a poco, despacio pero sin descanso, a pellizcos. Cuando alguien llora, su pena es la única pena que campa sobre la faz de la tierra, entre otras cosas porque, cuando se sufre, la tierra está desolada, devastada, y solo quedan el doliente, su dolor y un perro flaco a lo lejos que los acompaña. La pena nos ensordece, por eso las palabras de consuelo no llegan, no se escuchan.

Cuando alguien llora la muerte de un familiar o una ruptura de amor, no es tiempo de recordarle lo mucho que han sufrido los niños en las matanzas de Ruanda, ni la desgracia de los miles de jóvenes que padecen alguna enfermedad mortal. Ni la suerte que tenemos de ser jóvenes, y de tener un trabajo en tiempos de crisis, y una familia estupenda. Lo sé. Sin embargo, en algún momento, con el tiempo, se llega a relativizar el propio sufrimiento y a ponerlo en perspectiva. Un buen día nos damos cuenta de que la vida es mucho más larga, más ancha y más honda que nuestro dolor. Nuestro dolor deja de ocupar el centro del universo, deja de ser el único dolor, el más grande, el más cruel, y se convierte apenas en nuestro último dolor, el más reciente.

Para entender en qué consiste la relativización del dolor, voy a usar el mismo ejemplo que utiliza Leader en su libro *La moda negra* (2008). El autor expone y explica una obra de la artista francesa Sophie Calle, bautizada con el nombre de *Dolor exquisito*. La historia de la obra comienza porque Sophie y su pareja se habían visto obligados a separarse durante unos meses por motivos de trabajo. El reencuentro de los amantes tendría lugar en una romántica habitación de hotel cinco estrellas en Nueva Delhi. La noche convenida, Sophie llega al hotel y, en vez de encontrarse con un amante ansioso, recibe una llamada telefónica. Era él, que llamaba para avisarle que no iría a su encuentro ese día, ni al siguiente ni ningún otro día, porque daba la relación por terminada. Así, sin más, con dos palabras, a larga distancia y por teléfono. Para no morir de dolor en ese mismo momento, la artista echó mano de su capacidad creativa y de su tabla de salvación: ¡su cámara fotográfica! Tomó cientos de fotos de los más ínfimos detalles de esa noche, de esa lujosísima habitación de hotel, súbitamente transformada en patíbulo. De vuelta a su país, de entre todas las fotos eligió noventa y nueve. Entonces, pidió a noventa y nueve personas distintas —entre amigos, familiares, conocidos y amigos de amigos de amigos— que eligieran una de esas noventa y nueve fotos y que la acompañaran con el relato del peor momento de sus propias vidas, de la situación que más les había hecho sufrir a cada uno de ellos. Así, esas voces anónimas redactaron noventa y nueve penas, noventa y nueve desesperaciones distintas, noventa y nueve horrores: desde la muerte de un hijo, la ceguera de una hija, una ruptura, un abandono cruel, una falsa acusación, una enfermedad terminal, un aborto... De esta manera, el dolor de Sophie quedaba diluido entre los muchos otros dolores de otras vidas; su sufrimiento era apenas uno más, probablemente no era más que el sufrimiento número cien...

El título de la obra, *Dolor exquisito*, es una clara referencia a la técnica literaria utilizada en los años veinte por los surrealistas, que consistía en escribir un texto a varias manos, a ciegas. Se reunía un grupo de escritores, uno escribía unas líneas de texto, lo tapaba y pasaba el papel al de al lado, que escribía su texto sin saber lo que había escrito el anterior ni lo que escribiría el siguiente, y así sucesivamente. El resultado podía ser cualquier cosa, y funcionaba con la coherencia descabellada de los sueños. Así funciona esta obra. El dolor descompuesto en sus mínimas partes, en sus miles de caras, dolerá un poquito menos. El resultado onírico del dolor exquisito lo convierte en una pena que se puede simbolizar y trabajar.

Uno más...

Saberse simplemente uno más puede ser un consuelo muy sanador, y lo digo por experiencia. Una de las veces que la vida me llevó contra las cuerdas, con un cáncer feroz y un tratamiento a su medida, de todos los consuelos posibles, lo único que me calmó la angustia, la rabia y el miedo fue saberme una más. Ni la cancerosa más valiente, ni la más desgraciada..., simplemente una más.

Como apunta Alejandro Gándara (2012), nuestra cultura nos incita a considerar que los duelos no forman parte de la continuidad de la existencia, sino que constituyen una experiencia aparte, un accidente, y se nos acostumbra a separar la pérdida de la vida misma. Solo así se comprende el matiz de sorpresa que a menudo acompaña a nuestra reflexión sobre una pérdida propia, una separación o una muerte: «¿Por qué yo?», «¿Por qué a mí?». Nos extrañamos, como si la vida nos hubiera elegido adrede para hacernos sufrir. Pensamos que únicamente nos merecemos lo que «sí» y no tenemos recursos para enfrentarnos a lo que «no». En nuestro relato lineal de la vida, no tenemos incluidos ni la frustración ni el fracaso. Sentirse «uno más» es una manera de devolver el duelo a su lugar y trabajarlo como un aspecto más de la existencia, de ese proceso en el que reconocemos que también la pérdida forma parte de la vida y que continuamente perdemos juventud, autonomía, salud, perdemos lugares, seres queridos, costumbres y relaciones.

Sé por experiencia que no se puede empujar a nadie al puerto de la serenidad del «Soy uno más». Se puede acompañar al otro mientras que el otro llega por sus propios pies, pero a ese lugar se accede con el tiempo, cuando el resto de los sentimientos se ha vivido con la intensidad que la situación requiere.

El dolor compartido es muchísimo menos dolor, de ahí la importancia de los ritos funerarios tan vigentes, aun en culturas así llamadas primitivas y que han perdido protagonismo en este Occidente nuestro tan avanzado, tan innovador, tan optimista y tan frágil, donde la congoja está prohibida y donde, según la Organización Mundial de la Salud —¿por qué no recordarlo?—, después de las afecciones cardíacas, la depresión es el mayor problema que encara la sanidad pública. De una manera o de otra, ¡al final, unos y otros, todos sufrimos del corazón!

Convalecencia

La autocompasión tiene muy mala prensa, y no sé muy bien por qué. Lo cierto es que la tenemos prohibida. La autocompasión no es otra cosa que cuidar de nosotras mismas durante un tiempo, como si fuéramos nuestro propio bebé. En *Mujeres malqueridas,* comento que, con frecuencia, las mujeres usamos el músculo de la maternidad para tratar entre algodones al rústico que tenemos por pareja o por marido. Ahora propongo que usemos ese mismo músculo para cuidar de nosotras mismas, mimarnos y atendernos con cariño. A menudo observo mujeres que, así como son capaces de cualquier sacrificio por el ser amado, en su trato consigo mismas se comportan como unas verdaderas madrastras. Se culpan de la separación y se torturan. Como si no fuera bastante con el dolor que les produce la ruptura, como si ese castigo no alcanzara para saldar su cuenta con el pecado de no haber sido capaces de salvar «una relación tan bonita», se dedican a propinarse toda suerte de castigos físicos y morales: «¡Come, come, es lo único que sabes hacer! ¿A quién le importa que engordes? Total, más fea de lo que estás es imposible...». «¡Bebe, eso, sigue bebiendo, a ver si así eres capaz de olvidar tu incapacidad para mantener a un hombre a tu lado!».

Es preciso reconocer la necesidad de dedicar un tiempo a curarnos de la pérdida, tenernos en cuenta, tomarnos en consideración y aceptar que estamos convalecientes, que estamos atravesando, como podemos, un proceso de duelo. Si nos hubieran operado de una apendicitis aguda y el médico nos hubiera prescrito un tiempo de reposo, lo entenderíamos. Es más fácil comprender los dolores del cuerpo, porque esos se ven y casi pueden tocarse. En cambio, los dolores del alma, los males del corazón, no son tan evidentes, aunque sus efectos sean devastadores.

Durante la convalecencia prevalece el aburrimiento, todo nos fastidia, nada nos hace ilusión y no hay nada que queramos hacer. Prevalecen el retraimiento, la desidia y el desinterés. Todo nos resulta inútil, no hay ningún plan que nos parezca divertido y solo sentimos un cansancio inhumano. Yo creo que el cansancio también tiene un sentido. El cansancio del duelo es la manera que la naturaleza tiene de hacerse solidaria con el doliente y de permitirle dormir, descansar, retirarse un poco de la vida activa y tener sus ratos de estar consigo mismo.

Si nosotras mismas nos negamos la legitimidad de nuestro luto, su valor, su pertinencia, y lo pasamos por alto, nos privaremos de un tiempo imprescindible de convalecencia, de nuestro poco de sofá y manta, de nuestro derecho a las rancheras, a los boleros, a la televisión y ¡algo de helado! Una cosa es que no nos guste despertar compasión —sobre todo del ex—, pero sentir un poco de misericordia por nosotras mismas y tratarnos con piedad, cuidarnos, complacernos, mimarnos, no estaría nada mal. En vez de castigarnos, bien podríamos mirarnos al espejo y decirnos a nosotras mismas: «¡Cuídate! ¡Quiérete! ¡Tienes todo el derecho! ¡Porque tú lo vales!».

La aceptación

La renuncia es el viaje
de regreso del sueño…
ANDRÉS ELOY BLANCO

Hay que saber perder.
Lo mismo pierde un hombre
que una mujer.
HAY QUE SABER PERDER

La aceptación es un último paso en el trabajo del duelo. ¿Renunciar? ¿Aceptar? ¿Resignarse? No sé bien qué es lo que se hace y qué es lo que se debería hacer. ¿Reconocer la realidad? Los entendidos en el tema suelen llamarlo «aceptación». En *Anoche soñé que tenía pechos*, el libro que escribí cuando yo misma me vi enfrentada a un dolor insoportable, dije que no estaba de acuerdo con el término «aceptación». Entonces argumenté que solo se «acepta» algo cuando se tiene la alternativa de rechazarlo y, no obstante, se elige aceptar. Uno «acepta por esposo…», «acepta una propuesta de trabajo» o «acepta una invitación» porque sabe que, si quiere, en el último momento, siempre puede rechazar el trabajo, el marido o la invitación. En aquel momento, me parecía que uno no «acepta» la muerte de un familiar cercano, que uno no «acepta» una enfermedad, sino que uno, como mucho, reconoce la contundencia de su presencia y carga con su cruz… De nuevo, ¡es lo que hay! Así pensaba entonces. Sin embargo, una vez que el tiempo ha pasado, una vez que mi rabia y mi dolor han menguado, puedo pensar con claridad y me desdigo. ¡Vale! «¡Acepto pulpo como animal de compañía!». Bajo la cabeza, y acepto… que la «aceptación» es el último escalón del duelo.

Me explico. Si lo miramos detenidamente, podemos reconocer que todos tenemos a mano la alternativa de «no aceptar» incluso lo inevitable. Uno puede mudarse a vivir eternamente en la salita de espera de la negación y no aceptar la contundencia de una muerte o de una enfermedad. Se pagará un alto precio, pero se puede. Una mujer que se nota un bultito en un pecho puede pasar meses sin volver a tocarse ese pecho, mirando en otra dirección, esperando pacientemente los siete meses que faltan para su revisión anual, mientras el cáncer avanza. Un hombre diagnosticado de insuficiencia respiratoria puede seguir fumando como si fuera inmortal. Una madre que ha perdido a un hijo puede poner un cubierto en la mesa para él durante años. Una mujer que ha perdido al marido puede dejar su voz grabada en el mensaje del contestador, como si el difunto pudiera escuchar el mensaje y devolver una llamada.

La aceptación no ocurre de un momento a otro; las separaciones y los duelos primero los rumiamos, tal cual como los animales, que mastican, tragan y vuelven a masticar; así nosotros, poco a poco, los vamos triturando, los pasamos de un lado a otro, los distraemos, hasta que finalmente los hacemos nuestros. No hay duda, llegar a ese punto requiere de un gran trabajo. Se trata de poder integrar en el texto de nuestra propia vida también las experiencias negativas y no dejarlas como una nota a pie de página, de «aceptar» que las piedras del duelo también forman parte del caudal de este río de la vida.

Nunca es fácil aceptar que lo que se perdió se perdió y punto, que no hay regreso ni vuelta atrás. Si el escalón de la aceptación es difícil de alcanzar en cualquier pérdida, cuando hablamos de una ruptura amorosa es todavía más complicado, porque el ausente sigue vivito y coleando, porque en alguna parte, a alguno de los dos, puede quedarle la esperanza de un reencuentro. Porque a veces el rencor une más que el cariño y las parejas se pasan años enfrascadas en litigios eternos que los mantienen unidos en la enfermedad y les dificultan cerrar definitivamente el duelo.

Un funeral

Las parejas tendrían que ser capaces de hacer una especie de funeral en el que los deudos —ellos dos— se reunieran rodeados de amigos y familiares en torno al ataúd donde descansarán por siempre los restos de la relación. Con una cajita de cartón que contenga un par de fotos, unas cuantas cartas (o copias de correos o mensajes) y dos o tres regalos sería más que suficiente. Propongo un funeral tipo americano, de esos de película, en los que los amigos toman la palabra y hablan del difunto. La familia del exnovio, la familia de la exnovia, los padrinos del divorcio, las damas de honor de la abandonada, los hijos de ambos... Unos y otros tendrían que pronunciar unas palabras de despedida, algunas de reproche y muchas de consuelo. Todos se pondrían de acuerdo para llorar por la desaparición de la pareja, por el amor, por los planes de futuro inconclusos, por la familia que no pudieron formar, por el segundo hijo, por los viajes, por la pasión perdida, por la promesa de envejecer juntos... En fin, por todo aquello que se pierde con una ruptura. Un ritual así, con una fecha precisa en el calendario, marcaría un antes y un después, supondría una especie de punto final a lo que fue una relación. La falta del ritual dificulta la aceptación del fin, lo que puede dar lugar a situaciones trágicas.

La gorila Gana

Recientemente vi por televisión unas imágenes conmovedoras y a la vez espeluznantes: se trataba de *Gana*, una gorila de un zoológico alemán que se negaba a desprenderse del cuerpo sin vida de su cría. Su bebé de tres meses murió por causas desconocidas. Durante varios días, *Gana* intentó reanimar al pequeño con sacudidas y con caricias. Tan pronto lo acunaba entre sus brazos, como lo zarandeaba con violencia para despertarlo. Todo fue inútil. Desde entonces, *Gana* deambula con el cadáver de su cría a las espaldas. La foto muestra el cuerpo enorme, de pelo negro brillante y vivo de *Gana*, en contraste con el cuerpo diminuto, seco y grisáceo de su cría que cuelga sin vida a sus espaldas.

Pensé que esa imagen expresaba de manera gráfica lo que hacemos cuando nos negamos a ver y a aceptar la realidad.

Hemos puesto todo de nuestra parte para reanimar una relación: amenazas, caricias, gritos, sexo y mimos son intentos desesperados de revivirla; pero sucede que la relación lleva un tiempo muerta, como la cría de *Gana*, aunque nosotros insistamos en llevarla a cuestas. Quienes lo miran desde fuera se horrorizan, porque nosotros, como *Gana*, seguimos haciendo nuestra vida con naturalidad, ajenos a la muerte, inmunes a la ausencia. Abstraídos, sin aceptar que lo que llevamos a la espalda no es una cría, no es un bebé, no es una pareja, sino el cadáver de una cría, el cadáver de una relación.

Quienes se dedican al estudio del comportamiento animal aseguran que la actitud de *Gana* forma parte del duelo de la gorila por la cría muerta y de los ritos fúnebres que siguen a la pérdida de un miembro del clan. Lo cierto es que, en algún momento, *Gana* tendrá que desprenderse del cadáver de su bebé, renunciar a él y llorarlo en ausencia, como nosotros tendremos que rendirnos a la evidencia de que la relación ha terminado, de que falta un peluche en nuestra cama y hay un agujero. Entonces podremos organizar nuestro pequeño funeral mental para despedirla y enterrarla. Puede que *Gana* pensara que, mientras ella no la diera por muerta, quedaba una esperanza, y que darla por muerta era lo mismo que matarla.

A veces pensamos, como *Gana*, que la vida y la muerte están en nuestra mano, como las rupturas y las reconciliaciones. En esos casos, nos parece que si nos permitimos aceptar la muerte del difunto y seguir con nuestra vida, somos nosotros quienes le estamos matando. O si reconocemos el final de la relación, somos nosotros quienes le estamos negando una última oportunidad. Lo cierto es que para cerrar un duelo es preciso que matemos al muerto y que demos por terminada la relación.

Matar al muerto

Como al caballo blanco
que le solté la rienda,
a ti también te suelto
y te me vas ahorita.
TE SOLTÉ LA RIENDA

¿Qué son las «almas en pena» sino esos muertos que no han terminado de morirse porque algún vivo no los deja partir? ¿Qué es el purgatorio sino ese lugar intermedio entre la vida y la muerte? ¿Qué es el limbo?

La muerte, las separaciones, son algo que ocurre entre dos. Hay uno que se muere y otro que confirma su muerte, que se despide y le da permiso a irse para siempre. No es suficiente con que el muerto se muera. Para retomar la vida sin él, con todo lo que supone la ausencia de un ser querido, es preciso que quienes continuamos en esta aventura de vivir le concedamos al muerto su derecho a descansar tranquilo y a estar muerto.

Cuando dos se separan, generalmente, hay uno que se va y otro que acata la separación y deja partir al ser amado. Por mucho que nos duela, por mucho que un pedazo de nuestra vida se vaya con él, por mucho que nos haya partido en dos el corazón, por muy injusto que nos parezca, en algún momento tenemos que «soltar la rienda» y dejarle partir, no solo físicamente.

En la serie de televisión *Entre fantasmas* (*Ghost Whisperer*), la protagonista tiene la cualidad de comunicarse con los muertos, pero no con todos los muertos, únicamente con esos espíritus que vagan indecisos, los que esperan, los que aun después de muertos se resisten a morir porque tienen cuentas pendientes en el mundo de los vivos. La misión de Melinda Gordon consiste en conectar al muerto con el vivo que no le ha dejado morir y convencer a este de que el muerto estará mejor muerto que merodeando sin rumbo como alma en pena.

Todos los capítulos de la serie tienen el mismo final: el muerto ha saldado sus deudas con la vida, su vivo correspondiente le permite morir y entonces, solo entonces, puede atravesar la luz blanca de la muerte definitiva para tranquilidad de todos: del muerto que al fin puede descansar en paz, y de los vivos que pueden empezar a elaborar la pérdida.

Me parece que la serie recoge al menos dos fantasías universales: la primera es que la muerte del otro siempre nos deja con la palabra en la boca. Siempre hay una cosa más que hubiéramos querido decirle, una cuestión fundamental que hubiéramos querido consultarle, o preguntarle, una verdad que confesarle... ¡Solo una vez! —rogamos—, y daríamos lo que fuera por esa sola oportunidad de encontrarnos de nuevo con él. ¡Diez minutos más significarían tanto! ¡Podríamos decirle tantas cosas en esos diez minutos!

La segunda fantasía que ilustra la serie concierne a lo importante que es para realizar el trabajo de duelo dejar morir al muerto. En la serie, parece que es el muerto quien necesita que le dejen morir del todo para poder descansar. Tiene sentido que el más beneficiado de esta segunda muerte sea el muerto, porque es la única manera de que el deudo acepte dejarle morir sin sentirse culpable. Yo no sé si habrá vida para los muertos después de la vida; pero creo que tiene que haber vida para los vivos después de la muerte de un ser querido, así que pienso que quien necesita de ese cierre definitivo es el que sigue vivo.

Un doliente no se puede sanar, a menos que permita que su muerto «descanse en paz». No me refiero al «A rey muerto, rey puesto», porque ya vimos que nada ni nadie puede sustituir a un ser querido, pero creo que hay que reconocer la ausencia como lo que es y, no obstante, seguir adelante con la vida. Como en la serie, el muerto tiene que morir dos veces, sufrir dos muertes: la muerte real y la muerte simbólica, que consiste en la aceptación de esa muerte por parte de sus deudos. Acceder a esa muerte simbólica muchas veces nos hace sentir que somos nosotros quienes matamos al muerto, y ¿como vamos a querer matarle, ahora que lo echamos tanto de menos? Por supuesto que al ser querido hay que recordarlo, pero no mantenerlo con vida, ni hacer como si siguiera vivo, como hizo *Gana*. El recuerdo nos permitirá reorganizar nuestra vida aceptando su ausencia, colocando al ausente en un espacio simbólico diferente al que nosotros habitamos (Leader, 2008). El refranero popular tiene una forma cruda de expresarlo: «El muerto al hoyo y el vivo al bollo» suena mal, lo sé, pero es lo que hay. En este devenir de la existencia cada cual debería poder ocupar el lugar que le corresponde. El muerto, descansando en paz en el lugar de los muertos, y el vivo en sus quehaceres de la vida.

Así como al muerto hay que dejarle morir, a las relaciones fallidas hay que dejarlas marcharse para siempre. Que atraviesen la luz... O lo que sea que tengan que atravesar los amores perdidos, pero que no se queden rondando en nuestra vida como alma en pena, como espíritus burlones que nos interrumpen la existencia.

El trabajo del tiempo

Reloj, no marques las horas...
RELOJ

¡Ah!, el tiempo, el tiempo. ¿Cómplice o enemigo? Lo mismo le recriminamos su pereza que sus prisas. El tiempo es chicle que se estira o se encoge según lo masticamos. El tiempo pesa o vuela, transcurre inexorablemente o se detiene; lo pone todo en su sitio, o todo lo cura. Al tiempo lo mismo lo matamos que lo aprovechamos, lo perdemos que lo ganamos. Confiamos en él, dejamos nuestros asuntos en sus manos y, ya puestos, le damos tiempo... Lo cierto es que si no podemos contra él —¡y no podemos!—, lo mejor es unirse a sus filas, convertirlo en aliado y usarlo a nuestro favor.

> *Teresa, cuarenta y dos años*
> Hace más de un año que nos separamos y sin embargo este verano lo pasé peor que el anterior. No echo de menos a Antonio. Echo de menos el tener una familia. El darle a mis hijos una familia como la que yo tuve. Del año pasado lo único que recuerdo es que estaba desconcertada, estaba tan triste que solo podía llorar. Entonces, los niños y yo pasamos todas las vacaciones juntos. Recuerdo ir llorando las tres horas mientras conducía hasta la casa de mis padres en el pueblo. Este año, por primera vez, partimos las vacaciones, y Antonio se llevó a los niños quince días. Fue lo peor. Nunca he pasado tanto tiempo separada de mis niños. ¡Sobre todo el pequeño me partía el corazón! ¡Si solo tiene cuatro años! ¿Cómo va a entender que yo no esté? Antonio dice que ellos estuvieron bien. Espero que sea verdad. En cambio, yo no estuve bien. Yo no solo estaba triste, también estaba angustiada.

Teresa lleva más de un año separada, pero este ha sido el primer verano sin sus hijos. El verano anterior, ambos estuvieron de acuerdo en que era mejor que los niños estuvieran con ella en casa de los abuelos como hacían todos los años. Pero si ya ha pasado un año, ¿es que Teresa está peor? Pero si no quiere volver con él, ¿por qué está tan triste? Lo que ocurre es que el tiempo y el duelo son así. La primera vez que pasa algo después de una pérdida —da igual el tiempo cronológico que haya transcurrido— siempre se recrudece el dolor y se constata la ausencia con la frescura cruel del primer día. En un cierto sentido, Teresa no solo se separó el año pasado, sino que se separó otra vez quince meses después, esa tarde en la que su marido se llevó a sus hijos de vacaciones.

El primer fin de semana sin él o ella, la primera Navidad, el primer verano, la primera enfermedad, el primer cumpleaños (suyo o nuestro), el primer día de los enamorados, el primer viaje, el primer día de la madre... El duelo se va libando a gotas, fecha a fecha, por eso el primer año es tan duro, porque está lleno de recordatorios, de fechas agujereadas, de calendarios acribillados por la ausencia.

Inma, treinta y nueve años
Este verano ha sido distinto al anterior. En un sentido mejor, porque me lo monté bien y me reí mucho con mis amigas; pero en otro sentido peor, porque cuando estaba sola lloraba sin parar y la sensación de vacío fue mucho más intensa. Ya nació la hija de Mauricio. ¿Cómo pudo? ¿Cómo pudo estar con otra y tener un hijo en tan poco tiempo? Nunca me quiso. No he parado de pensar en el aborto. Yo sí quería tener a mi hijo y debí seguir adelante con mi embarazo, quisiera él o no quisiera. Hoy estaría sin él, pero tendría un hijo de tres años y cinco meses. ¡Es increíble cómo puedo llevar la cuenta con tanta precisión! No me duele por él, no lo quiero ni regalado. Sé que no volvería a vivir con él. Me duele por mi bebé y por verlo a él tan contento, como si nada... con el suyo. ¡No es justo! Me da pena; pero, sobre todo, me da rabia.

A Inma le pasa lo mismo que a Teresa, ella también se sorprende de verse más dolida este verano que el verano anterior cuando la separación acababa de producirse. ¿Será que no es verdad que «el tiempo todo lo cura»? A Inma le ocurre que tiene dos duelos pendientes, el de la relación con Mauricio y el de su aborto. Y el tiempo no le permite saltarse ninguno. De la separación parece estar recuperada, tiene claro que la relación con Mauricio no tenía razón de ser, pero el nacimiento de la hija de Mauricio, a menos de un año de la separación, le obliga a sacar otras cuentas. Ese bebé evoca al otro que ella no pudo tener y otra vez el tiempo toma la palabra: Inma sabe con exactitud los meses que tendría a día de hoy aquel bebé. Inma es consciente de que, de un plumazo, perdió a un marido, a un hijo, a una familia y un proyecto de futuro.

Lo que ocurre en estos, y en todos los casos, es que el duelo es terco. El duelo recuerda con precisión de relojero suizo los aniversarios y no tiene piedad para cobrarse su tributo sin saltarse detalle. Por ejemplo, para mi amiga Silvia, el aniversario de su separación no acontece cada año como ocurre con todos los aniversarios, sino cada cuatro años. Su marido se fue de casa en pleno mundial de fútbol. Así, Silvia se salva de revivirlo entre mundiales, pero cuando llega el siguiente mundial, inexorable, Silvia se encuentra con que el dolor está crudo y le parece mentira sentir lo mismo ocho años después... ¿Es mejor o peor? No lo sé. ¿Han pasado ocho años? ¿O solo han transcurrido dos? Han pasado ocho años en muchos sentidos, pero a pesar de que Silvia tiene otra pareja y a todas luces ha olvidado a Javier, en la cuenta que lleva su calendario particular, no han pasado más que dos aniversarios...

Las separaciones no tienen fecha fija. Eloísa no se separó el día en el que tuvo una bronca monumental con su marido, ni cinco meses después, cuando —¡al fin!— su marido se fue de casa. Ni casi un año después de haberse ido, cuando ella quiso hablar con él cara a cara, de «hombre a hombre», para decirle todo lo que pensaba de lo que había pasado y ponerle unos cuantos puntos sobre unas cuantas íes. Tal vez se separaron una mañana en la que quedaron a tomar un café para hacer cuentas y ella no sintió nada por él y ya no estuvo dispuesta a escuchar otra vez sus disparates. Curiosamente, esa mañana, los disparates ya no le hicieron gracia, esa mañana simplemente escuchaba las típicas tonterías de un pseudoadulto patético. Tal vez se separaron dos meses después de aquel café, la noche en la que coincidieron con amigos comunes tomando una copa y él se insinuó y ella no tuvo ningún problema en ignorarlo, porque ya no lo deseaba como antes. Así es el tiempo, indulgente y a la vez despiadado, elusivo y férreo.

Sin embargo, el tiempo no arregla las cosas por sí solo; el tiempo necesita la ayuda del trabajo del psiquismo en su ardua y silenciosa labor de asimilación del duelo. Es como madurar; por supuesto que cumplir años ayuda, ¡pero no es suficiente! Si todo quedara en las manos del tiempo, no existirían los duelos patológicos que entorpecen la vida del doliente y que lo atascan en oscuros callejones sin salida durante años y años; ni existirían esos adolescentes de cuarenta y tantos que no acaban de crecer y que no quieren ni oír hablar de un compromiso. Es verdad que ese trabajo psíquico necesita tomarse su tiempo para llevarse a cabo; es verdad que tiene distintos escalones por los que hay que pasar y que cada escalón tarda lo suyo; es verdad que una muerte o una separación no se superan de la noche a la mañana, pero no es cierto que el tiempo, con su simple paso, lo pueda curar todo. Es más, cuando un duelo se posterga y no se enfrenta en su momento, el tiempo no solo no nos cura con su transcurso, sino que —¡encima!— nos reserva la pena en su odioso congelador y espera con paciencia otra ocasión para volver a servirnos el plato del dolor intacto, crudo, como si fuera el primer día. Es lo que ocurre con lo que he dado en llamar el «efecto diez minutos».

El «efecto diez minutos»

El «efecto diez minutos» no es una crema milagrosa que nos devuelve diez años en diez minutos, ¡ojalá! El «efecto diez minutos» es un juego que el tiempo entabla con nosotros y que nos hace sufrir una pérdida, quince años después, como si solo hubieran pasado diez minutos. El tiempo se vale de los detalles más triviales para devolvernos a esos diez minutos exactos, sin avisarnos. A veces un duelo reciente, la muerte de la suegra, por ejemplo, que parece más intrascendente, reaviva un duelo anterior, mucho más significativo, que en su día dejamos pendiente, como puede ser la muerte de la propia madre. Entonces, la persona no entiende la desproporción entre una pena y otra, porque cree que llora a una mujer, y en realidad está llorando a otra...

El «efecto diez minutos» es el que nos hace regresar a la casilla número uno, digamos, cuatro años después, el día en que volvemos a un lugar significativo sin aquella persona. O el día en que volvemos a escuchar una canción que creíamos olvidada...

Concha

Hace tres años que Concha se separó de Jaime. Fue ella quien puso sobre la mesa las horribles palabras del «Tenemos que hablar». Ella habló, Jaime habló y un mes después hablaban los dos con un equipo de mediación familiar para ponerse de acuerdo en los términos de la separación y en la custodia del niño. No hubo divorcio porque no había habido boda, así que fue una separación bastante civilizada. Concha acudió a consulta mientras atravesaba su pequeño infierno particular por la partida. La acompañé en el duelo y mientras se hacía con la logística de su nueva vida de familia monoparental. Unos meses después, nos despedimos.

Hace unos días volvió a llamarme. No sabía qué le pasaba, pero se sentía fatal y necesitaba aclarar sus ideas. Su hijo atravesaba por una edad difícil y no conseguía hacerse con él. Le chillaba, lo castigaba y, aun así, no encontraba la forma de entenderlo ni de hacer valer su autoridad. Estaba comiendo ávidamente y, por si fuera poco, llevaba una semana perdiéndolo todo: las llaves, la agenda, el teléfono móvil... Se decidió a llamarme el día en el que ella misma se había perdido; tenía una cita de trabajo con un cliente importante pero, a pesar de haber puesto el GPS, se perdió... Estuvo una hora y cuarenta y cinco minutos dando vueltas en el coche, completamente desorientada, hasta que tuvo que llamar para cancelar la cita y regresar a su casa llorando. Estaba aturdida y preocupada porque no entendía lo que le estaba pasando. Le pregunté si había ocurrido algo en su vida que justificara el desastre y no se le ocurría nada: «Mmmm, ¿en mi vida? No, no sé, en mi vida todo sigue igual...».

Entonces, como al pasar, me contó que hacía dos semanas que Jaime le había comunicado que iba a casarse con la chica con la que lleva más de un año viviendo. ¡Glup! ¿A casarse? ¿Pero si él siempre había estado en contra del matrimonio? ¡¡¡Y por la Iglesia!!! ¿Que Jaime se va a casar por la Iglesia con otra?

Desde que había recibido la noticia, Concha se había ocupado (sin darse cuenta) de que la película de su vida se llamara: «Jaime se va a casar con otra y yo estoy sola». Montó el escenario y lo puso todo a punto para representar lo que eso significaba para ella: todos los objetos que perdió a lo largo de esa semana representaban su relación perdida y su proyecto de familia truncado; su sensación de descontrol respecto a su hijo ponía de manifiesto que se sentía sola frente a la responsabilidad de educar al niño, aunque conscientemente sabía que no lo estaba, ni lo había estado durante los últimos tres años. Se perdió en la M-40 como se perdieron Hansel y Gretel en el bosque cuando los abandonaron a su suerte y no pudieron encontrar el camino de vuelta a casa ¡ni con el GPS!

Inmediatamente todo cuadraba, y Concha entendió lo mucho que le dolía esta boda. Más allá de que ella llevara tres años separada y contenta de haber podido dar el paso, más allá de que estuviera satisfecha con su vida, era como si todo acabara de ocurrir en la última media hora y ella necesitara recrearlo, repetirlo, hacer cosas en la realidad que justificaran su sensación de desconcierto y de abandono. Cuando propuse la metáfora de la película titulada *Jaime se va a casar con otra y yo estoy sola* que ella estaba filmando, Concha la completó diciendo que, «Por si fuera poco, ¡esta es la única película en cartelera! Quiera o no quiera, la tengo que ver. Vaya al cine que vaya, no hay ninguna otra...».

Reconocer que no es que estuviera peor, sino que estaba circunstancialmente bajo el «efecto diez minutos» tranquilizó mucho a Concha, porque esa explicación le ofreció un marco y una aclaración plausible a lo que hasta ese momento era el puro descontrol. Concha logró recuperar para la cartelera de su vida una programación más completa, con estrenos inesperados y éxitos de crítica y público que la llenaron de júbilo y de confianza en sí misma, pero, durante aquellas dos semanas, vivió bajo el «efecto diez minutos», y de forma concentrada, la soledad, la sensación de abandono y el desconcierto propios de una separación reciente.

Los aniversarios

Una de las circunstancias que invariablemente nos coloca, a traición, bajo el «efecto diez minutos» son los aniversarios. El aniversario de una muerte, el aniversario de una separación, aunque no llevemos la cuenta precisa en el calendario, nos sorprende con una semanita de pena que no teníamos prevista. Una semanita de incomodidad, de desazón, que no relacionamos conscientemente con el aniversario y que solemos achacar a las hormonas, al cambio climático o a una mosca que pasaba por ahí... Es como si tuviéramos un calendario secreto en el corazón que se escribe solo, que apenas lleva la cuenta de tres o cuatro fechas significativas. Si los calendarios reales los colgamos en la cocina o en algún lugar visible y los usamos para no olvidar un compromiso, una cita con el dentista o un cumpleaños, el calendario interno se cuelga solo y suele esconderse en la trastienda de nuestra mente, en el silencio. No hace falta que lo miremos; se comporta como una secretaria ejecutiva de primera línea, y nos recuerda cada una de sus fechas, nos toca en el hombro sin hacer ruido y nos dice: «¡Ppsss, que hace ya cinco años que murió tu padre!», «Hace dos años, por estas fechas, tu marido hacía las maletas para irse» o «Sí, fue en este mes, de hace tres años, que te fuiste de casa».

En cuanto al efecto de los aniversarios de un duelo, el caso de Mariana siempre me conmovió.

Mariana

Mariana vino a mi consulta porque intentaba quedarse embarazada y, hasta el momento, ningún método de reproducción asistida había surtido efecto. Los ciclos de fecundación in vitro eran difíciles y estresantes, y los fracasos sucesivos la deprimían. Por si fuera poco, esta situación empezaba a minar su relación de pareja. Ya en tratamiento, Mariana me contó que cuando era casi una adolescente se había quedado embarazada de una pareja ocasional, y que había abortado. En su momento no le tembló el pulso. No había nada que pensar ni que considerar. Se trataba de un desgraciado error que había que subsanar de inmediato. De hecho, el padre ni siquiera se enteró de lo ocurrido. Hasta allí todo normal o previsible. Con lo que Mariana no contaba era con que cada mes de octubre (la fecha en la que supuestamente hubiera nacido su bebé), ella sacaba la cuenta de los años que tendría el niño si hubiera nacido. Cuando llegó a mi consulta, sus cuentas iban ya por doce años, ¡doce años! Mariana nunca había llorado por su bebé, y, sin embargo, cada mes de octubre llevaba la cuenta... Ni que decir tiene que esta secreta situación de la que Mariana apenas era consciente se había recrudecido con sus problemas de fertilidad. Con el tiempo, Mariana consiguió llorar por su bebé perdido y cerrar ese duelo. Perdonarse la dejó en libertad para poder quedarse embarazada y tener, esta vez sí, un hijo que cumpliera años y que creciera con cada uno de los años que cumplía. Mariana consiguió tener una pareja de mellizos que le llenaban la vida y que la mantenían muy ocupada; aun así, cada octubre, con un poco menos de miedo, con un poco menos de culpa, con más dulzura, volvía a sacar las cuentas...

Capítulo 6

ESTRATEGIAS PARA DESPUÉS DEL DUELO

Momento clavo: «Un clavo saca otro clavo» o aferrarse a un clavo ardiendo

Comprende que mi amor burlado fue
ya tantas veces...
Tú tienes que ayudarme a conseguir
la fe que con engaños yo perdí.
POQUITA FE

No hay duda: después de una ruptura quedamos maltrechos, estropeados y hacemos lo que podemos para sobrevivir y restañar nuestras heridas. Una de las salidas por las que se puede optar de manera inmediata consiste en lo que he dado en llamar el «momento clavo», que ofrece varias opciones:

a. Un clavo saca otro clavo.
b. Aferrarse a un clavo ardiendo.
c. Todo lo anterior.

Salir de copas con unos y con otros, entregarse al sexo indiscriminado, beber para no llorar, follar para no sufrir, parejas efímeras, relaciones calmantes y un largo etcétera son estrategias-clavo que funcionan como postergadores del dolor.

Aunque todos podemos echar mano de los clavos, esta estrategia antidolor suele ser una actitud más masculina que femenina. Las mujeres, generalmente, necesitamos de un tiempo mayor de recogimiento antes de embarcarnos en una nueva relación. De hecho, algunas se quejan de lo rápido que un hombre puede rehacer su vida en pareja en comparación con el tiempo que tardan ellas en recomponerse. Muchos de ellos saben escribir sus historias de amor en la arena. El viento y las olas las pueden borrar sin dejar rastro. Nosotras, en cambio, nos tomamos el trabajo de cincelarlas en piedra y de tatuarlas en la piel, de manera que da igual el tiempo que transcurra, siempre nos dejan una huella.

En cualquier caso, estos «clavos», como bien sabe el dicho, casi siempre son «clavos ardientes» en todas las acepciones del término. Se trata, por una parte, de medidas desesperadas. «Nos aferramos a un clavo ardiendo», es decir, a lo que sea, con tal de no caer en el vacío. Y, a la vez, son clavos «ardientes», en donde suele haber mucho desenfreno y poco compromiso; mucha pasión y menos planes de futuro. El clavo que saca otro clavo intenta —sin éxito— arrancar de cuajo al verdadero protagonista que es el clavo anterior, que es el que en realidad nos está haciendo sufrir. Por eso las relaciones-clavo suelen ser relaciones transitorias, efímeras... Aunque duren mucho tiempo...

Relaciones-clavo

Clara y Tony

Clara, treinta y seis años, acaba de divorciarse de su marido después de once años de matrimonio. Durante los duros momentos de hacer efectiva la separación, Clara se aferró —como a un clavo ardiendo— a Tony, un compañero de trabajo bastante más joven que ella que siempre la había tratado con un interés especial. Puede que Tony hubiera estado enamorado de Clara desde hacía tiempo y viera en esta separación su oportunidad de acercarse. El caso es que, de destapar cajas durante la mudanza pasaron a destaparse; y de colocar la ropa en el armario, pasaron a arrancársela mutuamente... Durante unos meses mantuvieron... —¿cómo decirlo?— más que una relación apasionada, una pasión sexual con alguna que otra conversación. La juventud de Tony marcaba el ritmo y Clara se dejaba llevar.

A los pocos meses, Tony ya no podía negarse a la evidencia: él estaba enamorado de Clara y ella seguía pendiente de su ex. Clara no lo incluía en su vida cotidiana y solo se encontraban en la cama. Lo hablaron y Clara no se sentía capaz de ofrecerle otra cosa que su cuerpo, porque su mente, el resto de su vida, estaban en otro sitio: llorando en silencio por su amor perdido. Cuando Tony se fue, a Clara se le vino el mundo encima. De pronto se quedó sin el clavo original —su marido— y sin el clavo ardiendo que era Tony. Ya nada podía sujetarla, estaba en plena caída libre, y todo a su alrededor era abismal. Estaba triste, deprimida, pero, sobre todo, estaba muy angustiada. El cuerpo de Tony, su amor, su pasión habían sido una manta que la había protegido durante los primeros meses de la intemperie que suponía para ella estar sin su marido. Una barandilla provisional que la cuidaba del abismo. Siguió sola y, con el tiempo, la vida en soledad le resultó menos aterradora y más dulce de lo que había imaginado.

Tony cumplió una función de paliativo en la vida de Clara. Fue una aspirina. Le calmó la fiebre por unos días, le quitó el malestar general, pero el proceso infeccioso estaba en marcha. Ahora tocaba hacer supurar la herida, sacar el dolor, vivirlo, atravesarlo y superarlo desde dentro. Todo esto fue posible gracias al tiempo, que hizo su trabajo, gracias al tratamiento, que hizo el suyo, gracias a las amigas de Clara, que acolchonaron su día a día para que la caída no fuera estrepitosa, y en especial gracias a Clara, que no estaba dispuesta a dejarse vencer.

Daniel y varias

A Daniel, de cincuenta y un años, su mujer lo separó de ella, de sus hijos y de su propia vida, sin previo aviso. El desconcierto le duró… no sé, ¿una semana? A la semana siguiente se había enrollado con Lola, una atractiva administrativa de su empresa, separada también, que se mostró muy dispuesta a sanar sus heridas. Lola era una buena compañera. Daniel podía llamarla o escribirle a cualquier hora del día o de la noche para presentarle sus quejas respecto a lo malísima que era su exmujer. Pero Lola quería más. En esas estaban, Daniel quejándose de su exmujer y Lola esperando por Daniel, cuando apareció Lourdes. Soltera, divertida y sin muchas ganas de compromiso. Lola se quedó esperando. Compuesta, sin novio y pagando unas cuentas de teléfono estrambóticas por aquellas conversaciones eternas que tenía con Daniel y que, en su momento, le parecieron una buena inversión para el futuro.

Daniel siguió quejándose de su exmujer, y a Lourdes —al contrario que a Lola— le pareció aburridísima tanta queja y tanta exigencia de cuidado, así que en la primera oportunidad le dio a Daniel dos besos de despedida y desapareció para seguir pasándoselo bien junto a otro, cualquier otro que fuera menos quejica que Daniel.

¿Otros cuatro días de horrible soledad? Bueno, puede que cinco. El caso es que muy pronto Daniel había encontrado a Virginia, una examante que corrió a consolarlo cuando se enteró de su separación. A Virginia le apremiaba el reloj biológico y a Daniel le apremiaba la pensión que tenía que pasarle a su exmujer por sus dos hijos... Por lo que supe de él, así siguió. De clavo en clavo, de relación en relación...

A Clara le había bastado con el clavo de Tony para saber que cada clavo es cada clavo y que cada clavo tiene su vida propia y sus tiempos; en cambio Daniel estaba dispuesto a cualquier cosa antes de quedarse solo, antes de sentir la pena de la separación de su mujer, de su familia, de su vida tal y como la conocía hasta entonces. Su vida amorosa quedó agujereada por los muchos clavos a los que se aferró después de su separación. Clavos y clavos que intentaban sacar a otros clavos y a otros y a otros... ¡El resultado se parecía más a un colador que a una historia de amor! Pero él estaba encantado porque había sufrido lo menos posible.

El fallo que tienen los clavos es que detrás de cada uno de ellos suele haber una persona ilusionada, enamorada —como Tony, como Lola— que puede sentirse —con razón— utilizada. Es el caso sangrante de Federico y Laura:

Federico se quedó viudo a los cuarenta y cuatro años. De la noche a la mañana, pasó de tener una «familia feliz» a verse solo, y con dos hijos preadolescentes desconcertados, a los que apenas conocía. Laura, por su parte, estaba separada, pero no había tenido hijos y deseaba formar una familia. Laura se enamoró de Federico, de su triste historia, de sus hijos y se puso manos a la obra para reconstruirlos a su medida. No vivían juntos, pero Laura hacía la compra, llevaba a los niños al colegio y buscó una psicóloga para el mayor. En fin, que durante tres años fue amorosa y diligente, generosa y paciente con una vida familiar que podía ser cualquier cosa menos fácil. Todo parecía ir bien, cuando al cabo de esos tres años Federico empezó a desaparecer de la vida de Laura sin explicaciones, le daba largas con excusas pueriles, hasta que un día optó por el método de la evaporación y le escribió un WhatsApp: «¡Cuánto lo siento, cariño. Lo nuestro no puede ser. Muchas gracias por todo, has sido un encanto con nosotros. Perdona lo malo. Puedes venir a recoger tus cosas cuando quieras. Te deseo lo mejor!». En efecto, todas sus cosas estaban convenientemente guardadas en una caja que le entregó el portero con mucha pena y con un poco de vergüenza. Lo buscó, lo llamó, y un día se presentó en su casa sin avisar y se encontró frente a frente con la razón de la ruptura: era bajita, tenía el pelo largo y varios años menos que ella.

Está claro que Federico atravesaba un duelo muy importante y que no estaba en el mejor momento ni en la mejor disposición para entablar una nueva relación. Pero también es verdad que él se dejó querer y que permitió que Laura le hiciera la vida más cómoda a él y a sus hijos. Laura, por su parte, conocía de sobra la situación de Federico, pero confiaba en que su disposición y su buen hacer le convencerían de que ella era la mujer que él necesitaba. Cuando todo acabó, y de una manera tan cruel, Laura no podía concebir que se hubiese equivocado tanto con Federico. Además del dolor propio de cualquier separación, Laura lloraba de perplejidad, de sentirse usada, de haber perdido su tiempo con alguien que no solo no la valoraba, sino que era incapaz de mostrar un mínimo de respeto y de compasión para, al menos, terminar la relación con dignidad.

El otro día escuché un monólogo por televisión que me hizo pensar en el caso de Tony y en el de Federico: el monólogo lo protagonizaba una mujer que renegaba de la maternidad. Hacía un recuento muy divertido de los inconvenientes que suponía para una mujer tener hijos y se burlaba de una amiga que hablaba maravillas de su bebé:

> «¿Que a ti te parece maravilloso dormir con uno que llora toda la noche, que solo se calma si le das el pecho y que después no te hace ni caso? ¡Pero si eso es lo que hacen los divorciados!».

Pues sí. Eso es lo que hacen los divorciados y algunos viudos como Federico, demostrando —también en esta ocasión— que los hombres se comportan como bebés y que nosotras estamos dispuestas a acunarlos como si fuéramos sus madres, a escuchar sus quejas y a darles el pecho a cambio de nada.

¡Cuidado con nuestra vena maternal! Ojo con el «momento clavo» de quienes nos rodean, que a las mujeres nos encanta un desvalido para demostrarle lo comprensivas que podemos llegar a ser. Nos encanta un engañado para dejar constancia de que nosotras sí somos buenas y valoramos la fidelidad. Nos encanta disfrazarnos de clavo del otro, y el clavo, ya se sabe, tiene un destino ineludible: siempre termina con un martillazo en la cabeza.

Los clavos sirven para sujetar, para aferrarnos a ellos aunque escuezan, para abrocharnos a la vida mientras podemos hacernos con sus riendas... Las relaciones-clavo son puentes que ayudan a cruzar el abismo. Creo que queda claro que, con frecuencia, los clavos son transitorios y están destinados a esconder el dolor. A taparlo por un tiempo, a transformarlo en su contrario hasta que podamos hacernos con él, hasta que podamos sufrirlo y convivir en armonía con el estrago sin que nos mate.

Por otra parte, la exaltación propia de la etapa de «Un clavo saca otro clavo» es, punto por punto, el negativo del duelo. Lo que en el duelo es pena, en esta etapa es euforia; lo que es tristeza, se transforma en alegría; el desánimo y la abulia del desaliento se manifiestan como actividad desenfrenada. Pero ¡lo siento! Los duelos son tozudos y nos esperan con paciencia a la vuelta de cualquier esquina para hacer en nosotros su trabajo. Entonces, cuando finalmente podemos prescindir de los «clavos» y adentrarnos en la pérdida, nos parece que hay un retroceso. Un buen día empezamos a sentirnos tristes y no sabemos por qué. Un buen día amanecemos angustiados y no encontramos explicación: «¡Con lo bien que estaba! ¿Cómo puedo estar peor ahora que hace un año cuando nos separamos?». No es que esté peor, en cierta medida ha avanzado y ha experimentado una mejoría, porque ahora está lo suficientemente fuerte como para poder atravesar el «barranco» por sus propios pies, sin necesidad de aferrarse a un clavo ardiendo para encubrir el duelo.

El *Feng-shui* emocional

Se nos rompió el amor, de tanto usarlo...
Y una mañana gris, al abrazarnos,
sentimos un crujido frío y seco.
SE NOS ROMPIÓ EL AMOR

El *Feng-shui* es una disciplina china milenaria. Se basa en la creencia de que, de la misma forma en la que el aire fresco y el agua limpia alimentan nuestros cuerpos, también lo hace el *chi* (energía) limpio y fresco que nutre nuestros hogares y nuestra vida. Según esta filosofía, cuando el *chi* que atraviesa nuestros espacios está bloqueado, estancado, es débil o fluye con demasiado ímpetu es porque está mal encauzado y puede perjudicar nuestra salud, el trabajo, las relaciones personales o laborales, el dinero o la creatividad. El *Feng-shui* propone que la manera en la que se reparten las habitaciones en una casa o en una oficina, la forma de colocar los muebles y de distribuir los colores y las texturas, influye en nuestro éxito y en nuestro bienestar.

No puedo asegurar la eficacia del *Feng-shui*. Yo misma no sé dónde me queda el norte (ni en sentido real ni en sentido figurado), ¡como para saber hacia dónde debe mirar mi cama o de qué color debe ser el sillón para que mi lectura sea más productiva! No obstante, reconozco que algunos de sus consejos están llenos de sentido común. Por ejemplo, la prohibición de tener espejos en las paredes de la habitación es un sabio consejo: ¡y es que podemos desmayarnos del susto si lo primero que vemos en la mañana es nuestra cara de recién despertados! Otra cosa será después de un café caliente, entre las brumas del calor de la ducha, y en el espejito del baño. Pero no vamos a hablar de los espejos ni de los colores, hoy tomaremos como punto de referencia otro consejo del *Feng-shui*, que paso a citar textualmente:

> «La limpieza y el orden son imprescindibles, pues permiten que la energía *(chi)* fluya con libertad. Ordene los trasteros y evite acumular objetos inservibles que ocupan el espacio destinado a los objetos nuevos, útiles».

No hace falta ser chino ni tener una cultura milenaria, ni siquiera hace falta un manual de *Feng-shui* para saber que este consejo es de una lógica aplastante. Por muy desordenados que seamos, a todos nos encanta estar en un ambiente limpio y ordenado, no hay duda. Pero como a nosotros los humanos la lógica nos trae sin cuidado, y una cosa es lo que oficialmente nos gusta y otra muy distinta eso que nos gobierna más allá de nuestros deseos confesos, en general solemos escuchar con atención el sabio consejo, pero no le hacemos ni caso.

Es así cómo, con el malísimo argumento del «por si acaso», nuestros armarios, nuestras cocinas, nuestras mesillas de noche, nuestros estantes y nuestra vida en general están llenos de objetos inservibles que ya nadie podría ni sabría reparar, de tonterías viejas de origen desconocido que se han ganado un puesto en nuestra casa a fuerza de costumbre, y que solo sirven para acumular polvo y para deslucir los objetos valiosos que poseemos. Guardamos un montón de ropa en la que hace ya muchos kilos que no entramos, «por si algún día bajamos de peso o vuelven las hombreras», mientras que las prendas de nuestra talla, la ropa que nos gusta, está amontonada, arrugada y perdida, imposible de diferenciarse y de salir indemne del revoltijo. Acumulamos torres de papeles huérfanos, que se dedican a tener hijitos por la noche y que se multiplican mientras dormimos. Conservamos recuerdos de viajes que ya no nos sirven ni para recordar, porque es imposible saber de dónde era esa iglesia gótica, ese puente o esa torre. La lista es interminable, lo sé.

Y ustedes se preguntarán, ¿a qué viene esta arenga maternal? Pues no es más que una manera de ponernos en situación para ilustrar cómo, si nos cuesta tanto desprendernos de objetos físicos inútiles, viejos e inservibles, ¡cuánto más nos costará deshacernos de los afectos, de los amores, de los recuerdos!

El consejo del *Feng-shui* para mantener a raya el síndrome de Diógenes sirve también para los amores rotos: si tenemos la mente, el corazón y la vida ocupados en añorar a un amor perdido e inservible, arrugado, pasado de moda, maltrecho y viejo, no habrá manera de que otro amor fresco y lozano venga a ocupar su lugar, ni tendremos espacio para explayarnos cómodamente en nuestra nueva vida.

Pasa con la vida como con el cuento *La casa tomada* de Julio Cortázar: en él se narra la historia de una pareja de hermanos que vive en la antigua casa de la familia. Un día, el hermano escucha unos ruidos extraños y le dice a la hermana: «Tuve que cerrar la puerta del pasillo. Han tomado la parte del fondo». Y la hermana responde: «Entonces, tendremos que vivir de este lado». Y así van prescindiendo de habitaciones y cerrándolas una a una, hasta que tienen que marcharse de casa. Un duelo mal elaborado también ocupa un espacio, más inquietante que el de los trastos viejos, porque ni siquiera se ve; un espacio fantasmal, como fantasmales son los espíritus de *La casa tomada*. Un amor perdido que nos resistimos a enterrar se convierte en una presencia misteriosa que extiende sus tentáculos invisibles a lo largo y ancho de nuestra vida y que de alguna manera nos obliga a marcharnos de ella, porque todos juntos (los espíritus del pasado y el presente) no cabemos en la misma casa.

En *Mujeres malqueridas* hablo de una suerte de mando a distancia desde el cual nuestra pareja nos controla sin necesidad siquiera de estar presente. Si nos llama, estamos vivos y dispuestos (en *on*), si no nos llama, podemos pasar dos semanas apagados (en *off*) o en modo «pausa», hasta que vuelve a llamar, y entonces parece que revivimos. Es horrible estar a expensas de un mando a distancia que controla otro, es horrible no ser dueño de la propia vida y no tener ninguna ingerencia en el estado de ánimo o en el canal que nos apetece ver esa mañana. Pero, al menos, en esta ocasión, el dueño del mando tiene cara y presencia. En el caso de un duelo estancado, estamos a expensas de los vaivenes de un espíritu burlón, mucho más arbitrario, que se apropia de nuestra vida y que nos controla *in absentia.*

A veces, tenemos la vana ilusión de que somos nosotros quienes controlamos al otro cuando le perseguimos, cuando le buscamos e intentamos saberlo todo sobre él, «todo sobre su madre»; todo sobre su nueva vida; si gasta o no gasta; dónde y con quién se va de vacaciones; qué hace los fines de semana; con quién habla; a quién escribe SMS, en fin, que en ese empeño de controlarle, somos nosotros quienes dejamos de ser libres. Volvemos a estar a su disposición —para amargarle la vida—, pero patéticamente a sus pies. Nuestro tiempo es suyo, nuestros pensamientos le pertenecen. Sigue teniendo en sus manos el mando a distancia que nos domina, aunque lleve más de dos años sin vernos, aunque él mismo no lo sepa y ni siquiera tenga ningún interés en hacerlo funcionar.

Como bien dice el título de uno de los libros que consulté antes de escribir este: *It's Called Breakup Because It's Broken* (*Lo llamamos ruptura porque está roto*). No es por capricho, es que algo, entre esas dos personas, se ha roto. Aceptar que el amor se rompió es triste, lo sé, escuchar ese «crujido frío y seco» del que habla la canción produce el mismo efecto que una uña arañando una pizarra: da grima.

A veces nos aferramos a un amor roto y a sus vestigios como a una taza desportillada, con la esperanza de que la porcelana —o la pasión— puedan regenerarse y en algún momento la taza vuelva a ser una taza y la relación vuelva a ser una relación. Una taza desportillada, por mucho que peguemos los pedacitos, siempre será una taza desportillada: remendada, cutre y hasta peligrosa. Está permitido guardarla en una vitrina con los recuerdos solo si en tiempos perteneció a una abuela muy querida. Pero está prohibido utilizarla. Se volverá a romper, el café tendrá sabor extraño a pegamento y su contacto nos hará sangrar los labios...

Perder el tiempo procurando recomponer una relación terminada, reuniendo los añicos esparcidos por el suelo, es, efectivamente, tiempo perdido. Sé que contamos con muchas razones para intentar juntar los pedacitos:

—Es que yo todavía la quiero. (Sí, pero ella ya no te quiere a ti).

—Es que fue que la otra se le metió por los ojos… (Sí, pero él le hizo caso a la otra y ya no quiere estar contigo).

—Es que yo sé que nosotros nos queremos. (Sí, pero es que el sufrimiento que conlleva esa relación ya no compensa).

Hay un momento en el que ese intento es una obligación, y otro en el que mantenerse en el empeño es un acto suicida. Otra vez distinguir una ocasión de otra es el gran reto y el peligro.

El *Feng-shui* no ha de ser únicamente emocional. No será suficiente con despejarnos la cabeza y los sentimientos de un amor inútil; el *Feng-shui* físico, el concreto, también es importante. Con la misma convicción con la que nos despojamos de una yogurtera rota, es conveniente deshacernos de las pertenencias del ex. Del *after shave* que dejó olvidado en el mueble del baño, de su ropa vieja que no ha venido a recoger todavía, de las fotos de sus compañeros de facultad, de la cómoda de su abuela y de su colección de *Tintín*. En fin, de todas esas cosas que nos lo recuerdan, que nos interrumpen el libre fluir de nuestra vida y que no nos dejan seguir adelante.

Los autores del libro que acabo de mencionar, con muchísima gracia, aconsejan hacer tres montones con los objetos del ex: el primero, con las pertenencias del ex que hay que devolverle; el segundo, con las que hay que tirar directamente a la basura sin consultarle, y el tercero, con los recuerdos de ambos que queremos conservar para enseñarle a nuestros nietos. Este último deberá ir precintado con un anuncio en letra clara, legible e inconfundible que diga: «No abrir hasta llevar diez años casada con otro». Lo divertido, lo interesante, lo doloroso será decidir qué cosas colocamos en cada montón. Por ejemplo, la colección de *Tintín*, ¿en el segundo o en el tercero?

Amparo llevaba casi un año separada y decía:

> Elías todavía me duele. Seguro que llegará el día en que me deje de doler, pero, a día de hoy, todavía me duele. Estoy harta de seguir viendo sus cosas en mi casa. Ahora, esta casa es solo MI CASA y todavía está llena de sus cosas. Así no hay quien olvide ni quien rehaga su vida. Él está tan contento en un piso nuevo, todo nuevo, él sí ha podido «redecorar su vida», mientras que yo sigo en el espacio que era de los dos y encima con todas sus cosas. Ayer le dije que tenía una semana para llevarse todas sus pertenencias, y lo que siga aquí la semana que viene ¡lo tiro!

María Eugenia, por su parte, está separada de su primer marido desde hace años. Ambos tienen otra pareja y, sin embargo, su casa sigue llena de trastos que le recuerdan a su ex. En una sesión reciente decía así:

> ¡Tengo muchas ganas de tirar cosas viejas! No solo es hacer hueco en la casa; es más que eso. Es como si, por no deshacerme del pasado, por no perder cosas de mí, no pudiera avanzar. Cargar con el pasado a cuestas pesa demasiado. Nunca me he parado a pensar lo que me aportan los recuerdos. No me aportan nada alegre, eso lo sé. Tendría que hacer una limpieza de la casa. Coger una caja, no demasiado grande, y guardar allí las cosas verdaderamente importantes y tirar todo lo demás. Conservar solo lo que salvaría en caso de incendio o lo que me llevaría en una mochila a una isla desierta, nada más.

Las palabras de María Eugenia son un ejemplo de una clara disposición a practicar el *Feng-shui* emocional… y el otro. El objetivo es pasar página. Dejar que el pasado ocupe su lugar de pasado, en el trastero de la vida, en su baúl de los recuerdos y que no nos pese, que no nos impida avanzar.

Mi amiga Maribel conservó durante más de dos años una inmensa cómoda antigua, una joya que pertenecía a la familia de su expareja y que él nunca pasó a recoger a pesar de la insistencia de ella en deshacerse del mamotreto. La cómoda ocupaba muchísimo espacio, interrumpía el paso y ni siquiera servía de contrapunto al estilo minimalista de la decoración de su piso. Un buen día decidió regalarla. Como pasa con los malos amores, fue mucho más difícil liberarse de ella de lo que había sido alojarla entre sus pertenencias. Ya no recordaba cómo había podido entrar semejante mastodonte en su piso diminuto, pero lo cierto es que no podía salir. Tuvo que pagar para que se la llevaran y fue preciso desmontarla y cortarle las patas para que pasara por una de las puertas.

Esa tarde Maribel me llamó:

—Acabo de separarme de Sebastián.

—¿Cómo que acabas de separarte de Sebastián? —le pregunté—. ¡Pero si hace más de un año que ni siquiera lo ves!

—No, más de un año no, ¡más de dos! Acaban de llevarse la cómoda y no sabes el alivio y la pena. Las dos cosas a la vez. Me doy cuenta de que en el fondo la guardaba para mantener algo de Sebastián conmigo, para no olvidarlo. Creo que hasta ahora no había podido deshacerme realmente de él y de su recuerdo… Con esa cómoda se fue —¡al fin!— de mi vida…

También está el testimonio de Laura, que me parece que es otro buen ejemplo de los efectos del *Feng-shui* emocional y del virtual:

Anoche borré de mi Facebook a todos los contactos que me unían a Allan. Lo borré a él y a sus amigos. Ya sé que han pasado cuatro años, que me debería dar igual, pero se ve que no. Si los hubiera borrado al principio, habría sido como una rabieta. Además, siempre sentía curiosidad por saber qué hacían, dónde quedaban, mirar las fotos... Ahora ya no. Ahora me sobran y se me llenaba el Facebook con un montón de información que me es totalmente indiferente. Así que me di el gustazo de borrarlos uno por uno... Seguro que ni se darán cuenta ni les importará, pero como no lo hago para molestarlos, tampoco a mí me importa...

Regalar cómodas, borrar contactos de Facebook, hacer limpieza de cajones y de libretas de direcciones, despojar la casa del pasado, olvidar, pasar página... ¿Qué será lo que hay que hacer primero? La eterna paradoja: ¿el huevo o la gallina? Mi amiga Maribel ¿se habría «separado» antes, si antes hubiera regalado la cómoda? ¿Por qué Amparo esperó tanto tiempo para obligar a Elías a llevarse sus cosas? ¿No estaría esperando secretamente a que regresara y a que todo volviera a ser como fue? Laura, mi paciente, ¿tuvo que esperar a pasar página para poder borrar esos contactos inútiles de Facebook? ¿O fue que gracias a que borró esos contactos pasó página? Imposible de dilucidar; lo cierto es que son dos corrientes que van juntas y que se retroalimentan. Por ejemplo, recuerdo a una paciente que borró de su iPhone el número de su amante y pasó dos noches en vela repitiéndose una y otra vez el numerito para no olvidarlo. Al final, decidió copiarlo de nuevo en la agenda para poder dormir. Está claro que le salía más a cuenta dejar la responsabilidad de conservar ese número en manos del teléfono y no de su memoria.

Puede que una limpieza prematura sea inútil, hacer como si «aquí no ha pasado nada» antes de tiempo no resuelve la situación.

Pero durante un proceso de duelo tenemos que estar atentos a esa disposición viscosa que a veces se nos impone y que nos obliga a mantenernos adheridos al pasado, incapaces de dejar ir al otro, incapaces de deshacernos de las tazas rotas, de las cómodas ajenas, de esos recuerdos que nos pesan y de aquellos amores inservibles...

Terapia ocupacional

> Supongo que llegará el día en el que todo esto me deje de doler. Mientras estoy ocupada, trabajando, haciendo cosas, no me doy cuenta, pero en cuanto me paro, me duele y lo paso fatal. A veces me pongo a hacer cosas que no necesito para no pensar, para que no me agarre la tristeza. Ordeno armarios, tiro papeles, coso botones, arreglo ropa. Mi madre estaría orgullosa de mí... ja, ja.

Durante las épocas de mayor desesperación, hay quienes optan por una suerte de «terapia ocupacional». Tejer, bordar, pintar, encuadernar libros antiguos, poner orden en el trastero, especializarse en un determinado videojuego, engancharse a Internet, montar puzles, hacer bricolage o maquetas de aviones... Hay toda una retahíla de trabajos manuales que acompañan, que sujetan por los pelos —con un hilo— para prevenir que el afectado se precipite escaleras abajo o salga despedido por la primera ventana que le prometa alivio a su tormento. Cuando recorro las ferias y los mercadillos de artesanía, me pregunto cuántos de esos ceniceros, portarretratos, pañuelos pintados, lámparas o adornos desbordados le deberán su vida a un duelo, a un abandono que buscó consuelo en el papel maché, en las agujas de hacer punto o en la repostería. El fieltro, las lentejuelas, la cerámica, el cincel son cómplices; son «sana-sana» que alivian el dolor.

Gibbs, el personaje que hace de jefe en la serie de televisión *NCIS*, ha perdido a su mujer y a su única hija. En el trabajo es un hombre serio, pero muy eficiente. En su casa, en cambio, el escenario es desolado y desolador. No hay nada allí que recuerde a un hogar. Gibbs se pasa las noches en vela en un sótano oscuro, construyendo un barco que no piensa usar. Su objetivo no es terminar el barco, sino hacerlo, ocupar sus horas, sus noches, sus manos en algo que lo distraiga del horror.

Recuerdo a una paciente que me contaba cómo había resuelto ella una tarde horrible de verano, sola en Madrid, recién abandonada por su novio. Como está mandado, estaba tumbada en el sofá, y alternaba el llanto con alguna película de vaqueros, y otra vez el llanto. De pronto, mientras se secaba las lágrimas en uno de los cojines del sofá ¡se le hizo la luz!: «¿Cuánto hace que no lavo las fundas y los almohadones del sofá?». Se puso manos a la obra: cuatro lavadoras y un par de horas de plancha. Es verdad que el fin de semana siguiente volvió a llorar en el sofá, pero esta vez disfrutaba de los cojines con orgullo. «No es el fin del mundo —pensó entonces—. Estoy viva, el salón de mi casa me gusta y además huele bien».

Mi amiga Jeanette, por su parte, recomienda con entusiasmo la plancha como el mejor antídoto contra los males de amor: «Te pones a planchar una camisa con volantes, por ejemplo, y tienes que estar pendiente de tanto detalle, que se te olvida por qué estabas deprimida. Es más, ¡se te olvida que estabas deprimida! Ja, ja, ja. —Y, burlándose de mí, concluye—: Reconócelo: es muchísimo más barato que un psicoanálisis y al final te luce».

Dice Cortázar que «las mujeres tejen cuando han encontrado en esa labor el gran pretexto para no hacer nada», y es que cuando se camina por el borde del «barranco» del duelo, efectivamente, no se está en condiciones de hacer nada. No se puede leer, no se puede estudiar, no se puede pensar. Lo que consiguen nuestras tareas es ocupar esa parte de la cabeza que —de estar disponible— solo serviría para darle vueltas a los pensamientos una y otra vez, como si fueran caramelos. Vueltas infructuosas, sin otro propósito que el de tener la sensación de estar haciendo algo, sin hacerlo, pedaleo de bicicleta estática que ni va ni puede ir a ninguna parte. De no ser por el Sudoku o por el punto de cruz, pasaríamos las noches y los días preguntándonos: «¿Y por qué?», «¿Por qué me engañó?», «¿Por qué me dejó?», «¿Por qué yo?», «¿Por qué a mí?». Y otra vez: «¿Por qué?», «¿Por qué murió tan joven?», «¿Por qué no me quería?», «¿Por qué me hacía sufrir?», «¿Por qué bebía?», «¿Por qué?». Vueltas y vueltas, pedaleos y pedaleos que nos dejan clavados en el mismo punto de partida y de cuyo trayecto lo único que nos quedará será el cansancio. Para rescatarnos de esa tortura del autointerrogatorio inútil están disponibles esas tareas repetitivas que requieren de un tipo determinado de concentración. Para que cumplan su cometido, estas labores nos obligan a ser muy minuciosos, muy cuidadosos, como si la vida dependiera de contar puntos, de apretar un tornillo, de milimetrar una madera o de que ese palillo ocupe un lugar exacto y no otro. Estas tareas tienen la virtud de requerir toda nuestra atención y de ocuparnos el pensamiento por completo. ¡Nos sirven para no pensar! ¡Nos sirven para no llorar! ¡Nos sirven para sentirnos productivos más allá del dolor!

Olvidar

El olvido es una forma de libertad.
KHALIL GIBRAN

Se me olvidó que te olvidé,
a mí que nada se me olvida.
SE ME OLVIDÓ QUE TE OLVIDÉ

Alejandra, cuarenta y siete años
Parece mentira que uno pueda llegar a olvidar hasta ese punto. A veces me tengo que preguntar: y si estuviera con Roberto, ¿qué estaría haciendo en este momento? Eso, después de dieciséis años de matrimonio, es muy fuerte. Después de sentir que me moría cuando se fue… Ni yo misma me lo puedo creer.

Sara, cuarenta años
Me da pena, pero ya no me acuerdo de cómo era mi vida con Guillermo. Cuando estaba sufriendo tanto, lo único que quería era olvidar, que pasara el tiempo lo más rápido posible para olvidar. Pero ahora que lo estoy olvidando me da muchísima pena. ¿Cómo es posible que alguien que ha sido tan importante en tu vida llegue a borrarse de esta manera?

No hay duda, Alejandra y Sara han podido olvidar. Sin darse cuenta, sin proponérselo, ha venido el olvido a rescatarlas. Porque por mucho que hayamos amado, cuando el trabajo del duelo está bien hecho, en algún momento vendrá el olvido a redimirnos y a darnos otra oportunidad, a dejarnos descansar. O, como dice mi amiga Jeanette (la misma que mitiga sus penas de amor planchando): «¡Siempre nos quedará el Alzheimer!».

Recuerdo que la primera vez que se lo escuché decir me quedé espantada. ¿¡El Alzheimer!? «Sí —me explicó—, es un horror para los que te rodean, pero si tienes Alzheimer ya no te acuerdas de nada ni nada te importa. Estás vieja y fea y te crees que tienes dieciséis años y si, por casualidad, te cruzaras con ese hombre sin el que hoy te parece que no puedes vivir, ni siquiera te acordarías de cómo se llama. ¿Se te ocurre un estado mejor?».

No sé si lo del Alzheimer será una buena idea, seguro que no, pero en algún momento, y por mucho que nos cueste, tenemos que poder olvidar y continuar con nuestra vida. Tomar la decisión de «No volver a saber más de él» es tan difícil como aquel propósito del «No al primer café» del que hablábamos en *Mujeres malqueridas* como único antídoto para el pecado de adicción. Como los alcohólicos, como los adictos al juego o a la cocaína, quienes sufren una adicción por otra persona no tienen más remedio que someterse a una cura de abstinencia y decir NO a la primera llamada o al primer café. «No llamar y punto» es la consigna. «No quiero volver a saber de él» es el primer paso en el camino del olvido. Únicamente el primer paso. Tenemos que luchar contra nosotros mismos, contra la desesperación por seguir controlando su vida: ¿qué come?, ¿qué dice?, ¿qué se compra?, ¿qué colonia usa?

Pero olvidar, lo que se dice olvidar, no se consigue a base de empeño ni de fuerza de voluntad. El olvido es muy independiente y llega con su goma de borrar cuando le parece, sin pedir permiso y sin avisar. Da igual lo mucho que lo invoquemos, él se tomará su tiempo. Da igual lo mucho que lo evitemos, el olvido es implacable y más tarde o más temprano llegará. El olvido es arbitrario, de manera que borrará lo que le parezca y dejará intactos fragmentos enteros de experiencia, sin ton ni son. Quienes nos dedicamos a estos asuntos del psiquismo sabemos que nada ocurre tan «sin ton ni son» como parece. En todos los procesos de la memoria y del olvido, en esa selección caprichosa que hace que algunos hechos se borren y otros se queden grabados para siempre, hay una cierta lógica, un hilo rojo conductor que no alcanzamos a discriminar, pero que recorre escrupulosamente cada uno de los recuerdos que conservamos y que se engarzan en el hilo de la memoria como en un collar. Ese hilo temporal nos hilvana y hará de nosotros quienes somos.

A pesar de que hoy nos parezca imposible dejar de pensar en esa persona, dejar de sufrir por ella, una mañana nos daremos cuenta de que llevamos más de dos días sin recordarla, y una tarde estaremos tan enfrascadas en el trabajo, o tan distraídas con una amiga, que dejaremos escapar una fecha significativa que en otro momento hubiera sido el centro de nuestra preocupación. La vida tiene tanta fuerza que, si le permitimos hacer con nosotros su trabajo, iremos desatando los nudos que nos mantienen atados al pasado y estaremos más ligeros. Y un buen día, como Alejandra, como Sara, nos sorprenderemos al descubrir ¡lo bien que hemos olvidado!

Olvidar con Facebook

Ojos que no ven, Facebook que te lo cuenta.
LEÍDO EN TWITTER

Esto de olvidar sonaba mejor, o al menos más sencillo, hasta mediados del siglo XX; entonces, solo teníamos que confiar en nuestra fuerza de voluntad y en la suya, en nuestra determinación a dejarlo atrás y en la suya. En el tiempo. Ahora, a principios del XXI, en plena era de Facebook, olvidar es mucho más difícil. Al amado lo tenemos ahí, a una tecla de distancia, con toda su vida a nuestro alcance. Estamos ahí, a una tecla de distancia, con toda nuestra vida a su disposición.

Facebook es una maravilla, lo sé. Tantos millones de usuarios no podemos equivocarnos. ¿O sí? ¡Claro que podemos! Como todas las maravillas, Facebook tiene sus reveses y puede llegar a ser muy peligroso. No voy a referirme a la enorme cantidad de parejas que se han desmoronado gracias a un exnovio que pidió regresar (la revista *CyberPsychology and Behaviour Journal* calcula que la cifra puede estar en torno a unos ¡¡veintiocho millones!!), sino a sus efectos después de una separación.

El problema de Facebook no es que nuestra vida esté expuesta ante todo el mundo ni que hurguen en ella los desconocidos, ni siquiera es de gran interés poder hurgar en la vida de desconocidos. El problema de Facebook son los conocidos, los muy conocidos, los cercanos, los que pueden calibrar el significado de un «estado», de un «me gusta» o de «un toque». Los que descubren secretos en los cambios de las fotos del perfil y buscan claves en lo que se dijo, en lo que no llegó a decirse y en la letra de la canción que amaneció colgada esta mañana en el muro de fulanito o sutanita.

Facebook, que se supone está pensado para crear lazos y para unir a unos con otros, es un perfecto escaparate de exclusión. A través de Facebook contemplamos quién está con quién, quiénes quedaron a tomar un café sin nosotros, quiénes se fueron de fin de semana sin avisarnos, quiénes se intercambian fotos y comentarios sin nombrarnos. Vemos por un agujerito la fiesta del otro, y sufrimos horriblemente, convencidos de que la verdadera felicidad estuvo en esa fiesta a la que nadie nos invitó. Vemos las fotos de la boda de la que una vez fue nuestra mejor amiga, y a la que se le pasó por completo invitarnos a compartir con ella esa fecha. Vemos la fiesta de la vida y nos quedamos del otro lado, pequeñitos, como cuando pensábamos que lo verdaderamente importante ocurría en la habitación de los padres a la que teníamos prohibido entrar después de cierta hora.

Recientemente (el 11 de diciembre de 2011) apareció un reportaje en la revista *Magazine* de *El Mundo* dedicado a Facebook y a sus efectos en la vida de pareja. La periodista tomó como referencia el libro *Facebook and Your Marriage*, en el que los autores tratan este tema desde muchos puntos de vista. Entre algunos de sus consejos encontramos uno expresado con especial hincapié: BORRE INMEDIATAMENTE A SU PAREJA CUANDO ROMPA CON ELLA.

Este consejo le hubiera venido muy bien a Elena, la paciente de la que hablaremos a continuación:

Elena salió a trompicones de una relación desastrosa y llegó a mi consulta tras el impacto de una gran patada, moral, pero una patada: el golpe seco de una despedida sin despedida. Su pareja se acogió al método de la «evaporación» y sacó sus pertenencias de la casa que compartían, aprovechando que Elena estaba de viaje. Imposible ponerse en contacto con él. Elena no sabía adónde se había mudado ni dónde podría encontrarlo. No solo la había borrado de su lista de amigos de Facebook, sino que la había bloqueado.

El proceso de reconstrucción fue lento, no me voy a detener en los detalles, simplemente decir que sí, que hubo reconstrucción, que Elena salió victoriosa del desastre... O eso creía, hasta que una tarde un amigo de un amigo de su ex fue la puerta falsa a través de la cual volvió a toparse con él. No en persona, no directamente, sino a través de Facebook. El amigo del amigo había colgado unas fotos del verano. Más allá de su voluntad y de su cordura que aconsejaban pasar de largo y no ver ninguna de esas fotos, un impulso la obligó a mirar, a buscar, de manera que hurgó en las imágenes y en los comentarios. Había otra mujer. Con el argumento del «Ya que» —como quien está a dieta y empieza por una patata y termina zampándose la bolsa entera—, no conforme con lo que había visto en Facebook, lo buscó también en Linkedin y también lo encontró. Así, gracias a su morbosa e insaciable curiosidad, casi supo más cosas de él en dos horas de las que había conocido durante los dos años que duró la relación.

> *Beatriz*
> Ayer me metí en Facebook y lo busqué. Lo tenía bloqueado; es un modo que hay en Facebook que uno no recibe nada de lo que el otro escribe a menos que escriba un mensaje directo. El otro no se entera de que está bloqueado, pero para mí era una tranquilidad no volver a saber de él, o al menos no con tanta frecuencia. Ahora que ha pasado tanto tiempo y que me siento más fuerte, se me ocurrió ver su página y me encontré con lo que cabía esperar. Tiene pareja desde por lo menos seis meses después de haberlo dejado conmigo. Estaban en la playa y nosotros lo dejamos al final del invierno. ¡Ni siquiera me guardó un poco de ausencia! Como cuando vivía con él, otra vez me chupó toda la energía y otra vez me dejó exhausta, me quedé pegada al sofá sin poder moverme. Me imaginé que alguna vez volvería a saber de él, me imaginé que ya estaba fuerte para hacerlo, pero no. Todavía soy vulnerable y es muy difícil contenerse y no mirar. Y es muy difícil mirar y no llorar.

Si nos duele que los amigos nos excluyan o que las primas no nos inviten a un bautizo, ¡cuánto más nos dolerá ver a un ex en otros brazos! Averiguar que sigue con su vida prescindiendo completamente de nosotros, aunque nosotros hayamos seguido con la nuestra y estemos cómodamente instalados en unos brazos nuevos, supone una situación muy dolorosa.

Olvidar siempre ha sido difícil, pero olvidar en el siglo XXI es un horror. Esperar el correo era más sosegado y menos esclavizante en el XIX que esperar un SMS en el XXI. Entonces se podía, más o menos, vivir hasta la llegada del correo porque sabíamos de antemano que, aunque siempre llama dos veces, el cartero solo venía una vez a la semana. Ahora llevamos al cartero en el bolso y podemos asomarnos cada tres segundos, cada dos, a ver si hay un mensaje o si el correo que escribimos anoche a las tres de la mañana, insomnes y doloridas, borrachas de dolor, ha merecido una respuesta.

Es terrible estar adheridas al teléfono como si fuera una bombona de oxígeno de la que depende nuestra vida. Una bombona de un oxígeno envenenado a la que recurrimos para sobrevivir y que nos mata. Recuerdo a una paciente que decía: «¡Por favor! ¡Necesito un juez que ponga una orden de alejamiento entre mi teléfono y yo! ¡Que alguien me secuestre el teléfono por una semana! Al menos así podré dormir».

Vivimos en una época marcada por la inmediatez. ¡Todo tiene que ser ya! No sabemos esperar. No hemos tenido tiempo de aprenderlo, hemos estado muy ocupados aplicándonos en hacer cosas que nos ahorraban tiempo para poder perderlo. Esta filosofía de la inmediatez está en las antípodas del tiempo que se necesita para hacer un trabajo de duelo que es un tiempo decimonónico que ha de pasar lento, como es lento el olvido. Pero más tarde o más temprano el tiempo habrá de pasar, el dolor menguará y el olvido vendrá para salvarnos de las garras del pasado.

Perdonar

El perdón llega cuando los recuerdos ya no duelen.
Oscar Wilde

Yo no hablo de venganzas ni de perdones;
el olvido es la única venganza y el único perdón.
Jorge Luis Borges

Perdón, vida de mi vida.
Perdón, si es que te he faltado.
Perdón

A veces, la mejor salida para olvidar es el perdón, y discúlpenme, pero no pretendo recomendar una actitud beatífica, religiosa ni bienintencionada. Se trata ni más ni menos que de una cuestión práctica. No somos dueños de la memoria, ni del olvido, no somos dueños del dolor; en cambio, el perdón es lo único que está en nuestras manos. Podemos ejercitarlo y usarlo como la puerta por la que el olvido también entrará, sin hacer mucho ruido, sin hacerse notar. Del olvido solamente sabremos que ha pasado por la puerta del perdón cuando ya esté instalado.

La vida nos presenta una disyuntiva y nos permite elegir entre la venganza o el perdón. La venganza nos asegura mantenernos unidos al ser querido (que ahora es el ser aborrecido), a través de ese vínculo de odio y con la coartada de que no hacemos más que tomarnos la justicia por nuestra mano. El perdón, por el contrario, nos separa del otro, nos ayuda a dejar marchar al otro y nos permite partir a nosotros mismos de la escena del crimen.

A veces, ese perdón es el precio del rescate, la fianza que hay que pagar a cambio de la propia libertad.

Cuando hablo de perdón, no solo me refiero a conferir un perdón beatífico desde las alturas del Olimpo al pobre ser que nos injurió; no me refiero a perdonar desde una infinita misericordia que atribuimos a Dios y que no puede ser humana. Cuando hablo de perdón, me refiero también a perdonarnos a nosotros mismos y a ubicar al otro en su lugar de humano lleno de defectos, de imperfecciones, de incapacidades... Así somos, él y yo, limitados; así estamos en la vida, un poco perdidos, equivocados.

Me parece que el perdón está emparentado con la aceptación. Sin embargo, mientras que aceptamos pasivamente aquello que la vida nos impone, el perdón nos coloca en una posición activa: elegimos perdonar ¡y perdonamos! El que perdona siente que tiene algo que decir, hay un cierto acto de voluntad, aunque sus últimas palabras sean: «Vale, ¡te perdono!». Quien perdona se pone a salvo de la corriente arrasadora del rencor, y es como ver correr el río desde un puente. Puede que el agua nos salpique, pero podremos cruzar al otro lado sin ahogarnos. No perdonamos por bondad, sino por interés, porque hay momentos en los que perdonar es la única manera de poder continuar adelante con nuestra vida, sin quedarnos anclados en el pasado.

Elena

No quiero perdonarlo. Quiero que desaparezca de mi vida, y si para quitármelo de la cabeza tengo que perdonarlo, lo intentaré... ¡Pero es que me hizo tanto daño! Quiero que desaparezca de mi vida, de mi mente, que su presencia ya no esté. Pero todavía me resulta complicado no sentir rabia.

Elena libra una batalla entre su rabia y su necesidad de libertad. No quiere perdonar, pero a la vez reconoce que solo perdonando podrá salir más liviana del combate. Su orgullo herido no desiste tan fácilmente y quiere verse resarcido; todavía hay algo en ella que clama venganza. El problema es que en esta guerra la única que comparece es Elena y, así las cosas, si alguien dispara, será ella quien lo haga; y si la bala alcanza a alguien, la única que estará allí para recibirla será ella. Perdonar no parece una estrategia muy valiente, lo sé, pero es una manera digna de abandonar el campo de batalla del pasado, para ocuparnos en asuntos más creativos, más productivos, para concentrarnos, por ejemplo, en nuestra propia vida.

Conozco luchas encarnizadas por la custodia de los hijos, por una casa, por un coche o por una cuenta de teléfono en las que pierden los dos; peleas eternas en las que ninguno ha sido capaz de perdonar al otro y ambos buscan a un juez, y a otro juez, a una instancia y otra y otra hasta encontrar a una que les dé la razón.

¿A costa de qué? ¿A costa de quiénes?

Perdonar al otro es importante y perdonarnos a nosotras mismas lo es más aún. De ese perdón que tanto nos cuesta concedernos hablaremos en el apartado del sentimiento de culpa.

Recordar

Seré en tu vida lo mejor
de la neblina del ayer
cuando me llegues a olvidar,
como es mejor el verso aquel
que no podemos recordar.
VETE DE MÍ

Lo que yo tuve contigo
fue un enredo tan divino
que ya nunca lo podré olvidar.
Fue la gloria y fue un infierno,
fue tan loco, fue tan tierno
que se sufre cuando ya no está.
LO QUE YO TUVE CONTIGO

Se preguntarán cómo es posible que le dedique un apartado al recuerdo. ¿No se supone que debemos ser capaces de olvidar? Para explicarlo es preciso diferenciar los recuerdos propiamente dichos —los que permanecen a pesar del paso de los años— de esa terrible obsesión por el otro que no nos deja espacio para pensar en otra cosa y que inunda esos primeros momentos que siguen a una separación.

Al principio, después de una pérdida, no se puede pensar en otra cosa. Como sabemos, los días y las noches están repletos de la presencia del otro. Parece que cada objeto, cada hora, cada rincón, están ahí únicamente para recordarnos al otro. Lo que hubiera hecho, lo que hubiera dicho, lo que hizo o lo que dijo. Lo que debió decir y nunca dijo. Lo que desayunaba, su manera de leer el periódico, de tomar el café, de vestirse, de desvestirse, el olor de su colonia y el de su cuerpo, el peso justo de sus manos sobre el nuestro. Hasta aquí solo he descrito lo que ocurre hasta las ocho y media de la mañana, y esto es así ¡tooooodooooo el día y tooodaaaa la noche!, porque ni siquiera nos atrevemos a dormir, no sea que bajemos la guardia y olvidemos algún detalle…

Con frecuencia, separarse completamente del otro y quedarse solo es tan doloroso que es preferible sufrir a su lado, o a los pies de su imagen, de su recuerdo, que olvidar. Este es el «Me cuesta tanto olvidarte» propiamente dicho. Un periodo inevitable que puede durar meses, incluso años. Sin saberlo, sin proponérnoslo, hacemos un trabajo de resistencia en contra del olvido, lo mantenemos a raya, impedimos activamente que el olvido nos consuele. ¡No queremos olvidar! ¡Queremos revivir! ¡Queremos volver a lo que fuimos o intentar por enésima vez lo que pudimos haber sido! La película que protagonizamos junto a él pasa una y otra vez delante de nuestros ojos, aunque nos haga llorar y nos llene de angustia.

Durante esas noches de dolor, si alguien nos preguntara, diríamos que ¡por supuesto que queremos olvidar! ¡Faltaría más! ¡Claro que queremos descansar de esa tortura! Pero no es del todo cierto. Una parte consciente de nosotros quiere olvidar, pero una enorme porción (mucho más poderosa que la anterior) no se resigna a despedirse definitivamente, ni está dispuesta a abandonar su lucha por restituir la situación anterior para que las cosas sigan siendo como fueron o como queremos que sean.

Dice Freud

En su ensayo *Duelo y melancolía* (1915), Freud explica que al principio del proceso de duelo cada uno de los recuerdos y esperanzas que vinculaban al sujeto con la persona amada cobran una relevancia inusitada. La vida está toda subrayada en amarillo para llamar nuestra atención y recordar al ausente. Hay *post-it* por todas partes que llevan su nombre. Con todo, el duelo está haciendo su trabajo. Este es el momento del «trabajo de duelo», en el que optamos por morir con el muerto y permanecer aferrados al ausente. Este tramo del «barranco» es necesario para poder, eventualmente, soltarnos de sus amarras y dejarlo partir. Para aceptar quedarnos sin el ausente, pero del lado de la vida.

Al principio, revivimos al otro con desesperación en un intento vano de controlar la realidad, de transformarla, de obligarla a ser lo que queremos. «No. No se ha ido. Lo tengo aquí, en mi cabeza, y si está presente en mi cabeza, está presente». Ese viene a ser el trato que hacemos con ese tipo de pensamiento obsesivo, lo usamos para prolongarle la vida al ausente. Pasamos por alto lo que nos dice la realidad (que ya no está, que se fue con otra, que no nos quiere o que ha fallecido y que lo enterramos la semana pasada), nos da igual, no le hacemos ni caso. Como los locos, nos creemos que lo que pensamos nosotros es la única verdad. De manera que nos da igual si hace meses que no sabemos nada de él, porque nosotras lo nombraremos con más insistencia que antes y así lo haremos presente. Sabemos que hace un par de semanas le enterramos, pero un día, sin darnos cuenta, marcamos su número de teléfono como si pudiera respondernos. Nada de esto es recordar, al menos no en el sentido que quiero darle en estas páginas. Esto no es exactamente recordar, esto es un esfuerzo por no olvidar, que es diferente. Esto es alicatarnos la cabeza con la presencia efímera, ilusoria, del ausente.

Si hemos sobrevivido al dolor y no nos hemos vuelto completamente locos, si hemos sido capaces de perdonar y perdonarnos, y nos sentimos libres para continuar mirando hacia delante, entonces esa realidad que hoy repudiamos y que es mucho más tozuda que la pena volverá a ocupar su lugar, esa realidad que es la única promesa de vida acabará por imponer su ley. Retomaremos el trato con la cotidianidad y aprenderemos a vivir con el agujero que el otro nos ha dejado, sin esa loca necesidad de taparlo a la fuerza. Quienes no pueden tramitar un duelo se aferran al dolor, o al recuerdo del otro, para no sentir que algo les falta. Nada en el trabajo psíquico del duelo ocurre de un día para otro. Será a sorbos, a poquitos. La vida se colará primero por las rendijas, entrará por debajo de la puerta en forma de un olor conocido, y una mañana, sin saber bien por qué, el café volverá a tener gusto a café. Otro día habrá que atender a los niños y los niños nos contagiarán de vida con su vida. Una tarde, después del llanto, un gran suspiro, y en el suspiro entrarán en nosotros el aire y la luz y de pronto nos escucharemos pensar: «¡Vaya, si no sé cuándo se acabó el invierno y ya es verano!». Y así irá la vida, reconquistándonos para sus filas, alejándonos del bando de los ausentes. Atrayéndonos con sus cuentas de colores. Colonizándonos y obligándonos de nuevo a vivir la vida de los vivos, que es la única vida verdadera. Un día, sin saber ni cómo ni por qué, llevaremos una semana haciendo vida normal, llevaremos dos semanas sin llorar y un mes durmiendo a pierna suelta. Un día... el duelo habrá hecho su trabajo y ya no estaremos bajo el yugo del dolor, aplastados por la imposición de mantener al otro presente a costa de nosotros mismos. Un día recuperaremos nuestra sagrada libertad, estaremos agotados por el esfuerzo, sí, pero seremos libres. Ese día habremos dejado atrás el vértigo del «barranco» y volveremos a andar por senderos más amplios, más seguros, más amables.

Pensando en la diferencia entre la obsesión de los comienzos y el recordar propiamente dicho, me vino a la memoria un texto de Rilke. En los *Cuadernos de Malte Laurids Brigge,* a propósito de cómo surge un poema, el poeta escribe:

> «Y tampoco basta con tener recuerdos. Es necesario saber olvidarlos cuando son muchos, y hay que tener la paciencia de esperar a que vuelvan. Pues los recuerdos mismos no son aún esto. Hasta que no se convierten en nosotros, sangre, mirada, gesto, cuando ya no tienen nombre y no se les distingue de nosotros mismos, hasta entonces no puede suceder que en una hora muy rara, del centro de ellos se eleve la primera palabra de un verso».

A estos recuerdos, a los que se han convertido en nosotros mismos después de que hemos perdonado, después de que hemos olvidado, me refiero en este capítulo. Recordar, en este sentido, solo es posible si se ha pasado página. Recordar es cuando uno puede echar mano de algo que ya pasó. El olvido llegará con el tiempo a merendarse todo aquello que tuvimos: lo que fue aquel amor, los gestos del pasado, las costumbres. Al olvido le gusta arrasar sobre todo lo malo y nos deja, en el fondo de la nevera, casi congelados, unos restos: lo bueno. Los recuerdos son las sobras del olvido. Las sobras que nos sorprenderán inesperadamente y ante las que podremos exclamar: «¡Ah! ¡Pero si esto fue lo que sobró de aquella cena! ¡De aquella magdalena de la infancia lo único que queda es el olor! ¡De aquel amor eterno que parecía perfecto, queda esta foto! ¡Y de aquel hombre de mi vida, esta canción!».

Cada quien tiene un ejemplo en su vida de los efectos tersos del recuerdo. El caso de Norma y Rocío nos puede servir de ilustración:

Norma y Rocío se reencontraron muchos años después de haberse despedido. La separación fue dolorosa para ambas, no hay duda. Tal vez Rocío lo tuvo peor, porque ella se quedó sola, mientras que, después de la ruptura, Norma regresó al armario y a la vida que llevaba hasta entonces junto a su marido y a su hijo. El caso es que los más de tres años de relación que mantuvieron a escondidas las habían llenado de vida, de alegría, de pasión… mientras duró; y de pena, de angustia y de miedo… cuando acabó. Las dos sufrieron mucho, las dos lo intentaron, ninguna de las dos pudo. Muchos años después, cuando las heridas habían sanado, volvieron a encontrarse para conversar, se pusieron al día como dos buenas amigas y descubrieron que ambas conservaban un recuerdo muy dulce de lo que habían vivido.

—¡Cuánto nos hemos querido! —dijo Norma.

Y esas palabras marcaron la tónica del encuentro. Ninguna de las dos hubiera querido regresar a las emociones fuertes de entonces, ninguna echaba de menos a la otra, pero las dos podían reconocer el gran amor que habían tenido entre manos cuando estuvieron juntas.

Este recuerdo amable que comparten Norma y Rocío solo es posible cuando el dolor y el resentimiento ya han pasado. Cuando el olvido ha podido hacer su trabajo y ha borrado lo que tiene que borrar y ha dejado lo que tiene que dejar. Recordar, después de haber olvidado, es como releer un viejo libro. Las páginas no están en blanco, por escribirse, ni nos van a sorprender con su lectura. Las páginas ya están pasadas, ya están leídas, pero, de tanto en tanto, podremos regresar a esos rincones dulces y amables del texto, a las frases subrayadas, a lo que una vez fue un gran amor y que hoy forma parte de quienes somos como si fuera nuestra propia «sangre, mirada o gesto», que dice Rilke.

Ya dijimos que en algún momento del trabajo del duelo es importante renunciar al ser amado y dejarlo morir, dejarlo partir; de la misma manera, con el tiempo, conservaremos de él una imagen que permanecerá viva en nuestro interior ¡su mejor foto! Un retrato que habremos dibujado nosotros con retazos de los buenos momentos, de los recuerdos dulces del pasado.

Todo tiempo pasado fue mejor…

En un rincón del alma
donde tengo la pena
que me dejó tu adiós,
con las cosas más bellas
guardaré tu recuerdo,
lo guardaré hasta el día
en que me vaya yo.
EN UN RINCÓN DEL ALMA

Otra manera que tenemos de tratar con el pasado consiste en idealizarlo: todo tiempo pasado siempre fue mejor, todo amor perdido fue el verdadero. Todo pretérito es, por definición, pluscuamperfecto.

Sin ir más lejos, hoy mismo, yo he comprobado en carne propia esa verdad. Les cuento: esta mañana me desperté muy temprano para escribir. No me atrevo a decir que estaba «inspirada». No sé si alguna vez lo he estado; mis libros son más producto del trabajo de hormiga que del rayo divino de las musas. Pero tengo que reconocer que esta mañana escribí y escribí y escribí y todo lo que escribí era genial. Unas cuantas ideas que me daban vueltas en la cabeza desde hacía algunos días esta mañana encontraron forma, ejemplos acertados para ilustrarlas y, sobre todo, las palabras exactas para decirlas. ¡Una mañana productiva! No. ¡Fue muchísimo mejor! ¡Muy productiva! ¿Se puede pedir más? La hora del desayuno me encontró satisfecha, casi feliz. Tanto que me di el resto de la mañana libre. Ya por la tarde, quise volver sobre mi texto para releerlo y disfrutarlo, pero ¡¡¡oh, sorpresa!!! ¡No estaba! Lo busqué inútilmente. No, no estaba. En ese momento descubrí que en el iPad los documentos no se guardan solos. Parece ser que uno no puede leer el periódico en el aparatito por la mañana y volver a su texto tranquilamente por la tarde, a menos que lo haya guardado palabra por palabra bajo llave. ¡Un horror! Intenté reconstruirlo, volví a escribir, lo reescribí, pasé horas, ¡muchas más horas de las que había necesitado la primera vez! Borré, corté, copié, hice memoria, pero todo fue inútil, no era lo mismo. Nunca sería lo mismo. El de esta mañana era un texto bello y a la vez hondo y además claro… El de esta mañana era perfecto. «Como es mejor el verso aquel que no podemos recordar…». Ningún texto podría competir o emular al que escribí esta mañana y que se borró para siempre del iPad. ¡Nada que hacer! ¡La humanidad había perdido para siempre las mejores páginas de este libro! ¡Una pena!

A cambio, mi texto, al desaparecer, había pasado a formar parte de una categoría muy exclusiva y de ahora en adelante competiría en la liga de los textos elegidos: era ya un texto mítico. De aquí en adelante, yo siempre podré decir que yo, una vez, una mañana, escribí un texto perfecto. Si el iPad lo hubiera conservado, cualquiera podría leerlo y estropeármelo para siempre; alguien podría argumentar que no era tan perfecto como yo creía, que a mi texto le sobraban adjetivos, que los ejemplos eran muy manidos, que las comas parecían cambiadas de lugar, o que era pretencioso, oscuro o simple. Por el contrario, desde el paraíso de los textos míticos, ¿quién se atreve a discutirme que lo que yo escribí esta mañana era un texto perfecto?

Lo que pasó con mi texto es lo que suele pasar con los amores perdidos y con el pasado en general: en cuanto desaparecen, se convierten en amores perfectos, inigualables, míticos. Es lo que tiene el paraíso terrenal, que, una vez perdido, como mi texto, como el pasado, como el amor o como la madre de la infancia, se colocan solitos en un altar en el que lo único que podemos hacer por o con ellos es rendirles tributo. A ese «rincón del alma» lo podríamos llamar «el altar de los objetos perdidos».

El caso es que cuando volvemos a la cruda realidad, tendríamos que reconocer que seguramente mi texto no era tan maravilloso como yo lo recuerdo; que el amor que se fue hizo mejor en irse que en quedarse; que es probable que la madre de los comienzos se haya equivocado tanto como la madre de la adolescencia. En fin, que ¡puede incluso que el paraíso terrenal no haya existido nunca! y que los Reyes Magos...

Pero, como no podemos vivir tan atiborrados de realidad, ¡por suerte!, contamos con ese rincón del alma, con ese altarcito particular de los objetos míticos perdidos, de esos recuerdos embellecidos con esmero. Necesitamos el amor, la pasión, el arte, la amistad, la literatura, el cine, en definitiva, necesitamos la ilusión, que es el aceite de los dioses con el que lubricamos las asperezas de la vida. Por eso es tan importante conservar un recuerdo dulce de una relación perdida, porque en la foto de esos momentos compartidos que se añoran, nosotros también salimos bien retratados, gracias el *Photoshop* de la memoria que todo lo embellece, salimos guapos, buenas personas, merecedores del amor del otro, capaces de despertar pasiones. En algún lugar de ese rincón, nosotros también fuimos perfectos, «como es mejor el verso aquel que no podemos recordar», como es perfecto el texto que escribí esta mañana.

Capítulo 7
PECADOS CAPITALES

La esperanza, la insistencia, el acoso

Si negaras mi presencia en tu vivir,
bastaría con abrazarte y conversar;
tanta vida yo te di,
que por fuerza llevas ya, sabor a mí...
SABOR A MÍ

Sé que aún nos queda una oportunidad,
con los años que me quedan por vivir
demostraré cuánto te quiero.
CON LOS AÑOS QUE ME QUEDAN

Como ya comenté en *Mujeres malqueridas*, la esperanza, en una dosis justa, casi siempre homeopática, puede ser sanadora; pero hay que ser prudentes, porque esa misma esperanza, en dosis elevadas, es venenosa y produce una ceguera y una sordera peligrosísimas. Ceguera para mirar la realidad, sordera para escuchar al otro.

A veces, como en la canción, el amor «se rompe de tanto usarlo», otras, al contrario, se desvanece por falta de uso. En ocasiones, se rompe por *overbooking*, como en el caso de Lady Di, que definió su relación con el príncipe Carlos como «*Too crowded*», porque, desde el principio, estuvo ¡más concurrida que el camarote de los hermanos Marx! Razones para terminar una relación hay muchas, y es importante saber por qué se ha roto esa relación en la que habíamos puesto tanto empeño, sobre todo para entender lo ocurrido, para no repetir, para organizar el dolor y darle algún sentido a la experiencia. Pero lo cierto es que una vez que se ha roto, ¡lo más prudente es reconocerlo!

Bien es verdad que hay veces en las que el amor parece que está desvencijado, pero tiene arreglo. Esas son las ocasiones en las que la pareja puede salir fortalecida después de superar una crisis. Eso también ocurre, y, como de costumbre, el arte, la destreza vital, consiste en saber diferenciar un caso de otro, para no dar por terminada una relación hasta no haber agotado todos los recursos, pero, y con la misma contundencia, para no seguir insistiendo con tesón, una vez que ya se han agotado todos los recursos.

A veces, la esperanza se convierte en una insistencia desbordada. Entonces, aquel hombre o aquella mujer a la que simplemente se había dejado de querer se transforma en un ser insoportable que despierta rechazo. En el peor de los casos, cuando no se respeta ningún límite, la insistencia se transforma en acoso y quien lo practica pasa a convertirse en un ser violento y peligroso que da miedo y de quien uno solo quiere escapar y protegerse.

La esperanza o la «Penelopemanía»

La «Penelopemanía» no consiste en coleccionar fotos y entrevistas de Penélope Cruz, sino en esperar, contra toda esperanza, a que la situación de pareja vuelva a ser lo que fue. «Claro —dirán algunas—, es que Penélope (la Penélope original) nos dio un mal ejemplo, porque gracias a que ella esperó a Ulises veinte años, él regresó mansamente a sus brazos». Bueno, pues tengo noticias para ustedes, estas cosas no pasan más que en las películas de ciencia-ficción o en la caprichosa mitología griega, donde, además de lo de Penélope y Ulises, las hijas, como Atenea, nacen de la cabeza de sus padres. ¡Lo siento, pero la vida real no funciona así!

Las víctimas de la «Penelopemanía» suelen tejer sus argumentos racionales durante el día, al hilo de lo que escuchan de sus amigas o de su terapeuta; entonces entienden perfectamente lo que pasa, reconocen la realidad y la aceptan con una gran cordura y entereza de espíritu. «Sí, es verdad, tienes razón. Esta relación está terminada, lo sé. Nada va a cambiar». «Sí, tengo que olvidarlo. Sé que no va a volver conmigo». Todo esto discurren durante el día, pero en cuanto llega la noche, hacen como Penélope y destejen todas sus buenas intenciones y deciden esperarle un poco más porque: «Es que mi amiga no lo conoce tanto como yo», y es que: «No puede ser que un amor así haya terminado» o: «¡Con lo bien que nos llevamos en la cama!». De esta forma, en medio de la noche, a eso de las tres de la mañana, deslumbradas por la revelación, se levantan de un golpe para escribirle un *mail* ardiente al interesado. Una semana después, cuando todavía no han recibido ningún tipo de respuesta, tejen de nuevo la mortaja para el amor perdido: «Sí, ahora sí es verdad que no me vuelvo a rebajar. Ya no lo llamo ni le mando más mensajes...». Y así van, como Penélope, tejiendo y destejiendo intentos y esperanzas... Hay casos en que nuestra Penélope imagina que la ruptura no es más que un periodo de reflexión, y que tarde o temprano el otro entrará en razón:

«Después de haber pasado todo este tiempo sin mí, me habrá echado de menos, querrá intentarlo de nuevo... Habrá aprendido a valorarme...». Entonces vuelven a la carga. Con frecuencia, quienes están aquejados de la «Penelopemanía» tienen una única respuesta para todos los argumentos que la realidad les impone; diga el otro lo que diga, haga lo que haga, ellas siempre van a responder: «No importa, yo lo espero».

—Me dijo que la relación entre nosotros ya había terminado.
—No importa, yo lo espero.

—No va a volver.
—No importa, yo lo espero.

—Ya no me quiere.
—No importa, yo lo espero.

—Está viviendo con otra.
—No importa, yo lo espero.

—Hace seis meses que no responde a mis mensajes.
—No importa, yo lo espero.

—Va a tener otro hijo con su mujer. Nunca la va a dejar.
—No importa, yo lo espero.

—Me está maltratando.
—No importa, yo lo espero.

Cuando escuchamos «Yo lo espero», sabemos de qué estamos hablando, pero ¿qué significa la frase que lo precede? ¿A qué se refiere nuestra Penélope cuando dice: «No importa»? ¿Qué es lo que «no le importa»? No le importa la realidad, no le importa la palabra del otro, ni sus actos. En definitiva, le importa un bledo el otro. Solo le importa esa loca convicción delirante que la gobierna de que, pase lo que pase, en algún momento, la vida va a rectificar su error y va a darle la razón.

Pongamos los pies sobre la cruda realidad: en la mayoría de los casos, cuando alguien nos dice: «Ya no te quiero», lo que quiere decir es: «Ya no te quiero». Cuando alguien dice: «Me voy para siempre» y da un portazo, generalmente no regresa jamás, por mucho que esperemos. Es la vida, de nuevo es lo que hay. Las relaciones comienzan, se desarrollan, a veces se reproducen y otras veces, muchas veces, mueren. Lo peor de este tipo de esperanza es que no deja a su víctima seguir adelante con su vida.

La insistencia

Hay quienes se empeñan en insistir, insistir e insistir sin descanso; a pesar de que su pareja haya dejado meridianamente claro que no quiere continuar la relación. Aparentemente, todo lo que hacen (llamar, perseguir, insistir) lo hacen por amor al otro, ¡porque le quieren muchííííísiiiimooooo! Y, sin embargo, si nos fijamos más de cerca, veremos que son incapaces de practicar el primer gesto que define al amor: el respeto. Al otro no le tienen en cuenta para nada, no le escuchan; les da igual lo que diga, lo que haya decidido, lo que sienta o lo que haga; ellos saben mejor que el otro lo que al otro le conviene y le persiguen sin parar para hacerle entrar en razón (en su razón) y obligarle a volver. Es el caso de Miguel y Nelly:

Miguel y Nelly se conocieron en un *chat* de solteros. Miguel estaba recién separado y Nelly no se había casado nunca. Se cayeron bien. Volvieron a quedar y volvieron a quedar y volvieron a quedar… hasta que, pocas semanas después, Miguel había encontrado una compañía agradable en Nelly, y ella había encontrado al hombre y a la familia de su vida y ya estaba lavándole la ropa a Miguel y cocinando los fines de semana para él y para su hijo de ocho años. Nelly nunca había estado tan feliz y estaba convencida de que Miguel tampoco. Sin embargo, pocas semanas después, Miguel empezó a sentirse agobiado por tanta solicitud, por un compromiso y una exclusividad que más que halagarlo lo ahogaban.

En esas estaban, cuando Miguel empezó a poner excusas destinadas a espaciar los encuentros. «Esta semana va a ser difícil que quedemos, tengo que concentrarme en el trabajo», «Este fin de semana me voy con el niño y con mis padres al pueblo». Pero Nelly no se daba por aludida; al contrario, durante las ausencias de Miguel, ella cogía impulso y volvía a la carga con más ímpetu.

Mientras más agobiado se dejaba ver Miguel, más solícita se dejaba ver Nelly. Cuando Miguel vio que Nelly pasaba por alto sus excusas y sus indirectas, habló francamente con ella. La conversación transcurrió más o menos así:

—No sé qué me pasa, pero no podemos seguir así. Tenemos que terminar la relación.

—¿Cómo que no podemos seguir así? ¡Claro que podemos!

—Bueno, lo siento, pero yo no puedo. Tú eres maravillosa, lo sé. Estoy seguro de que encontrarás a otro que te merezca más que yo.

—Yo no quiero a otro, te quiero a ti. ¿No te parece que si viviéramos juntos las cosas irían mejor entre nosotros? Tú lo que necesitas es más estabilidad. ¿Qué te parece si nos casamos?

Para Nelly —como para tantas otras personas— la negación no era una etapa, ni un paso, ni un escalón a través del cual, más tarde o más temprano, podría llegar al final del proceso de duelo. Para Nelly, la negación era una morada definitiva. No podemos decir que estaba «cómodamente instalada» en esa casa, porque vivir EN la negación requiere asumir ciertos compromisos. Obliga a llevar los ojos vendados, los oídos taponados y a decorar las habitaciones con engaños. Nelly decía adorar a Miguel, pero su amor loco, su insistencia, le impedían escucharlo y respetarlo. El amor de Nelly era ciego para mirar la realidad y sordo para escuchar la despedida.

El acoso

Todos conocemos (salen continuamente en los periódicos) el caso de hombres obsesionados por una mujer, que son incapaces de aceptar que la relación ha terminado y la persiguen sin tregua. La llaman veinte o treinta veces al día, la acribillan a mensajes, a correos. Le envían fotos de recuerdo, aparecen en su casa o en su lugar de trabajo, la amenazan con hacerle daño a ella o a los niños, la intimidan, amenazan con suicidarse, la espían, en fin, ¡la acosan! En estos casos, lo único que puede hacer la víctima es denunciar y ponerse a salvo. Por muy adorable que haya sido su Ulises durante la relación, por muy nobles sentimientos que se le supongan, alguien que desatiende la realidad hasta esos límites, alguien que impone su presencia de esa manera puede cruzar otras barreras y hacer cosas más peligrosas con tal de conseguir su objetivo.

La incapacidad para aceptar la vida como viene, la imperiosa necesidad de doblegarla —¡cueste lo que cueste!—, se hace a costa de la propia salud mental; se paga el precio de la razón y del contacto con la realidad. En los casos extremos, cuando vemos que un hombre o una mujer se suicidan por amor, o sabemos que un hombre o una mujer matan en nombre del amor, unos y otros están a merced de esa necesidad narcisista de obligar a la realidad a que les obedezca, hacen cualquier cosa antes que reconocer la derrota y pasar por el duelo de la pérdida, sin importarles que el precio sea una vida.

El sentimiento de culpa

No quiero arrepentirme después
de lo que pudo haber sido y no fue...
AMAR Y VIVIR

Uno de los factores que con más empeño nos impide olvidar es el sentimiento de culpa. ¡Bicho malo! ¡Muy malo! El sentimiento de culpa es un animal sigiloso que se apodera de nosotros y de nuestro discernimiento para minarnos la moral y obligarnos a pagar unas condenas desproporcionadas que ningún juez sensato aprobaría. Trabaja en secreto, en silencio, desde el inconsciente, y utiliza toda suerte de argumentos absurdos, como si fueran racionales e incontrovertibles. Recojo algunos testimonios con los que más de una podrá sentirse identificada:

Ana

No me puedo perdonar el haber caído en una trampa tan burda. Yo, que me jacto de conocer muy bien a los maltratadores y que siempre les recomiendo a mis amigas salvarse cuando todavía están a tiempo. ¿De qué me han servido todos los libros que he leído? ¿Cómo pude volver con él después de haber descubierto sus mentiras no una, ni dos, sino ¡tres veces!?

Ana se siente culpable por haber estado enamorada de un hombre que la había engañado con unas cuantas; siente vergüenza ante sí misma y ante los demás por no haber podido reaccionar a tiempo y se tortura sin cesar: «¡Cómo pude! ¡Por qué lo permití! ¡Por qué volví con él! ¡Tonta, más que tonta!». No se perdona y no deja de darle vueltas a la cabeza una y otra vez sobre lo mismo.

Miren

Todo lo demás se me ha pasado, la rabia, la pena, el enfado. Todo se ha diluido con el tiempo menos la culpa por el daño que yo misma me hice. La culpa es el único sentimiento que no he podido digerir. Y sigo pensando, ¿cómo pude ser tan tonta?

Miren, por su parte, parece que ha podido superarlo todo menos la culpa. La rabia y la pena fueron poquita cosa comparadas con el poder de este látigo fustigador. Su sentimiento de culpa es lo único que la mantiene atada al pasado y no la deja pasar página.

Algunas de las mujeres que llegan a mi consulta, como Ana, como Miren, vienen con los pedazos rotos de una historia terminada, con flecos de un sentimiento que se resiste a abandonarlas. Cuando se sientan en la consulta y empiezan a hablar, es como si empezaran a sacar del bolso en desorden todos esos pedacitos desmembrados de sí mismas y de su historia de amor; a veces los sacan de uno en uno, a veces a puñados. Llegan con la intención de rearmar su propia historia y de rearmarse para seguir adelante con sus vidas. Cuando empiezan a desplegar su historia, no solo me la están contando a mí, sino que, de alguna manera, también se la cuentan a sí mismas. Se escuchan relatar el horror, y se estremecen. En muchos casos es la primera vez que asisten —esta vez de espectadoras— a su propia película, al drama del que son protagonistas. Con frecuencia, el relato se condimenta con frases del tipo: «No me lo puedo creer», «¡Cómo no me di cuenta a tiempo!», «¡Pero si es de libro!», «¡Es que hubiera tenido que…!», «¡Si yo hubiera…!», «Si cualquier amiga mía me hubiera contado algo así…».

Escuchar la propia historia es importante, abandonar la posición de víctima pasiva y deslindar nuestra propia participación en los hechos, también; siempre y cuando esa escucha y esa responsabilidad no se conviertan en armas secretas, en bombas de tiempo que en cualquier momento pueden explotarnos en las manos.

El tiempo «desperdiciativo»

Total,
si me hubieras querido,
ya me habría olvidado
de tu querer.
TOTAL

Puestos a torturarnos, somos muy creativos. No tenemos un único látigo, ni una sola manera de martirizarnos. Uno de los métodos más socorridos es el «pretérito pluscuamperfecto del subjuntivo», una denominación muy rimbombante para una práctica tan estéril. Prefiero sumarme a las voces que lo definen como el «tiempo desperdiciativo». Es muy frecuente que una persona que se ha separado nos cuente cómo el dolor de la pérdida se acompaña de la tortura del: «Si yo hubiera…», «Si él hubiera…», «Hubiéramos tenido que…». No hay duda, perdemos, desperdiciamos nuestro tiempo (no solo el verbal) mortificándonos por lo que pudo haber sido y no fue. Es el caso de Emma, que me escribió un correo contándome sobre su estilo particular de practicar esta tortura:

> Desde que me abandonó, me arranco la piel a tiras torturándome con todos esos «Y si…», «Y si…», «Y si…» que me hacen sentir tan culpable por lo que hice, por lo que no hice, por lo que tenía que haber hecho, por lo que no tenía que permitir. Después de leer tu libro, me parece que cualquier cosa hubiera dado igual. Con esa relación, con esa persona, no había nada que hacer, y saber eso me deja mucho más tranquila.

Por suerte, Emma ha encontrado una forma de salir de ese círculo estéril y vicioso del tiempo «desperdiciativo». Cualquier cosa que hubiera hecho daba igual… Lo que no hicimos ya no lo hicimos. Lo que hicimos mal ya está hecho. Quedarnos anclados en el autorreproche no conduce a nada. Lo único que tenemos en nuestras manos es el presente y, como mucho, el futuro… poco más. Lo que fue, fue, y solo hay que visitarlo para romper lazos, para despegarnos de su embrujo, para perdonarnos y, sobre todo, para no repetir.

Los enfrascados en el tiempo «desperdiciativo» se dividen entre los que culpan al otro y los que se culpan a sí mismos. Todos persiguen, sin saberlo, un mismo objetivo: mantener vivo el vínculo con esa relación a cualquier precio, y nosotros nos preguntamos: «Pero ¿qué vínculo —¡alma de cántaro!—, si hace más de un año que no se ven?». Un vínculo imaginario y maligno, ya no con la persona con la que formaron una pareja en tiempos, sino con ese tiempo verbal estéril; con el pasado, para lamentarse por él, para culparlo, por no haber transcurrido a nuestro gusto.

Entre los que culpan al otro y los que dirigen la culpa contra sí mismos, ya sabemos que es mucho más pernicioso el autorreproche que el reproche que se le hace al contrario. Insisto: con el autorreproche tenemos al culpable más a mano, podemos torturarnos a discreción (o más bien sin ninguna discreción), ¡a mansalva!, somos los dueños de una silla eléctrica que tortura sin matar, para poder electrocutarnos una vez más. En cambio, si decidimos que el culpable es el otro, nuestro poder sobre él está mucho más restringido, porque el otro siempre se puede alejar, siempre puede levantarse de la silla del reproche y marcharse, dejándonos con la sillita eléctrica desenchufada. El otro puede escaparse. ¡Nosotros no! A cambio de sentirnos los dueños de la silla y del enchufe, nos quedamos ahí, sentaditos, recibiendo las descargas de nuestra propia ira, chamuscados y tristes. ¿Qué sacamos a cambio? ¡Estar muy ocupado! ¡Ser el promotor de algo! ¡Mandar! ¡Mantener el escenario activado! ¡Ser el artífice de cualquier cosa —aunque duela— y no solo el cautivo que mira pasivamente cómo el otro se levanta del escenario y se aleja!

«¿Qué he hecho yo para merecer esto?»

> *Paula*
>
> Ahora me doy cuenta de que eso que dices en tu libro de preguntarse «¿Qué he hecho yo para merecer esto?» tiene que servir para aprender y no para pagar por el pecado, que es muy distinto.

En *Mujeres malqueridas* recomiendo hacernos la consabida pregunta del: «¿Qué he hecho yo para merecer esto?», porque me parece que su respuesta puede ayudarnos a no repetir la misma historia. Hay un mínimo examen de conciencia que es útil, que nos puede servir para entender la propia participación en las cosas que nos suceden. Pero ese «examen de conciencia» no tendrá sentido ni habrá cumplido su función, a menos que venga aparejado de su «perdón de los pecados» correspondiente. No vale quedarnos adheridas al «cumplir la penitencia». El reproche es otra forma de no despegarnos del otro. Quedarnos atascados en el sentimiento de culpa no es responder a la pregunta «¿Qué he hecho yo?», sino prolongar la tortura.

¿Qué ventaja tendría el culparnos a nosotras mismas de la ruptura? Pues eso nos permite mantener la ilusión de que todo cuanto ocurre está en nuestra mano. Todo, lo bueno y lo malo, correría de nuestra cuenta. Pensamos que lo hubiéramos podido hacer mejor, con un poco más de esfuerzo, poniendo un poco más de nuestra parte, con una estrategia más depurada, en fin, que somos dueñas y amas de nuestro destino, pero no solo de nuestro destino, sino también del destino de nuestra pareja y, ya puestos, casi, casi, del destino de toda la humanidad. No está mal, así debe sentirse Dios, ¿no? ¡Muy poderoso! Lo malo es que ser Dios es agotador ¡hasta para el mismo Dios! Tanto que el mismo Dios se ha puesto una coartada para descargarse de tanta responsabilidad y con frecuencia nos deja a solas con nuestro libre albedrío, que viene a ser algo así como: «¡Se siente! Si las cosas te van mal, no es culpa mía, será que tú te equivocaste, que utilizaste mal tu libertad y que elegiste el camino equivocado». ¡Dios es listísimo! Se lava las manos y, como mucho, comparte responsabilidades con el usuario. En cambio, nosotras ni siquiera nos permitimos esa licencia. Nosotras queremos sentirnos mucho más dios que el mismo Dios y nos hacemos responsables de TODO.

Perdonarnos a nosotros mismos

Puestos a parecernos a Dios, ¿qué tal si practicamos de vez en cuando la misericordia con nosotras mismas y nos perdonamos? En efecto, uno de los perdones más importantes y a la vez más difíciles de conceder es el que nos debemos a nosotros mismos. De nada nos sirve perdonar al de enfrente, si nuestras armas siguen en pie de guerra en contra de nosotros. En ocasiones, he observado cómo aquello que fue una clara escena sadomasoquista entre un maltratador (o un malqueredor) y su víctima, se reproduce y se convierte en una escena igual de sadomasoquista, pero esta vez interna; en una escena que ocurre entre una parte sádica de la víctima y otra parte de ella misma, que sigue estando dispuesta a sufrir y a recibir su penitencia. Me explico: imaginemos a la mitad de esa mujer enfundada en un traje de cuero, con botas altas de tacón y empuñando un látigo; ahora imaginemos a su otra mitad asustada, de rodillas, o en cuclillas, dispuesta a recibir un castigo que supuestamente se merece.

—¡Eres idiota! ¡Eres débil! —chilla la del látigo.

—¡Sí, lo siento, es verdad, soy idiota! —le contesta bajito la otra mitad.

Escapar de este sufrimiento es mucho más difícil y generalmente lleva más tiempo que escapar de un mal amor. Es posible que el temor a la furia que podemos desatar nosotras mismas sea una de las razones que nos mantengan atadas a relaciones desastrosas, porque así, al menos, el dueño del látigo está fuera y nosotras todavía tenemos la posibilidad de escapar. Porque, ¿cómo ponemos una orden de alejamiento entre una parte de nosotras y nosotras mismas? ¿Qué policía puede venir a protegernos de los castigos y de las reprimendas con las que somos capaces de machacarnos?

Esto del látigo y del autorreproche me recuerda a un chiste, un chiste cruel, pero un chiste. Uno llega a su casa muy agitado y le cuenta a su mujer:

—Cuando venía para casa me encontré en la calle con una pelea. Había dos tipos enormes pegándole a otro. Y yo dudando: «¿Me meto o no me meto? ¿Me meto o no me meto? ¿Me meto o no me meto?».

—¿Y? ¡¿Qué hiciste?!

—Al final me metí.

—¿Y? ¿Qué pasó?

—¡¡¡No te imaginas la paliza que le dimos entre los tres!!!

Pues me parece que nosotras hacemos con nosotras mismas como el del chiste. No conformes con la paliza que hemos recibido del otro, nos metemos en la pelea, sí, pero no para defendernos, no para protegernos sino para aumentar la tunda de palos. A veces, el tratamiento psicológico consiste en poner esta situación inconsciente de manifiesto, para que el paciente pueda ser un espectador de su propio espectáculo sadomasoquista y reconocer la situación en la que está inmerso. Saberlo, reconocerlo, será el primer paso para desactivar al maltratador interno y, sobre todo, para perdonarse y dejar en libertad ese aspecto suyo que se coloca siempre en el lugar de la víctima. Algo parecido le pasó a Sonsoles:

> Lo único que me alivia es pensar: «Esto solo es una historia en mi vida. Esto no es mi vida entera». Ese pensamiento, al menos, me permite perdonarme a mí misma. Supongo que como primer paso no está mal... Lo que pasó, pasó, y ya no lo puedo cambiar. Lo que puedo cambiar es lo que va a pasar de aquí en adelante, y como siga fustigándome y machacándome, creo que no me va a pasar nada bueno.

Sonsoles empieza tímidamente a perdonarse. Al menos ya ha reconocido que no TODA su vida es un desastre ¡por su culpa, por su culpa y por su grandísima culpa! Empieza a aceptar el hecho de que un fracaso amoroso lo tiene cualquiera, y de que es solo eso: un fracaso amoroso y no una catástrofe nuclear. Sabe, además, que martirizándose por el pasado no va a conseguir cambiarlo, que lo pasado ya pasó y que lo que importa ahora es lo que tiene entre manos: su propia vida, su futuro, ¡ella misma!

Perdonar al prójimo como a nosotros mismos

Otra de las peculiaridades de esta tortura es que no administramos justicia por igual, ni usamos la misma vara para medir nuestros pecados y los pecados de los demás. Escuchemos a Deborah:

> Esto es un sentimiento de culpa un poco tramposo, porque no hay forma de compensarlo ni de repararlo. Da igual lo que haga. Como yo permití que todo eso pasara y no me separé, a pesar de que todo el mundo me lo decía, pues entonces tengo que pagar de por vida. Conozco a otras personas a las que les ha sucedido lo mismo o cosas parecidas, y en ellas sí lo comprendo y las compadezco; ¡pobrecitas! En cambio, a mí no podía pasarme. Me cuesta verme como tantas otras mujeres.

Somos mucho más benevolentes con una amiga que con nosotras mismas. A una amiga le damos palabras de consuelo, ella sí merece nuestro perdón. ¡Nosotras no! ¿Por qué? ¿Por qué podemos ser tan comprensivas con el de al lado y tan implacables con nosotras mismas? Es como si pensáramos: «Ella es humana, la pobre, habrá que perdonarla, es débil, no puede dar más de sí. ¿Pero yo? ¡Yo no! ¡Yo soy Superfulanita! ¡La de la reluciente capita! ¡Hay ciertas cosas que a una persona como yo no se le pueden perdonar!». Parece que una mujer así, tan completa, tan perfecta, no merece perdón, sino castigo.

Pues tengo una mala noticia y una buena. La mala es que tú también eres humana, ¡lo siento, es lo que hay! Y la buena es que no es tan espantoso ser humano, que a la postre es mucho más descansado que llevar una vida secreta de superhéroe. ¿Que elegimos mal una vez? ¡Ya elegiremos mejor! ¿Que aguantamos mucho? Ya habremos aprendido de la experiencia y tendremos encendido el radar para no aguantar tanto la próxima vez. ¿Que nosotras permitimos el maltrato? Ya estaremos atentas de ahora en adelante para protegernos. ¿Que no pudimos defendernos a tiempo? Pues a partir de ahora nos trataremos mejor a nosotras mismas y nos haremos tratar con más cuidado. ¡Nunca más!

«Capita y látigo»

En *Mujeres malqueridas,* les recomendaba que escondieran en el fondo del armario aquella capita de supermujer que a veces nos enfundamos para creernos todopoderosas y capaces de soportar lo que nos echen. Con la misma contundencia hoy les digo: ¡hay que soltar el látigo! ¡Hay que tirarlo al fondo del abismo! ¡Allí donde nunca más podamos encontrarlo! Tenemos que deshacernos de esa ropa ajustada de cuero negro y regalar la ropita triste de víctima, ¡ni lo uno ni lo otro! Es preciso que nos permitamos respirar sin asfixiarnos, que nos concedamos el perdón de los pecados horribles que supuestamente hemos cometido. Aunque parezcan contrapuestos, capita y látigo están emparentados. La capita nos hace sentir perfectas, completas y todopoderosas, y el látigo es el justo castigo que nos merecemos... por no serlo. Guardar la capita de superheroína y enfundarnos en nuestros vaqueros de mortales, sin más, nos ayudará a prevenir y a reconocer a tiempo nuestra fragilidad: «Esto me duele, aquello no me gusta, por aquí no paso...». Sin las botas altas de cuero negro nos veremos menos sugerentes, pero iremos mucho más cómodas por la vida.

Lo que pasó, pasó, y ya no tenemos forma de transformarlo. Ceder al torrente de autorreproches no sirve más que para eternizar el duelo, para estancarnos como un disco rayado en una frase repetitiva que ni es música ni es nada. ¡A otra cosa! ¡Pasemos a otra canción! Cambiemos el disco y entonemos la melodía de la reconstrucción y del encuentro con nosotras mismas. Empecemos por perdonarnos nuestra pobre humanidad. ¡Es lo que hay!

Medea o amargarle la vida al ex

Ódiame por piedad, yo te lo pido.
Ódiame sin medida, ni clemencia.
Odio quiero más que indiferencia,
porque el rencor hiere menos que el olvido.
ÓDIAME

Cuando la injuria que recibe una mujer
afecta a su tálamo nupcial,
no hay nadie más cruel.
EURÍPIDES *(Medea)*

Como vimos en el capítulo dedicado a la rabia, es normal que durante el proceso de duelo soñemos con una venganza jugosa y despiadada. De acuerdo, la rabia, como un escalón más, es inevitable. Ahora bien, si al pasar del tiempo seguimos enfrascados en esa actitud, ¡nos costará muchísimo olvidar y pasar página! De hecho, otra de las maneras que tenemos de permanecer adheridos al pasado consiste en dedicar toda nuestra energía a amargarle la vida al ex. El objetivo es hacerle pagar por sus pecados, que se vea obligado a pensar en nosotras, que nos tenga presentes, ¡que sufra! Sí, pero lo cierto es que, mientras tanto, quien así peca se hace la vida imposible a sí mismo, no puede pensar en otra cosa, tiene al otro presente todo el día y ¡sufre! Desde ya lo digo, ¡no tiene gracia!, y de nuevo, ¡este también es un pésimo negocio!

Estos pecadores se entregan al placer efímero —¡y eterno!— de la venganza; ¡un plato que se sirve frío! El problema es que mientras que el plato se enfría, el vengador está atado de pies y manos junto a su plato, esperando a que el hervor se pase, sin poder dedicarse a su propia vida de una forma más útil y creativa.

Amargarle la vida al ex, perseguirle, acosarle, no nos lo va a traer de vuelta. Entiendo que hay quienes tienen razones de sobra para estar furiosos con su expareja, por la forma de dejarles, por la forma de tratarles, lo sé, pero en algún momento habrá que rendirse y decir: «Vale, tú ganas». A veces, el puente de plata es la mejor salida, la más limpia. Perder esa batallita nos permitirá, eventualmente, ganar la guerra, esa que se libra a largo plazo, la guerra de la vida.

Quienes han sido maltratadores a lo largo de una relación suelen ser vengadores cuando la relación se termina, y pasan a engrosar la fila de los acosadores. Pero no solo los hombres usan estas tácticas. También nosotras somos capaces de olvidarnos de nuestra propia vida y de pasar por encima del bienestar de nuestros hijos con tal de vengarnos de un marido que nos dejó o de un hombre que no nos quiso bien.

Medea

Medea —personaje de la mitología griega— es una mujer con mucho carácter y determinación, que se enamora locamente de Jasón. Sí, locamente, y, desde esa locura de amor, está dispuesta a hacer por él —y hace— lo que haga falta. A cambio, Medea solo le pide a Jasón su «amor eterno». Ya se sabe que para los personajes de la mitología griega «lo que haga falta» suele significar engañar, traicionar, matar o descuartizar a quien interfiera en los propios planes, y Medea hace un poquito de cada. A Jasón, por su parte, lo de «eterno» le dura dos fines de semana, y en cuanto tiene ocasión, se enamora de otra y está dispuesto a casarse con ella. ¡Tragedia servida! Medea decide vengarse, y en su venganza ciega, acaba por matar entre muchos otros también a sus propios hijos. Conozco a muchas mujeres que se comportan, a su medida, como Medea, mujeres que se quedan encasquilladas en el odio y que se regodean en amargarle la vida al ex, sin reparar en el daño que le pueden hacer a sus hijos con esta actitud.

Es el caso de esta mujer que iba por el mundo pisando fuerte, como una reina:

Nuestra reina se dedicaba a conquistar pueblos perdidos, uno tras otro, y se complacía en coleccionarlos. Hasta que un día, nuestra reina decidió que quería tener hijos, y se casó con uno de sus pueblos sometidos. Tuvo un hijo, tuvo dos, tuvo tres hijos. Un buen día, aburrida ya de su vida cotidiana, dio por terminada la relación, echó al marido, y ni que decir que la reina se quedó con la casa, con los niños y con una asignación mensual que escandalizó al juez que hizo la repartición. ¿Nuestra reina se quedó satisfecha? ¡No! Porque es que a veces las reinas son así. No se conforman con nada. Nada les basta, nada las llena...

¿Y colorín colorado? ¡Otra vez no! Ahora es cuando empieza nuestro cuento. Pase lo que pase, haga ella lo que haga, a Medea no se le puede quebrantar la promesa de amor eterno sin consecuencias, ni se le puede llevar la contraria, eso lo sabe bien Jasón —y ahora también ese súbdito recién emancipado—. Así que cuando aquel hombre, denostado por la reina, se mudó y empezó a hacer su vida, a hacer planes para sus hijos, a tener amigos, a recuperar a su propia familia, a ir al gimnasio, a viajar y a vivir con una princesa nueva, la reina montó en cólera y mandó al escuadrón más sanguinario de su ejército a sofocar la sublevación. ¿Que cómo lo hizo? Pues empezó a hacerle la vida imposible a su ex de la peor manera que sabía, en plan Medea y a través de los niños. Se saltaba las fechas de visita; durante el periodo de las vacaciones que le correspondía a él, se los llevaba a los abuelos sin avisar; le impedía hablar con los niños cuando estaban con ella; lo demandó injustamente por impago de pensión y un largo etcétera que a punto estuvo de culminar con una denuncia infundada por malos tratos que habría arruinado la carrera del joven pueblo recién emancipado y que no prosperó gracias al abogado de ella que consiguió —a tiempo— hacerla entrar en razón.

¿Acaso se había dado cuenta de la importancia estratégica del pueblito oprimido? No. ¿Acaso había descubierto cuánto le quería? Tampoco. ¿Acaso echaba de menos sus favores y los impuestos que obtenía a su costa? ¡Puede que ni siquiera eso, porque ella ganaba más dinero que él! Es que hay reinas que son así, necesitan tener al otro sometido y no toleran ningún movimiento en falso.

Nuestra Medea se movía por amor, no hay duda, pero no por amor al otro, sino por el único amor que ella había conocido en su vida: el amor propio. El amor de Medea por sí misma no tenía límites —¡eso sí que era un «amor eterno»!—, se amaba a sí misma sin condiciones y su amor justificaba cualquier acto por perverso o desatinado que este fuera. Los amigos comunes intervinieron, incluso su propia familia juzgó exageradas algunas de sus reacciones, las denuncias, la guerra sin cuartel; pero nuestra Medea fue implacable. Ella no tenía nada que escuchar, ni nada que reconsiderar, así que, como la Medea de Eurípides, esta también arremetió en contra de todos aquellos que estorbaban su concepción de lo que tenía que ser la vida: ella era la reina indiscutible, tenía carta blanca para hacer lo que se le antojara, y sus súbditos —el resto de la humanidad— solo existían con el fin de obedecer sus órdenes y de cumplir sus deseos.

Medea ha rehecho su vida, está casada con otro, pero ni siquiera ahora está dispuesta a olvidar. La afrenta narcisista que ha sufrido le resulta del todo imperdonable y no tiene ningún prurito en seguir inmolando a sus hijos, en nombre de esa noble causa que ella defiende, y que no es otra que ella misma. Cuando alguien la critica o pone en cuestión su actitud, ella responde que para eso son SUS hijos, que para eso ELLA los parió. Como Medea, sigue convencida de que tiene derecho a usarlos y a obligarlos a dar la vida por mamá.

El pueblito emancipado es hoy un hombre feliz junto a otra mujer. Le ha costado un gran esfuerzo, pero ha conseguido mantener una buena relación con sus hijos. Su Medea, siempre que puede, encuentra la forma de incordiarle y de hacerse notar como una piedra eterna, indeleble, en el zapato.

Quienes suelen sufrir más las consecuencias de esta actitud desquiciada son los hijos. Ellos son las verdaderas víctimas de estas batallas encarnizadas en las que ninguno de los dos miembros de la pareja tiene NADA que ganar y mucho que perder.

¡Con lo sano que sería pasar página! ¡Con lo aliviados que se van a quedar todos los personajes de esta película si se deciden a colgar de una vez por todas el cartel que diga «FIN»!

Obsesión por la otra o Juana la Loca

¿Y cómo es él?
¿A qué dedica el tiempo libre?
¿Y CÓMO ES ÉL?

Pensando que hay otra
que pueda besarte,
se llena mi pecho
de rabia y rencor.
TE ODIO Y TE QUIERO

Mi mayor venganza será…
que te quedes con él.
MI MAYOR VENGANZA

En *Mujeres malqueridas* dedicábamos un espacio importante a hablar de lo que significa para una mujer la figura de «la Otra», así, con mayúsculas. Hablábamos del síndrome de Rebeca, ese que hace que otra mujer, a la que puede que no hayamos visto nunca, ocupe más espacio en nuestras casas, en nuestras mentes y en nuestras vidas, que nosotras mismas, como ocurre en el caso de la película homónima de Hitchcock.

A partir de esa primera relación con la madre, las mujeres siempre nos estamos midiendo y comparando con otra mujer. Por ejemplo, cuando un hombre ve pasar a una pareja, se fijará en la mujer para comprobar si le gusta. En cambio, si una mujer ve pasar a la misma pareja, por muy atraída que se sienta hacia el hombre, ella ¡también!, se fijará en la mujer; no porque le atraiga sexualmente, sino para estudiarla, para adivinar su secreto y ver si ¡al fin! puede responder a las grandes preguntas: «¿Qué tiene de especial esa mujer?», «¿Qué tiene que tener una mujer para llevar a un hombre a su lado?», «¿En qué consiste ser una mujer?», «¿A qué mujer me debo parecer para despertar el deseo de un hombre?», «¿A mi madre, a alguna de sus amigas?», «¿A alguna de mis amigas?» (Leader, 1996). De hecho, muchas mujeres reconocen que, cuando se arreglan, piensan más en la opinión que van a despertar en otras mujeres que en la impresión que causarán en los hombres. En una fiesta, por ejemplo, un hombre suele fijarse en el largo (más bien en el corto) de una falda, o en lo pronunciado de un escote, pero no en si repetimos una combinación, si vamos «adecuadas» para la ocasión o si estamos o no a la moda; esos detalles los cuidamos las mujeres, en eso nos fijamos más nosotras, mientras que hacemos un barrido general comparándonos con todas y cada una de las presentes y sacamos cuentas de cómo se distribuyen y a quién van dirigidas las miradas masculinas...

Todas tenemos una «Otra» en la cabeza que va cambiando de identidad según el momento de nuestra vida (la primera maestra de la guardería, la mejor amiga de mamá, la vecina, nuestra mejor amiga del patio del colegio o la enemiga del instituto...) y, como he dicho, todas, alguna vez, hemos ocupado el lugar de «la Otra» en la imaginación de alguna mujer. A «la Otra» se la admira porque se la supone dueña del misterio de la feminidad, dueña del secreto de la seducción. Entonces, «la Otra» por excelencia será aquella que haya conquistado a nuestro hombre. ¿Qué OTRA puede haber más importante para una esposa que la amante de su marido? ¿Qué mujer va a despertar más la curiosidad en la amante que la esposa oficial? En esta cadena de «Otras», la emperatriz de las «Otras» será la ex de nuestra actual pareja, o la mujer por la que nos abandonaron. ¡¡¡Ufff!!! ¡Qué lío de «Otras»! Lo sé. Pero es que las mujeres no somos fáciles, ni siquiera para encontrar un modelo al cual queramos parecernos ni para elegir nuestra propia identidad.

Imagino que a estas alturas ya se han dado cuenta de adónde quiero ir a parar. Sí, en efecto, «la obsesión por la Otra» es una de esas razones de peso por las que algunas veces nos cuesta tantísimo olvidar. Estoy segura de que todas conocemos a alguna mujer que no ha podido desprenderse del pasado porque sigue amarrada con lazos de acero ¡no al hombre que amaba!, no, sino a la necesidad compulsiva de saber cosas de la nueva mujer. Ese es el caso de Begoña, que, después de casi dos años de separada, todavía sufría y se lamentaba de esta manera:

> Me acuesto a dormir y pienso: «Está en la cama con ella. La está tocando donde a mí me gustaba que me tocara. Le está haciendo ahora las cosas que a mí me gustaba hacer. ¿Cómo puede?». ¡Entonces me paso las noches sin dormir! Estoy obsesionada con la otra. No la conozco, solo sé que es bajita, así que si veo a una mujer bajita —a cualquier mujer bajita— en el autobús, en un café, o en el supermercado, me imagino que es ella. Y me la imagino con él.

Cuando la separación se produce por una tercera persona, saber de «la Otra» se convierte en el corazón de la obsesión. «¿A qué olerá?», «¿Qué tiene ella que no tenga yo?», «¿Por qué la prefiere?», «¿Qué me falta?», «¿Dónde se comprará esa guarra la ropa interior?», «¿Usará encajes o hilo dental?», «¿Tacones o bailarinas?», «¿Por qué?», «¿Qué le vio?», «¿Qué es lo que ella le da que yo no le di?». Nos preguntamos, literalmente, lo mismo que en la canción: «¿Y quién es ella? ¿Y a qué dedica el tiempo libre?». Aparentemente, nuestras preguntas están destinadas a encontrar una explicación, como si las pasiones pudieran explicarse o enamorarse estuviera justificado. ¡Si supiéramos «su» secreto (el de «la Otra»), él seguiría a nuestro lado! ¡Si solo pudiéramos descubrir el misterio…!

Aparentemente buscamos una explicación, y la explicación más plausible suele ser muy triste y muy simple: «La vida es así, y es lo que hay. Nadie decide de quién se enamora, ni cuándo deja de querer». Seguramente que nuestra maravillosa «Otra» también está llena de defectos —como nosotras—, y lo que es peor (o mejor), es muy probable que ella también esté muy interesada en conocer nuestro secreto… De alguna manera, la nueva mujer también compite con la ex.

«Será feliz con otra…»

Oscar Wilde decía: «De cuántas cosas nos desharíamos si no pensáramos que otro puede venir y apropiarse de ellas». Pues ese pensamiento tan *Feng-shui* es el que muchas veces nos impide a las mujeres separarnos de una pareja que nos hace infelices. Somos capaces de mantenernos junto a un hombre que ya ni siquiera nos gusta con tal de que no venga «Otra» a ocupar nuestro lugar.

«Será feliz con otra», «Será feliz con otra», «Será feliz con otra» es una letanía que nos tortura y que con frecuencia nos impide pasar página, seguir adelante y olvidar. «La Otra» del futuro, esa que todavía no conocemos ni nosotros y ni siquiera él, es una pesada carga difícil de arrastrar. Con los años, y la experiencia, hemos aprendido a llevar y a aligerar las cargas del pasado, pero las cargas del futuro, ¿quién puede con las cargas del futuro si ella todavía no tiene rostro, ni nombre ni estatura? Esas cargas fantasmales adquieren unas dimensiones inconmensurables y nos hacen sufrir muchísimo más que las cargas conocidas.

«La Otra» del pasado le hizo feliz antes que nosotras, y sí, claro que queremos saber de ella; y preguntamos y curioseamos, pero podemos perdonarla porque él todavía no nos conocía. Sin embargo, a «la Otra» del futuro la elegirá después de habernos conocido, después de habernos probado, después de habernos dejado...

El «Será feliz con otra» obsesivo, reiterativo y monótono era el pan nuestro de cada día en las vidas de Ligia y de Yolanda, como veremos.

Ligia había pasado dos años en una relación clandestina con un hombre casado, que —¡cómo no!— había prometido mil veces dejar a su mujer para poder estar con ella. Durante esos dos años, la presencia de «la Otra» oficial torturó a Ligia, quien se consolaba de su exclusión pensando: «¡Dormirá con ella, pero se acuesta conmigo!». Por suerte para ella (las hay que se pasan toda la vida esperando), esos dos años de espera le parecieron un plazo más que suficiente y, con muchísimo esfuerzo, consiguió terminar la relación. Todo iba bien... hasta que...

...Hasta que, cuatro años después de haberle dejado, cuando todas las heridas se habían cerrado, y ella tenía otra pareja, alguien le contó que su adorado-hombre-casado, del que no había vuelto a saber nada, finalmente había cumplido su promesa. ¡Sí!, acababa de separarse de su mujer y estaba viviendo con otra. «¡Con OTRA!». «¡Con otra OTRA!». Mientras Ligia lo imaginaba cobardemente unido a su mujer (la «Otra» oficial), ella podía vivir tranquila y ni siquiera se acordaba de él. Pero cuando supo de esa nueva relación, de esa «Nueva Otra» con la que no contaba, se reabrieron todas sus heridas y el «efecto diez minutos» la asaltó de lleno. La «Nueva Otra» había conseguido, sin esfuerzo, lo que ella no había logrado en esos dos años de amor y de pasión.

El que ella también fuera «feliz con otro» no disminuía en lo más mínimo su dolor. Descubrió cuánto le había servido, para no sufrir, el pensar que él era un cobarde y que nunca sería capaz de separarse, ni de ser verdaderamente feliz. Con esta nueva noticia, todo su argumento se desmontaba, y Ligia quedaba a merced de un dolor nuevo para el que no estaba preparada. Según su nueva versión de los hechos, toooddaaassss las otras mujeres del mundo habían sido capaces de conquistarlo, menos ella...

Yolanda, por su parte, estaba feliz porque había encontrado, ¡al fin!, a ese hombre que los anglosajones han bautizado como Mr. Right. ¡El hombre perfecto! Vivían juntos, viajaban juntos, se lo pasaban bien juntos. ¡No se podía pedir más! ¿O sí? Parece que sí, porque Yolanda pidió más: pidió compromiso, pidió boda, pidió hijos, pidió y pidió y pidió... Y no fue complacida. Su príncipe perfecto no quería ni comprometerse ni tener hijos. La familia no estaba hecha para él, que se consideraba un alma libre y sin ataduras... Así que Yolanda, que sabía a ciencia cierta que ella sí quería formar una familia, tenía que tomar una decisión y la tomó: con todo el dolor del mundo, y todavía enamorada de Mr. Right, se separó de él. Lloró antes, durante y después de la separación, pero al final siguió adelante con su vida.

Se recuperaba bastante bien, hasta que su príncipe encantado, su espíritu libre y sin ataduras, aquel Mr. Right que odiaba las convenciones sociales, un día, a través de Facebook, comunicaba a todos la buena nueva: ¡esperaba su primer hijo para el verano!, y preparaba su gran boda formal, ¡de velo y corona!, para la primavera...

El «Será feliz con otra» le cayó a Yolanda como una bofetada. Como el puñado de arroz de una boda ajena en los ojos.

Todo lo que Mr. Right le había negado a ella con indiferencia, ahora se lo daba a «la Otra» con muchísima ilusión. Ese fue el momento en el que Yolanda buscó ayuda. Yolanda había podido enfrentarse sola y defenderse de la falta de compromiso de su pareja; Yolanda no se dejó avasallar ni convencer de algo que estaba en contra de sus deseos; ella pudo encarar la separación y seguir con su vida sin grandes desventuras. Lo que no pudo soportar sola fue el dolor que la presencia de esa «Otra» embarazada, comprometida ¡y vestida de novia! suponía para ella. «La Otra» se le aparecía en sueños como un fantasma, soñaba con el niño, con la boda, con sus amigos presenciando ambos acontecimientos, soñaba que la novia era ella, que la madre era ella, ¡y más de una vez se despertó llorando en medio de la noche!

Juana la Loca

Si Dios me quita la vida antes que a ti
le voy a pedir ser ángel que cuide tus pasos,
pues si otros brazos te dan aquel calor que te di
sería tan grande mi celo, que en el mismo cielo
me vuelvo a morir.
SI DIOS ME QUITA LA VIDA

Que allá en el otro mundo
en vez de infierno encuentres gloria
y que una nube de tu memoria
me borre a mí.
ÉCHAME A MÍ LA CULPA

La figura de Juana la Loca nos puede servir de advertencia, ella es el vivo ejemplo de lo que NO hay que hacer con un amor perdido. Juana era la tercera hija de los Reyes Católicos. Casada con Felipe el Hermoso, hombre infiel por naturaleza, vive consumida por la pasión y por los celos. En vida lo persigue y lo acosa a él y a sus amantes hasta la extenuación. Cuando él muere —se sospecha que envenenado— («Si no es mío, no será para nadie»), conserva su cadáver junto a ella y cada día pide a los monjes que le abran el ataúd para acariciar a su marido, porque necesitaba constatar que su cuerpo seguía estando allí. En avanzado estado de gestación, y en medio de un durísimo invierno, Juana comienza una travesía loca que durará ocho meses, para trasladar andando el cadáver de Felipe el Hermoso desde Burgos hasta Granada. El espectáculo de verla vagar con el ataúd a cuestas ha servido de inspiración a los poetas ¡y de funesto ejemplo para muchísimas mujeres!

Sé de sobra que no es fácil salirse de esa competencia. Sé que no es fácil abandonar el campo de batalla y deponer las armas, pero ¿qué papel desempeñamos en esta película? Ni más ni menos que el de ¡Juana la Loca! Locas de amor, locas de celos, vagamos por el mundo aferradas al ataúd de un amor muerto que nos resistimos a enterrar. En la soledad de la noche y rodeadas de espectros, acariciamos el cadáver de una relación que ya no es, para constatar, como Juana, que sigue allí. No nos importa el rigor mortis y pasamos por alto el olor putrefacto que desprende el cadáver de nuestra relación. Patéticamente nos conformamos con ser las dueñas del difunto. En ocasiones nos enfrascamos en competencias desquiciadas con mujeres gigantescas, que no son más que molinos de viento, producto de nuestra imaginación. Y allá vamos, espada en ristre, vagando solas, locas, por los campos desiertos y secos de Castilla, acompañadas del peor enemigo: nosotras mismas y nuestros peores fantasmas.

Capítulo 8
DECISIONES SALOMÓNICAS

Perder la casa o «Redecora tu vida»

Porque yo ya no soy yo,
ni mi casa es mi casa.
FEDERICO GARCÍA LORCA

La casa es cuerpo y alma.
GASTON BACHELARD

Una casa no se levanta sobre el suelo,
sino sobre una mujer.
PROVERBIO MEXICANO

Si los enamorados dicen: «Mi casa está donde estás tú», los separados tendrían que decir: «Si tú no estás, no tengo casa...».

En *La poética del espacio* (1957), Gastón Bachelard nos lleva de la mano por una casa imaginaria y nos devuelve a cada lector, uno por uno, al espacio mítico de la propia casa. No de cualquiera, sino de la primera casa de la infancia. Esa que supone una prolongación del claustro materno. La casa es el primer escenario de la memoria. Los primeros recuerdos están ligados a una casa en particular. La casa alberga los recuerdos, pero también los pensamientos y los sueños. De ahí en adelante, todas las casas que habitemos serán para nosotros apenas variaciones de esa casa original.

En un cierto sentido, cualquier casa que ocupemos por suficiente tiempo se transforma en la casa de la infancia, en el hogar que nos permite volver a sentirnos pequeños, vulnerables, porque allí estamos a resguardo, ¡nada malo nos puede ocurrir!, todo es conocido y nada puede sorprendernos.

No hay duda, la casa es importante para todos los implicados en una separación; sin embargo, en el caso de la mujer, hay algo de su propio ser que está en juego en esa casa familiar. La mujer está destinada a ser ella, de una forma concreta, la casa de sus hijos. Una vez que el hijo ha nacido, ella extiende su vientre y se ocupa de decorar, humanizar y convertir en nido esa extensión. Ella convierte cuatro ladrillos en un espacio habitable y amable para sus huéspedes. Ella convierte una casa en un hogar.

Esa condición de morada que caracteriza a la mujer está plasmada en la serie escultórica *Mujer-casa*, de la artista francesa Louise Bourgeois. En cada escultura, la artista escenifica la conjunción de la mujer y de la casa en una misma imagen: vemos mujeres que empiezan siendo mujeres y que terminan convertidas en casas; tanto como casas que arrancan siendo casas y que a mitad de camino se transforman en mujeres. Por momentos, no sabemos si la mujer está presa en esa casa que la envuelve o si está refugiada en un remanso de paz.

En *La guerra de los Rose,* una película de Dani de Vito de 1989, a la que ya hemos aludido varias veces, vemos a una pareja perfecta, que se enamora, se casa, tiene dos hijos perfectos y una casa hecha a medida. Cuando ella decide separarse, ambos se enzarzan en una pelea a muerte por conservar la casa. La casa es tan importante para ellos que están dispuestos a llegar hasta el final, y llegan. ¡Literalmente, llegan hasta el final!: después de una lucha sin cuartel en la que se hacen la vida imposible mutuamente, ambos mueren en el combate final, colgados de la araña de cristal que ilumina la casa, colgados y aplastados por el mismo corazón de esa casa. ¿Es una exageración…? Puede. Lo que es verdad es que para cualquiera de los dos perder la casa era como perder la vida y a ninguno le importó morir en nombre de aquella casa. Y es que, para quienes la habitan, la casa, cualquier casa, es mucho más que cuatro paredes y un techo.

Conozco muchas parejas que están tan dispuestas como los Rose a dar la vida a cambio de la casa, y que se empeñan en librar batallas legales que pueden durar décadas. No mueren, no, pero hipotecan la propia vida durante muchos años, que es otra manera de morir.

Desmontar una casa y dividirla en dos ¡es horrible! Los platos y los vasos, las ollas y los cubiertos, el sofá y las cortinas, las sábanas y las toallas pueden ser motivo de disputa, pero duelen menos. Hay cosas más pequeñas que duelen muchísimo más: ¿quién se queda con los álbumes de fotos? ¿A quién pertenecen los CD que compraron juntos? ¿Y las películas que solían ver los domingos por la tarde? En fin, esa repartición rompe el «nuestro», y lo convierte dolorosamente en «tuyo» o «mío».

El fin de la convivencia generalmente supone que uno de los dos se va de casa y que el otro se queda. Los dos tienen algo que perder y algo que ganar, pero cada uno tendrá que vérselas con su propio dolor, a cada uno le dolerán cosas distintas y le aliviarán también sus propias circunstancias.

El que se va…

Según las estadísticas, la segunda causa de estrés la constituyen las mudanzas (la primera es la pérdida de un ser querido, ya sea por una muerte o por una separación...). Cualquier mudanza —por deseada que sea— supone un periodo de adaptación y una época de desconcierto inevitable. Recordemos el caso de Sofía, que estaba contenta de mudarse a vivir con su nueva pareja y que lloraba sentada en un rincón por su antigua casa oscura y estrecha. La casa es el hogar, el refugio donde encontramos abrigo, el escondite donde nos sentimos resguardados. La casa es como una segunda piel que nos envuelve y en donde nos sabemos seguros, a salvo de las inclemencias de lo ajeno. La casa marca el límite entre lo interno y lo externo, entre lo que conozco y lo que me es extraño. Así que una mudanza siempre supone una pérdida temporal de esa casa conocida, perdemos pie y nos tambaleamos hasta que la nueva morada consiga hacerse a nuestra imagen y semejanza y cumplir otra vez su función de hogar. Todo eso lleva un tiempo, aun en los casos, repito, en los que la mudanza es elegida. Cuando la mudanza ocurre a raíz de una separación, la desubicación física se suma a la emocional y es difícil deslindar una de otra, como en el caso de Paloma.

Paloma se había ido a vivir con Elías, a la casa de él. A pesar de que ya llevaban mucho tiempo con problemas, se separaron de un día para otro, o al menos esa fue la sensación que le quedó a Paloma. Para ella, que seguía enamorada, la ruptura había ocurrido de la noche a la mañana, y no había podido hacerse a la idea, ni tomar medidas prácticas de cara a una posible separación. Así que, cuando rompieron, Paloma tuvo que irse temporalmente a casa de sus padres. A nadie le sorprendió la separación (solo a ella), y su familia la esperaba con los brazos abiertos y fue un soporte muy importante durante esos primeros meses de duelo. Con estas palabras me comentaba Paloma lo que sentía:

> La casa de Elías, donde he vivido los últimos cuatro años, ya no es mi casa, aunque todavía estén allí mis cosas, parte de mi ropa, mis trastos de cocina, pero ya no es mi casa. Mi apartamento, donde viví sola desde que salí de la casa de mis padres hasta que me mudé con Elías, está alquilado; de manera que esa tampoco es mi casa. Los pisos que veo para mudarme son horribles. Ninguno es mi casa. Me imagino que me está costando tanto decidirme por un piso porque todavía estoy aturdida y no me quiero mudar. La casa de mis padres, que ha sido mi casa durante más de veinte años, ya no es mi casa, aunque ahora esté viviendo allí. Es raro, porque todo en casa de mis padres se supone que debe ser muy conocido, pero es nuevo. Salgo de casa por una calle que conozco, mi calle, con los lugares de toda la vida, pero me parece que todo es raro. Esto de tener tres casas y no tener ninguna ¡¡es horrible!!

Paloma está perdida y sus palabras nos dan una pista del desconcierto geográfico que produce una separación. Ya no es únicamente la pena y la soledad, es que, además, quien se muda a raíz de una ruptura queda desorientada en lo más elemental. ¿Dónde está el baño? ¿Dónde puedo comprar el pan? ¿En qué caja perdida estarán mis zapatos marrones? ¡¿Y el cepillo de dientes?! Todo, hasta la casa conocida de los padres, se vuelve extraño.

El que se va, inevitablemente, se siente echado, perdido y desamparado debajo de un puente, aunque no sea verdad. ¿O de dónde creen que viene la denominación *homeless*? El «sin hogar» siempre es el huérfano. A pesar de que haya salido por su propia voluntad, aquel que se va reencarna a Adán y Eva y recrea, en su pequeña mudanza, la expulsión del paraíso terrenal.

Ambos pierden, no hay duda, pero el que se va, además de una relación, pierde sus cuatro paredes conocidas. Sus rutinas del barrio, un suelo donde plantarse en la vida con ambos pies y un techo donde guarecerse. Y es que la casa, cualquier casa que habite un recién separado, es la única casa del mundo que no aparece en los mapas de Google, es una casa a la que no se sabe cómo llegar, de la que no se sabe cómo salir. No hay GPS que valga. La casa de un recién separado juega con su inquilino a la gallinita ciega: le esconde la ropa, le cambia las puertas de lugar y le pierde las llaves.

Pero no todo son inconvenientes para el que se muda, él cuenta con la ventaja de que de ahora en adelante todo será nuevo. Desconocido y raro, sí, pero nuevo. ¡Ni trazas del ex! El proceso de redecoración de la vida será obligado. Serán otras las paredes, las ventanas mirarán en otra dirección, y el espacio en la cocina estará distribuido de otra forma. La vida nueva será un duro deber que no le permitirá distraerse de su cruda realidad: la separación ha ocurrido, no hay duda. Pero es más fácil olvidar acurrucado en un sofá nuevo que en aquel que todavía guarda en sus cojines la forma del ex ¡y su olor!

Hacerse con la nueva morada llevará su tiempo, como todo. Imprimir la propia personalidad al feudo es una tarea pendiente que servirá para reconectar al doliente consigo mismo, con sus propios gustos, con su propia identidad y con la vida: «Esta mesa me gusta, esta silla no, estoy harta de las paredes blancas, ¡quiero colores! ¡Necesito mantas y cojines! ¡Y por ahora no quiero tener televisión!». El tiempo jugará a su favor, y esa casa, esa vida redecorada, tomará la forma de su dueño, reflejará sus gustos y sus inclinaciones y volverá a ser un hogar.

El que se queda…

Catalina
Así no es posible ni olvidar, ni empezar una nueva vida. Tengo toda la casa llena de cajas. Yo le empaqué sus cosas porque él no venía a buscarlas, pero no sé qué es peor. Sí, es verdad que ahora tengo más sitio en el armario, pero menos sitio en los pasillos y en el salón. Para él nunca es un buen momento para llevarse sus cosas, «Esta semana no, que estoy muy liado», «Ahora no, porque estoy con la niña», «El próximo fin de semana seguro». Y así llevamos casi dos meses.

Catalina no puede arrancar con una nueva vida porque un montón de cajas apiladas se lo impiden. Su exmarido se fue ligero de equipaje y, a la vez, mientras sus cosas sigan en la casa común, él puede mantener la ilusión de que nada ha cambiado…, ella no; para Catalina todo ha cambiado, ahora está sola con su hija, rodeada de cajas y, un espacio lleno de cajas no es una casa, ni muchísimo menos un hogar, sino un almacén o un trastero. Como ella dice: «Así ¿quién puede olvidar?»

El que se queda en la casa común tiene la misma tarea del otro, pero habrá de confrontar otras dificultades. Conserva las rutinas y las estancias, mantiene sus costumbres. Aunque lo más importante haya cambiado, su cotidianidad seguirá siendo más o menos la misma y por un tiempo podrá funcionar con el piloto automático. Como un zombi, más muerto que vivo, pero podrá prepararse un bocadillo a medianoche con los ojos cerrados, porque el jamón y el queso seguirán estando en el lugar de siempre.

El inconveniente es que también tendrá que convivir con los rincones que hasta ayer habitaban los dos, con las cosas que todavía el otro no se ha llevado, con su aroma, con su rastro. El que se queda parece que también hace una mudanza y está condenado a vivir en el pasado. Tendrá que hacer algo nuevo con lo viejo, reinventarse la vida en el mismo lugar. Lo conocido, lo de siempre se hará tan extraño que le producirá una inquietante sensación de algo siniestro.

«Redecorar la vida» es un esfuerzo que, en un principio, parece imposible; sé que será duro para cualquiera de los dos, pero también es una apuesta por la propia vida, una ilusión y una esperanza de futuro. A través de la puesta a punto del nuevo lugar de residencia se puede transformar el abandono en expresión de libertad.

Más sitio en el armario…

Uno de los consuelos más socorridos —¡y más tristes!— que se ofrece a quienes se separan es el de: «¡Qué suerte! ¡Ahora tendrás más sitio en el armario!».

El armario, el armario… ¡cuántas cosas se juegan en un armario! Allí se esconden los niños para jugar, los amantes para burlar a los maridos y los homosexuales para no ser públicamente reconocidos como tales. De todos los armarios cuelga algún cadáver, el esqueleto seco de ese abrigo o de esos pantalones que hace años que no llevamos y que nunca más podremos utilizar. El armario recibe la ilusión de la nueva temporada, ya sea en forma de un pañuelo o de una camiseta. En el armario se amontonan los zapatos y los vaqueros, los bolsos y algún vestido que en su día nos hizo sentir la más guapa de la noche. Un armario apiñado suele ser el telón de fondo de esa frase que inventó Eva y que seguimos repitiendo las mujeres sin cesar: «¡No tengo nada que ponerme!». Nada nos acerca tanto a ese «Las vueltas que da la vida» o a aquello de que «La historia se repite» como un armario del que podemos rescatar unas hombreras, un pantalón pitillo o una falda de piel que llevan décadas esperando pacientemente su oportunidad de volver a brillar, ¡como recién salidos del horno!

Todas hemos experimentado en carne propia —¡sobre todo en carne propia!— la habilidad que tienen los armarios para estrechar la ropa durante la noche y convertirla en imposible de llevar en las mañanas. El armario conserva nuestros tesoros, nuestros recuerdos y, casi, casi, es un espejo del alma que refleja nuestra identidad; de hecho, uno puede abrir la puerta de un armario cualquiera y, con un solo vistazo, afirmar: «Esta es de las que siempre…» o «Esta es de las que nunca... ». Un armario, literalmente, nos desnuda y nos disfraza. Si la casa nos acoge, el armario nos esconde.

Llenar un armario o vaciarlo son hitos que marcan el comienzo y el final de una temporada y, sobre todo, de una relación. «Redecorar la vida», la propia y la de la pareja, casi siempre empieza por el cepillo de dientes y el armario. ¿Dónde se nota más la ausencia? ¿En el alma? ¿En la cama? ¿O en el armario? ¿Dónde se sufre más?

No estoy segura de las bondades inmediatas de recuperar espacio en el armario, solo sé que, hasta que somos capaces de ocuparlo, un armario vacío es un espectáculo lúgubre, una imagen sombría, el reflejo de la propia vida sin el otro, sin el barullo y el desorden que supone compartir espacios, tiempos, vidas. Como diría J. J. Millás, las perchas que cuelgan inútiles, como costillas sin carne, de un armario vacío, dan miedo. A un armario vacío lo único que le queda de vida es el olor, el sudor.

Pero, después de un pequeño funeral ante el abismo del armario vacío, no hay duda, un armario vacío también es una tentación y una proposición desde el futuro: ¡habrá que llenarlo! Para empezar, con nuestra ropa de siempre que ahora podrá respirar con holgura y, para continuar, con la que tendremos que adquirir para encarar la nueva temporada… Y no me refiero a la temporada otoño-invierno, sino a la nueva temporada vital que nos espera. ¡A llenar ese armario!

Los hijos

Llorando junto a la cuna
me dan las claras del día.
Mi niño no tiene padre,
qué pena de suerte mía.
Y SIN EMBARGO TE QUIERO

Si una separación siempre es difícil, cuando hay hijos implicados, todo se vuelve más complejo y mucho más delicado. Y es que los hijos son las grandes víctimas de las separaciones de los padres. ¡Por supuesto que los padres sufren! Llevamos todo un libro hablando de lo mal que lo pasan los adultos envueltos en una separación. ¡Por supuesto que cuando una pareja con hijos se separa es porque están convencidos de que no había otra alternativa! Pero, a fin de cuentas, los mayores han tomado la decisión, o cuando para alguno de los dos no es el caso, el abandonado ya es un adulto, ya está hecho y tiene más recursos a su alcance para enfrentarse con las dificultades de la vida que el pequeño.

El primer sentimiento de un niño ante una separación es el desconcierto y el segundo ¡la culpa! Muchos padres no entienden por qué sus hijos insisten en sentirse culpables, a pesar de que se les ha explicado que ellos no son los responsables del divorcio, y de que les han dejado claro que esto es un asunto exclusivamente de mayores, entre mamá y papá. ¿Por qué entonces se siguen sintiendo culpables? ¿Qué les lleva a pensar que la reconciliación depende de ellos?

Para explicarlo es preciso reconocer, primero, que el niño suele sentirse ¡el ombligo del mundo! O como mínimo el ombligo del mundo de sus padres, de manera que todo lo que aquellos hagan —según esta fantasía niño-centrista— lo hacen con, por, o para él. Además, en todos los niños conviven el amor y el odio hacia ambos padres; el apego y la rabia, en fin, la ambivalencia. Dependiendo de la edad, del sexo y, casi, casi, del momento del día, los niños pasan de adorar a la madre y rechazar al padre a todo lo contrario. Está la niña enamorada de papá que hoy no quiere saber nada de esa tonta que la obliga a cepillarse los dientes; o el pequeño que venera a su madre y compite con el padre por su amor; o el niño que quiere parecerse a su padre y que lo único que quiere es estar con él para jugar al fútbol y aprender de papá todo lo que papá sabe. O la niña que quiere ser como mamá y se pintarrajea con sus pinturas y se pone sus zapatos altos ¡para quitarle el marido en cuanto se descuide! En fin, que más de una vez por semana los niños piensan, sin saberlo, el «Te adoro» o el «Ojalá te mueras» respecto a alguno de los padres..., y viceversa. Más de una vez por semana, sin darse cuenta, quisieran tener para ellos en exclusiva y, sin compartirlo con nadie, a alguno de los padres; y en esa foto, el otro padre está de más.

El caso es que todas estas pasiones ocurren gracias a que el niño se mueve en un ambiente controlado, conocido y seguro. En un ambiente en el que: «Por mucho que yo quiera a mamá, ella no se va a casar conmigo, porque ya está casada con mi padre» o «Por mucho que yo esté enamorada de papá, él prefiere dormir con mi madre que conmigo». Es como practicar boxeo en un gimnasio: es un deporte peligroso, sí —el amor siempre es un deporte de riesgo—, pero allí hay unas reglas del juego que se respetan, hay un entrenador y hay un árbitro que no permiten que nadie se haga daño, ni salga demasiado perjudicado. La vida familiar es ese cuadrilátero seguro del gimnasio que admite que las fantasías infantiles puedan salir a jugar sin correr demasiado peligro. Allí el niño «juega» a odiar y «juega» a enamorarse. Y también es donde el niño aprenderá a querer y a defenderse. Una separación entre los padres hace saltar el gimnasio por los aires, y es como obligar a los niños a jugar al «boxeo» en una peligrosísima calle de Harlem. ¡Horror! ¡Las secretas fantasías —inconscientes— se han hecho realidad! ¡Qué emoción! ¡Qué susto! ¡Qué miedo! ¡Qué peligro! El niño queda a merced de sus propios impulsos. ¿Quién lo protegerá si en esa calle nadie respeta las reglas del juego? El seguro cuadrilátero de la cocina de su casa se ha desvencijado, las cuerdas que lo delimitaban ya no están, últimamente el árbitro y el entrenador, que eran los encargados de mantener el orden, se están peleando entre ellos y ya no hacen ni caso a los pequeños; las reglas del juego se han quebrantado, nadie las cumple, y así ¿quién se atreve a jugar?

En el fondo, hay algo de triunfo: «¡Gané yo! ¡Ahora mamá es solo mía!»; sí, algo de triunfo y mucho de terror: «¿Solo mía? ¿Y nadie va a protegerme de esta pasión?». Esto explica por qué tantísimos niños están convencidos de que son ellos los responsables de la separación de los padres, y por qué creen, con la misma convicción, que está en sus manos hacer algo para reunirlos otra vez. Se sienten culpables de las «patadas» y de los «derechazos» que han propinado —«jugando»— a la relación de sus padres y, por su propio bien, quieren ser buenos, deshacer el entuerto y que todo siga siendo como fue.

¿Quiénes son los padres? ¿Quiénes son los hijos?

Cuando los límites del cuadrilátero ya no son lo que eran, los lugares que cada quien debía ocupar en este juego también se trastocan y puede ocurrir que los aprendices se vean obligados a desempeñar la labor de los árbitros y al contrario. Sabemos que los padres separados atraviesan por un difícil bache; que sufren tanto que con frecuencia sienten que son ellos los más desprotegidos; entonces, puede ocurrir que los niños, por ejemplo, pasen a ocupar el sitio del progenitor que se ha marchado. Conozco muchos casos de mujeres separadas que, para no sentirse solas y con la excusa de que lo hacen pensando en los niños, duermen con sus hijos en la misma cama. ¿Quién cuida a quién? ¿Quién consuela a quién? Conozco otros casos en los que los hijos dejan de ocupar su lugar de hijos y se convierten en confidentes de los padres, en depositarios de sus penas, de sus quejas y de los reproches que dirigen al otro progenitor. ¿Quién debería escuchar a quién? ¿Quién debería reconfortar a quién? Recuerdo a un paciente adulto que comentaba lo que había significado para él la separación de sus padres cuando tenía quince años:

Jorge

Cuando mi padre se fue, como yo era el mayor, me tocó a mí ser el árbitro de las peleas entre mis dos hermanos pequeños y entre mi hermana preadolescente y mi madre, que se llevaban fatal. Yo tenía que poner orden y, además, escuchar y entender las quejas de mi madre que me usaba como confidente. ¿Y a mí quién me escuchaba? ¿A mí quién me ponía orden? A partir de la separación pasé de ser un buen estudiante a ser un pésimo estudiante. Yo también estaba perdido, pero todos estaban demasiado ocupados en sus problemas como para ver lo mal que yo lo estaba pasando.

Otra niña, en plena época de rivalidad con la madre, decidió que la verdadera víctima de la separación era su padre. ¡El pobre se había tenido que mudar de casa a un piso estrecho por culpa de la bruja de su madre! Así que, a sus doce años, se preocupaba por el estado calamitoso de la nevera de su padre, porque su ropa estuviera bien limpia, por sus rutinas cotidianas: «¿Has comido bien?», «¿Has dormido bien?». ¿Qué papel desempeñaba la pequeña en esta película? ¿El de mujer de su padre? ¿El de abuela de su padre? Cualquiera, menos el de hija de su padre.

Otras veces, algunos padres utilizan a sus hijos de aliados y, sin necesidad de ponerlo por escrito, les obligan a tomar partido. Una cosa es que el niño «juegue» a querer y a odiar alternativamente a cada padre, y otra es verse obligado, en la realidad, a defender a un bando en contra del otro. En esos casos, cualquier cosa que haga el niño con uno u otro de los progenitores puede hacerle sentir tan pronto un héroe como ¡un traidor! Es tentador utilizar a los niños de portadores de mensajes de ida y vuelta; se recurre a ellos tanto como mensajeros, como de espías de la nueva vida del otro progenitor.

Hay muchas maneras de hacer esto, unas más elaboradas que otras. Hace unos días, mi amiga Sole me contó que sus hijas Ane y Marina le habían ganado bochornosamente jugando a las damas. Nunca antes lo habían hecho, o al menos no con tanta destreza, y ella se quedó muy sorprendida. Entonces Ane y Marina le confesaron el secreto de su éxito: «Nos enseña el *aita* (dicho con orgullo y picardía), y así podemos ganarte». Entonces, Sole recordó que, cuando estaban casados, su ex marido solía ganarle en los juegos de mesa. Le hizo gracia, y le pareció bien que él dejara a sus hijas el legado de su destreza. No me atrevo a decir que sea deliberado, en cualquier caso, ganarle a las damas —que es un juego de caballeros— a través de las niñas, parece una forma muy creativa de librar esa eterna batalla y de ganarla en ausencia.

Recuerdo, en cambio, a un pequeño paciente de padres separados que, sin proponérselo, había tomado partido por la madre. Mentía en las cosas más nimias para no hacerla quedar mal y ni siquiera se atrevía a reconocer que se lo pasaba bien cuando estaba con su padre, porque le parecía que eso era traicionar a mamá.

La hija de unos amigos, por su parte, a pesar de haber sido víctima de un divorcio tormentoso, a sus siete años, sorprendió a su padre con un curso acelerado de «Cómo ser un buen padre separado». Un fin de semana, después de que el padre había complacido cada uno de sus caprichos, la niña le explicó:

> Papá, no tienes que comprarme todo lo que yo te pida, ni tienes que decirme que sí a todo lo que yo quiera hacer. Eres demasiado bueno conmigo y así no me puedo enfadar nunca contigo porque me siento mala. Me puedes decir que no, que yo no me voy a enfadar y te voy a seguir queriendo porque tú eres muy bueno.

¡Sí! ¡Lo sé! ¡Extraordinaria la claridad de la niña!, sorprendente su empeño por recolocar el «cuadrilátero» del gimnasio familiar en un lugar seguro y por volver a situar a cada uno en su lugar. En esta lección, la niña parece decirle al padre: «Tú eres mi padre y yo necesito que te comportes conmigo como un padre y no como una abuela o como una tía que todo me lo consiente. Tú eres mi padre y tienes que enseñarme que en la vida hay cosas que sí y hay cosas que no...». No todos los niños tienen las ideas tan claras, ni la suficiente confianza con los padres como para quejarse y decirles aquello en lo que se están equivocando.

Lo cierto es que a los padres se les debe dar por sentados. Con ellos se debe poder contar a ciegas, y esa certeza de que siempre estarán ahí es parte de lo que da seguridad al niño para poder jugar y fantasear a sus anchas. Cuando ocurre una separación, los niños toman conciencia prematura de que los seres queridos pueden faltar, pueden irse ¡de verdad!, aunque luego vuelvan… un fin de semana sí y otro no. Pero lo cierto es que, una vez que se han ido, ya nada volverá a ser lo que fue. La vida se ha partido definitivamente en dos y, si llevamos tantas páginas dedicadas al sufrimiento de sus padres ante una separación, ¡imagínense cómo será el sufrimiento de los pequeños! Los niños son nuestra responsabilidad, de manera que no hay que echarles en cara ni sacar las cuentas de lo mucho que hacemos por ellos, ni culparlos de lo que dejamos de hacer en nuestras vidas por atenderles. ¡Es lo que toca!

Pena, miedo, rabia…

Es normal que los chicos estén tristes; sé de muchos que lloran a escondidas, a veces porque sí, sin entender por qué les asalta la pena. A veces, cuando el padre les deja en casa el domingo en la noche, o cuando alguno de los dos tiene una nueva pareja y se sienten más relegados todavía. Todo lo que vuelva a poner sobre el tapete la cruda realidad de la separación les pone tristes y les hace vivir el «efecto diez minutos» del que ya hemos hablado. Las vacaciones compartidas, el cumpleaños con dos celebraciones distintas, la primera comunión que se convierte en un campo de batalla, o un hermanito nuevo, regalo de cualquiera de los dos padres; son todas ocasiones que generan «efecto diez minutos» en los hijos. Incluso ya de adultos, la propia boda, el repartir las fechas señaladas de los nietos con unos y otros abuelos, el cuidar de los padres ya mayores, obliga a los hijos a decidir, a elegir.

Es normal que los niños se asusten, que se les vea temerosos, desconcertados. La sensación de transitoriedad (ayer con tu padre, hoy con tu madre, mañana otra vez con tu madre y el sábado con los abuelos… ¿con qué abuelos?) les descoloca, más allá de que se puedan sentir bien con unos y con otros. De alguna manera, acaban de perder una familia, acaban de perder la cotidianidad con uno de los padres. ¿Y si pierden al otro? Es normal que estén rabiosos y enfadados. A ellos nadie les consultó, y no suelen estar de acuerdo con esa decisión. Por si fuera poco, uno de los padres está físicamente ausente y el otro está triste, enfadado y desconsolado. ¿En quién pueden confiar? ¿En quién se recuestan? ¿En qué ventanilla ponen su reclamación?

Y es normal también que se enfaden, que se opongan, que lo critiquen todo, que todo lo censuren, que se conviertan en jueces implacables de sus padres y que no haya forma de complacerlos ni de conformarlos. Es su manera de hacer huelga, de demostrar un poco de su poder y de su disconformidad con una situación que ellos no han elegido y que les afecta y les duele, mucho más de lo que esas pequeñas fieras enfurecidas están dispuestas a reconocer.

Habrá que hacer acopio de paciencia, buscar ayuda, solicitar consejo a quienes ya han pasado por ahí o a algún profesional. Es una época de crisis para todos y hay ocasiones en que hace falta que una persona externa, imparcial, ponga un poco de orden en la situación y en los sentimientos de esa familia rota.

¿No pasa nada?

Una de las estrategias que suelen utilizar los padres cuando le explican a los niños una separación es la de tratar de convencerles, en contra de toda evidencia, de que «no pasa nada», de que su vida seguirá siendo la misma. Hay algo de fondo que tendría que ser así: el amor de los padres por sus hijos es lo que debe permanecer inalterable. Pero ¡cambia tanto la cotidianidad! ¿Cómo que no pasa nada? ¿Y eso lo dice una mamá que se pasa el día como ausente, triste y llorando por los rincones? ¿O un padre que hace un mes que ya no duerme en casa y que ya no desayuna con los demás, o que dejó de llevarles al colegio por las mañanas? ¡Claro que pasa! ¡Pasa mucho! No pasa TODO, es verdad, pero es importante reconocer junto con el niño que la familia, tal y como había funcionado hasta ahora, se ha roto, y que eso duele mucho y da muchísima pena, no solo a ellos, como niños, sino también a sus padres, aunque sepan que han tomado la mejor decisión posible y que no hay vuelta atrás.

Poner orden

Lo cierto es que más allá de los aspectos emocionales, la vida del hijo de una pareja de separados es un pequeño desastre lleno de incertidumbres. Los padres tienen que procurar organizarlo todo lo mejor posible para que sea un desastre predecible. Dependiendo de la edad, la temporalidad todavía no está bien integrada, de manera que para un niño «dentro de quince días» no significa nada. Puede ser eterno, o puede ser mañana. Un gran calendario en la cocina puede resultar de gran utilidad; es conveniente hacerlo con el pequeño y marcar en colores visibles los días de la semana que ven a papá, los fines de semana que toca con mamá o con papá, las clases de natación y las de ballet, los cumpleaños y las fechas significativas. Mi experiencia me dice que, en muy poco tiempo, los niños ya tienen integrado el calendario en sus vidas y, como dice *El principito,* ¡empiezan a ser felices desde las tres!, es decir, anticipan con alegría el día que vuelven a ver a su padre, por ejemplo. Aunque en cada casa tendrán una vida distinta, es importante respetar la rutina de los niños, sus gustos, sus horarios, sus inclinaciones.

En cuanto a los padres, de ahora en adelante tendrán que responder a un montón de preguntas que no se hace una pareja que está unida: ¿quién compra los juguetes de Reyes? ¿Con quién pasa la Navidad? ¿Con quién recibe el año? ¿Dónde...? ¿Con cuál de los dos celebra el cumpleaños?

Un hombre y una mujer... ¿o unos padres?

Ni que decir tiene que, mientras más conscientes sean los padres de su función de padres, mientras más capaces sean de olvidarse de sí mismos y de posponer sus intereses inmediatos por el bien de sus hijos —por mucho que el orgullo apriete—, mejor irá todo para los niños. Hablar mal del otro delante de los niños, denigrarle o ridiculizarle o utilizar frases del estilo: «Tu madre no se ocupa suficiente de ti, mira cómo te lleva» o «Tu padre solo te da dinero, todo lo demás te lo doy yo», es muy frecuente y pernicioso.

Deslindar el papel de hombre o de mujer del papel de padres es una tarea harto difícil que hay que practicar y mantener al día con muchísimo cuidado. Recuerdo a dos amigas que se separaron por la misma época, cada una por razones distintas; una, por propia iniciativa, y la otra, por iniciativa de la amante del marido... Ambas tenían niños pequeños y, en la misma semana, escuché a una decir: «¿Puedes creer que solo pregunta por los niños? ¿Puedes creer que no le importa nada saber cómo estoy yo, después de lo que me ha hecho?». Y a la otra: «¡Es el colmo! Solo está pendiente de mí, y ni siquiera ha mencionado a la niña». ¡No hay manera de acertar!, hubiera podido decir cualquiera de los dos maridos. ¡Pues claro que no! En el fondo, ambas se quejan exactamente de lo mismo: ya las cosas no son lo que eran, ya la vida no es como fue. Cuando uno convive con alguien, uno no le «pregunta», sino que «sabe»; uno se entera del día a día con el roce, en la convivencia, y no necesita de un informe notarial, porque está al tanto. Cuando se vive en pareja, en familia, lo normal es que uno forme parte de la salud y de la enfermedad de los suyos, y no tenga que preguntar.

En el mismo sentido, una paciente, cuyo exmarido se había mudado a vivir fuera de España, me contaba:

> Me doy cuenta de que voy por la calle mirando padres para Isa. No busco un hombre para mí, sino un padre para ella. Estoy más sola que la una y, sin embargo, no pienso en parejas, pienso en qué va a pasar con mi hija. ¿Va a crecer sin un padre? ¿Cómo me las voy a arreglar sola con ella?

¿Madre o mujer? ¿Hombre o padre? No es fácil. Aunque no estamos compartimentados por dentro, nuestras funciones sí lo están, y nuestro hacer en el mundo también. Diferenciar y ocupar el lugar que corresponde en cada situación es un arte que nuestros hijos van a agradecer.

Mediación familiar

> Esto es como cuando yo era pequeño y me peleaba con mi hermano y teníamos juguetes compartidos. ¿Quién se los queda? ¿Son

todos suyos? ¿Son todos míos? ¿Mitad y mitad? ¿Que decidan los juguetes? No siempre hay espacio para meditar esta decisión, pero si lo hay, yo, como hijo, prefiero que al menos escuchen mi opinión.

Así hablaba Javier, un chico que, a sus catorce años, sufría los embates del tortuoso divorcio de sus padres y que había sido llamado a declarar ante el juez respecto a un proceso de custodia compartida. Sus palabras son el reflejo de lo que tantos otros niños o chicos de su edad viven y sufren pasivamente sin poder protestar. Javier se siente como el juguete roto de un par de niños traviesos, y él quiere hacer valer su mínimo derecho a opinar, aunque sabe que la decisión final no está en sus manos.

Para buscar ayuda respecto a la mejor manera de llevar a los hijos, la forma de hacerles el menor daño posible, existe en España, como en muchos países anglosajones, la figura del «mediador familiar». Consiste en que un especialista imparcial (abogado, psicólogo, trabajador social) escucha por igual a las dos partes y les acompaña a llegar al mejor acuerdo posible para los niños respecto a la custodia, las visitas, la pensión compensatoria, las vacaciones. ¿Quién se queda con la casa? ¿Quién pagará el alquiler? ¿Cómo se comparten los gastos extraordinarios? ¿Quién organiza la primera comunión?

En contraposición a las decisiones salomónicas de un juez, que tiene la última palabra y muy poco tiempo para escuchar a las partes, el mediador se reúne con ambos padres (individualmente o en pareja) una media de seis a diez sesiones en las que cada uno expone sus dificultades, sus opiniones, sus expectativas, sus resentimientos y sus dudas, hasta alcanzar una solución consensuada que redunde en beneficio de los niños. Se llega a un acuerdo, «acuerdo parental», y este se lleva a un único abogado, quien lo convertirá en «convenio regulador» y lo entregará al juez.

He tenido en la consulta a quienes recurren al mediador y a quienes recurren a los abogados. Puede que quien acuda al mediador ya tenga, de entrada, una actitud y una intención conciliadora, y puede que aquel que acude directamente a un abogado esté mostrando su disposición al litigio y a llegar hasta el final, cueste lo que cueste, puede... Lo cierto es que, mientras que los primeros llegan a acuerdos beneficiosos para los niños y los cumplen, los segundos se enzarzan en luchas encarnizadas que pueden tardar años en despejarse. La mayoría de las veces parece que lo único que está sobre la mesa es el dinero, pero debajo de la mesa se mueven todo tipo de pasiones: el odio, el amor, el resentimiento, los rencores del pasado, la venganza, el despecho, el dolor, la pena, la rabia, los celos. Tal y como apuntaba Javier, mi paciente, parecen niños en un patio de colegio peleando por un juguete, con la diferencia de que los niños tienen en torno a los cuarenta años, el patio de colegio es el juzgado y el juguete suele ser el hijo que sufre pasivamente los tirones de un bando y del otro. Todos sabemos de algún divorcio que ha durado más años que el matrimonio. Los padres sufren mucho, no digo yo que no, pero de nuevo las verdaderas víctimas son los hijos, que a veces se ven muchísimo más perjudicados con esos litigios que tardan años en resolverse que con la separación propiamente dicha.

Yo recomiendo vivamente la figura del mediador familiar. Lo que esas dos personas no pudieron resolver como pareja para mantener la relación es posible que lo puedan dilucidar como padres para salvaguardar en lo posible el bienestar de sus hijos. Más allá del dolor que nos produce cualquier separación, ambos se quedarán con la sensación de haber hecho lo mejor por sus hijos, a pesar de las circunstancias, y con una cierta dignidad.

Por supuesto que esto tampoco les va a evitar —ni a los padres ni a los hijos— el dolor de una Navidad destrozada, de una cotidianidad desperdigada o de unas vacaciones fragmentadas... Pero, al menos, se habrá respetado el mínimo derecho de los niños de saber a qué atenerse y más o menos qué esperar en cada momento.

Custodia compartida

En cuanto a la conveniencia de la custodia compartida, como siempre, cada caso es diferente y me parece que no se puede tener un único criterio. Conozco familias en las que los niños se cambian de casa cada dos semanas o cada mes; otras, en las que son los padres quienes se mudan a la casa familiar cada tanto; otros han decidido que los hijos pasen un año con mamá y un año con papá, y hay muchos otros que ejercen una custodia compartida de facto, aunque no aparezca reconocido en una sentencia, porque, entre los días de visita y los fines de semana, los padres pasan con los hijos el mismo tiempo que las madres. Hay de todo, y con los resultados más dispares. Una fórmula que funciona para unos no vale para otros. Lo cierto es que es un tema lo suficientemente delicado como para merecer su propio espacio y que no se puede tratar con ligereza en el espacio reducido de un capítulo.

Sin embargo, si sabemos la trascendencia que tiene la casa para todos, como lo vimos en el capítulo anterior, pienso que es importante que los niños puedan reconocer una de las casas como SU casa, aun cuando sepan y comprueben que la otra también es suya, y que en esa otra casa también hay un espacio pensado para ellos. Por otra parte, me parece que los lapsos de tiempo demasiado cortos dan como resultado una mayor dispersión. «¿Dónde están las zapatillas de deporte?», «¿Y el cuaderno de matemáticas?». En esas circunstancias, el niño se ve obligado a llevar su casa a cuestas en la mochila. Creo que a la salida de un colegio podemos reconocer a los hijos de padres separados por el peso de sus mochilas. Niños-caracol que arrastran su morada sobre sus hombros.

Pensemos que cada uno de los padres tendrá a su disposición un espacio propio para rearmarse y para juntar los pedazos de sí mismo que han quedado desperdigados después de la separación, y aun así, esa recomposición será difícil y llevará su tiempo. Mientras tanto, pretendemos que los niños se recompongan por su cuenta, a pesar de que no solo fragmentamos su vida afectiva, sino que segmentamos su cotidianidad.

Por supuesto que los hijos necesitan por igual a su madre y a su padre y que cada uno de ellos cumple una función diferente en su formación. En esa medida, es importante que cada uno de los padres pueda pasar tiempo a solas con cada uno de los hijos, por separado. ¡Atención personalizada! Un poquito de exclusividad en medio del desastre. No hay otra manera de entablar una relación fructífera, ni hay otra manera de conocer al otro, de saber lo que piensa, lo que siente, lo que le pasa y escuchar lo que tiene que decirnos.

De la misma forma que cada uno de los integrantes de la pareja tendrá que vérselas con su circunstancia geográfica —quedarse en casa o marcharse—, también vivir o no vivir con los niños trae sus propias peculiaridades: según el Servicio de Mediación Familiar, citado por Begoña González en su libro *Divorcio y separación*, el padre que comparte con los niños su vida cotidiana suele sentirse abrumado por el reto de la responsabilidad de ser un padre solo, porque ya no hay reparto de tareas.

Es la persona que educa y la que ha de mantener la disciplina; en esa medida, puede convertirse en «el malo de la película» de cara a los pequeños. Es probable que el resentimiento respecto al otro padre aumente, no solo por todo lo anterior, sino porque le será más difícil empezar una vida nueva, formar otra familia o contar con algún tiempo libre para sí mismo. Mientras tanto, el padre que se va puede ser que se sienta como un extraño, ha perdido la cotidianidad de la vida en común y su influencia en la educación de los niños disminuye. Suele extrañar a sus hijos y sentirse o bien triste y abandonado —excluido—, porque él vive solo mientras «la fiesta» de la vida familiar está ocurriendo en otro sitio y sin su presencia, o culpable precisamente por lo mismo.

Los niños de padres divorciados que he atendido en consulta han agradecido profundamente el haber tenido un espacio en el cual poder hablar de su experiencia, de su dolor, de sus sentimientos contradictorios, de sus miedos y de su rabia. Un espacio imparcial, en el que el terapeuta no está ni de parte de mamá ni de parte de papá, como están las familias, o los abuelos, sino de parte del niño. En ocasiones, ha sido suficiente con unas cuantas entrevistas que redundan en beneficio de toda la familia. Otros, que he conocido de mayores, echan de menos el haber podido gozar de esa ayuda en el momento de la separación; piensan que hubieran comprendido a tiempo aquellas situaciones que tanto les hicieron sufrir en aquel momento, y cuyo dolor arrastraron durante tantos años. En fin, que hay que estar muy atentos a los niños y a las consecuencias que la separación pueda tener en su desarrollo emocional. Buscar ayuda profesional en tiempos de crisis no es un signo de debilidad, sino de sensatez.

Capítulo 9

¡OLVIDAR ES POSIBLE!

Lo que se gana

Te voy a olvidar, te voy a olvidar,
aunque me cueste la vida.
Y aunque me cueste llanto,
yo te juro que te tengo que olvidar.
TE VOY A OLVIDAR

A pesar de lo mucho que te amé,
te puedes tú creer,
se me olvidó tu nombre.
SE ME OLVIDÓ TU NOMBRE

Hace ya muchas páginas que intentamos olvidar, ¡y al fin lo hemos conseguido! ¡Olvidar es posible! Y no solo es posible, sino que, una vez que hemos olvidado, nosotras recuperamos nuestra vida y la vida recobra sus colores. ¡Estamos vivas! ¡La vida sigue! ¡Ahora nos sentimos más ligeras, y somos más dueñas de nosotras mismas! ¡Ahora, justo ahora, estamos llenas de posibilidades! Reinventarnos nos obliga a conocernos mejor y a descubrir rincones nuestros en los que nunca antes habíamos reparado: aficiones, inclinaciones, talentos, gustos que no sabíamos que teníamos.

Hay quienes dicen que el ideograma chino que designa la palabra «crisis» es una conjunción de «peligro» y de «oportunidad». Aunque los entendidos en la lengua milenaria contradicen esta afirmación, me parece que en la vida esos dos polos pueden encontrarse. La adolescencia, por ejemplo, es una buena demostración de este momento en el que una crisis supone a la vez «peligro» y «oportunidad». La seguridad de la infancia queda atrás, y la vida adulta, llena de posibilidades, nos espera. Entre una y otra, la ruptura con todo lo anterior es el único camino para que se produzca el encuentro con una nueva identidad. Crecer obliga a romper el cascarón. En cualquier caso, a partir de que el cascarón se ha roto, ya no hablaremos de una etapa que termina ¡sino de una etapa que comienza!

Son muchas las cosas que una separación nos quita, sí, pero ¡son muchísimas más las que nos da! ¿Ganamos o perdemos? ¿Cómo podemos ganar gracias a lo que hemos perdido? La clave de esta paradoja está concentrada en la sentencia de mi amiga Loreto: «¡¡Ganamos muchísimo cuando perdemos peso!!», y estoy segura de que todas estamos de acuerdo con esa máxima. A mí, por lo pronto, me parece una buena metáfora de cómo es posible ganar con la pérdida. No hay duda, alejarnos de una relación enferma, o insatisfactoria, ¡también supone quitarse un gran peso de encima! Perdemos gruñidos y malas caras, perdemos incertidumbre, quejas, críticas y exigencias. Entonces, ¿perdemos o ganamos?

La verdad

Creo que la ganancia más significativa después de una separación es la verdad. Sí, ya sé que hay veces en que la verdad, la realidad, no nos gusta, pero, por mucho que nos duela, ¡siempre es mejor que la mentira! Como dice mi amiga Begoña, la verdad duele, pero la mentira enferma, y permanecer en una relación que no funciona es vivir en una mentira. ¿Que la relación funcionaba para ti pero no para él? Pues entonces no funcionaba. Una relación es cosa de dos, o funciona para ambos o no funciona. ¿Que la relación funcionó durante años, y que por qué no iba a seguir haciéndolo ahora? No conozco las razones, pero el hecho de que haya funcionado durante años no garantiza que tenga que hacerlo por siempre jamás. ¿Que tú todavía le quieres? Vale, pero él ya no te quiere a ti, y tú mereces estar con alguien que te quiera —por lo menos— tanto como tú le quieres a él. En este momento no cuenta lo que fue, sino lo que es. Esa es la verdad, y hacernos con ella es lo único que nos garantiza que tendremos los pies bien plantados sobre la tierra para seguir andando. La mentira, cualquier mentira, es un terreno resbaloso que nunca conduce a un buen camino.

No pretendo minimizar los efectos de una separación, ni siquiera pretendo decir aquello de que «No hay mal que por bien no venga». Pero incluso en el peor de los escenarios, cuando alguien nos deja de la noche a la mañana y de mala manera, hay un momento en el que tenemos que reconocer que el malvado nos hizo un favor. De hecho, he escuchado decir más de una vez, a quienes en su momento sufrieron horriblemente por una separación: «Divorciarme ha sido una de las mejores cosas que me han sucedido». No propongo que le mandemos un ramo de flores a su casa como un gesto de agradecimiento, no, tampoco es eso, pero ¿quién quiere tener cerca a una persona en la que no se puede confiar, en la que no se puede creer? ¿Usted dejaría sus ahorros en un banco que acaba de quebrar? ¿O sus inversiones en manos de Murdoch? Pues tampoco es muy recomendable depositar su vida y su confianza en alguien que ha demostrado sobradamente su incapacidad para sostenerse en la vida con una cierta dignidad. Una persona así no es un buen compañero; la vida es muy larga y por momentos complicada, por eso es mejor saber a tiempo con quién se puede contar y con quién no. ¿De qué nos sirve mantenernos fieles, atadas de pies y manos, a un fantoche, a un espejismo? Pues de muy poco. Eso es una ilusión que se evapora como lo que es y que no pasaría ninguna prueba de control de calidad.

Sé que las ventajas de vivir en la verdad solo se reconocen con el paso del tiempo o a la lumbre de una nueva relación que sea más sana y más satisfactoria que la anterior; pero cuando al fin se acepta, cuando podemos ver con claridad que en realidad nos hemos librado de un destino aciago, nos parece que la película es otra completamente distinta. Entonces nos cuesta entender cómo pudimos sufrir tanto a manos de alguien que no era tan maravilloso como le imaginábamos. En ese momento, lo que sentimos es ¡¡un enorme alivio!! En efecto, ¡nos hemos quitado un gran peso de encima!

A uno mismo

Una de las cosas más importantes que recuperamos después de una ruptura es ¡a nosotras mismas! Parece una obviedad, pero, en esas relaciones tormentosas, solemos perdernos de vista, como se pierde de vista a un niño distraído en un parque de atracciones. Durante la relación nos adentramos en el túnel del terror, nos despistamos por sus pasillos oscuros, y ¡¡¡cómo nos cuesta encontrarnos y recuperarnos!!! Es lo que le ocurrió a Noemí, que contaba, aliviada, lo siguiente:

> Después de la separación me he recuperado a mí misma. Lo puedo decir ahora, cuando ya lo peor ha pasado. Cuando estaba sufriendo tanto, no podía ni pensar, pero si hubiera sabido que iba a llegar a sentirme tan bien, ¡me hubiera separado mucho antes! No me separé para recuperarme, porque no tenía ni idea de lo perdida que estaba. Ha ocurrido así, pero reconozco que ahora he descubierto cosas de mí que no sabía, o que había olvidado y que me gustan.

Cada historia es cada historia y cada cual tiene su manera personal de atravesar por su «barranco»; sin embargo, lo que dice Noemí es una opinión que la mayoría de las personas que han pasado por el mal trago de una separación repite: «¡No sé por qué esperé tanto!», «¡No sé por qué aguanté tanto!», «¡No sé por qué perdí tanto tiempo a su lado!», «¡Si hubiera sabido antes lo bien que iba a estar!».

También Laura reconoce que después de la separación se siente más dueña de sí misma. Su forma de expresarlo es muy gráfica:

> Ya sé que a veces perder al otro es como perder un brazo o una pierna, pero a mí me ha pasado lo contrario. Es como si antes mis brazos y mis piernas fueran suyos, y después de separarnos siento que al fin los he recuperado.

No creo que sea necesario extenderme en las bondades de poder ser dueñas de nuestros propios brazos y de nuestras propias piernas... Seguro que cuando donamos nuestros órganos en vida a alguien que ni los necesita ni los usa para nada no somos conscientes de todo lo que ponemos en juego con esa donación. Esos impulsos extremos de sacrificio y de generosidad que a veces nos entran a las mujeres suponen la locura de renunciar a lo más irrenunciable de un ser humano: su propio ser, sus peculiaridades, sus rasgos distintivos, sus deseos, sus atributos, ¡y hasta su salud! Todo esto perdemos en una relación fusional, y todo esto recuperamos después de una separación.

La recuperación de nosotras mismas incluye también el reencuentro con los nuestros, con la familia y con las amigas, a quienes puede que hayamos dejado de lado a cambio de una dedicación exclusiva a la pareja. Durante los horribles momentos de una separación, cuando más solas nos sentíamos, seguro que había una amiga solidaria cerca, cuidando de nosotras, y cuando dejamos finalmente de llorar y levantamos la cabeza, allí estaba ella, dispuesta a prestarnos sus zapatos y a llevarnos de fiesta y salir de compras o de copas con nosotras y con una lista de amigos de su marido disponibles para presentarnos. Pero no solo recuperamos a las amigas para contarles nuestras penas y para apoyarnos en sus hombros, sino que volvemos a ejercer de amigas, volvemos a estar en activo, disponibles para ellas cuando son ellas las que nos necesitan. Poder salir del encierro de nuestra propia pena y ocuparnos de otros siempre es una buena señal de que la recuperación sigue su curso.

La libertad

Otra de las grandes ganancias que obtenemos después de una separación es la libertad. Reconozco que, al principio, hasta la libertad se vive como abandono y no se puede disfrutar. En los primeros momentos, confundimos el aire fresco de la libertad con la pesadez de la soledad y, en esas condiciones, ese «estar por tu cuenta» no tiene mucha gracia. Algo parecido pensaba Daniela cuando hablaba así:

> Sí, sí, tienes mucha libertad, mucha libertad, pero ¿de qué te sirve si no puedes elegir? Aquí estoy, muy libre... sí, para quedarme en casa el fin de semana. Ja, ja, ja. Pero ahora lo reconozco, es tiempo para mí. Pierdo el tiempo a mis anchas sin echarle de menos. Puedo quedarme con los compañeros de trabajo a tomarme una caña y no tengo que avisar. ¡Soy dueña de mi tiempo, aunque sea para ir a la peluquería, para quedar con una amiga o para ver películas en el sofá de mi casa!

Para Vanessa, en cambio, la libertad tenía otra cara, ¿otro *look?*

> Lo primero que hice cuando lo dejé con mi novio fue ir a cortarme el pelo. Mi peluquero llevaba años diciéndome que me lo cortara, porque dice que yo tengo «cara de pelo corto», pero como a Mauricio le gustaba el pelo largo, pues no le hacía caso. Así que fui y le dije: «¡Córtame el pelo! ¡Déjame guapísima!». Y me dijo: «¡Lo dejaste con tu novio!». No sabía si reírme o llorar de ser tan previsible, pero estoy contenta con el resultado y es una forma de pasar página. De verme distinta.

Durante su relación de pareja, Vanessa pecaba de sumisión y, a pesar de lo bien que le quedaba el pelo corto, se sentía obligada a llevarlo a gusto de su novio. Su gesto de liberación empezó por algo aparentemente tan trivial, y a la vez tan importante para una mujer, como su propia imagen. Esta es otra de las actitudes que se repiten después del duelo por una separación: ¡el cambio de *look*!

Corte de pelo, gimnasio, dieta, colores nuevos, nuevo estilo, desenfado, maquillaje atrevido, faldas en lugar de pantalones, tacones en vez de zapatos planos, o al revés. ¡Casi que da igual! Hay un afán de reconstrucción, de reparación de los daños causados por el desastre, que también pasa por el aspecto exterior y que suele tener excelentes resultados. Para todas estas operaciones estéticas —con o sin bisturí— las amigas son una compañía fundamental. ¿Qué supera a una tarde de rebajas con las amigas? ¿Qué puede haber más emocionante —y más peligroso— que probar a un peluquero nuevo? Dejarse aconsejar, dejarse llevar de la mano por las amigas es lo mejor que podemos hacer en estos momentos.

He escuchado a muchas mujeres asegurar que nunca se hubieran atrevido a hacer lo que hoy hacen si siguieran casadas o en pareja. Es como si después de la ruptura se hubieran dado a sí mismas ¡licencia para cambiar!

La dignidad

¿Qué decir de la dignidad? Según el diccionario, se trata de un valor inherente al ser humano, inalienable, que no viene dado por factores externos. Como vemos, se nos supone dignos desde el mismo momento en que nacemos y, sin embargo, con qué facilidad entregamos nuestra dignidad y permitimos que otro la pisotee...

Esto no se hace a conciencia, lo sé, nadie dice en voz alta: «¡Tú trátame mal que a mí no me duele!». Nadie decide deliberadamente tirar al suelo la propia dignidad, sino que la va soltando de a pocos, en un gesto, en un renuncio, en una mala contestación. Ahora bien, si no nos dimos cuenta de cuándo, cómo y dónde perdimos nuestra dignidad, una vez recuperada, hay que cuidarla y protegerla. ¡Nunca más!

Cuando conseguimos levantar la cabeza dignamente después de una ruptura, es posible que desarrollemos un cierto sentido para detectar situaciones parecidas a aquellas que acabamos de superar. Por supuesto que, como de costumbre, siempre es más fácil ver la paja en el ojo ajeno que la viga en el propio. En cualquier caso, ese radar que hemos puesto en funcionamiento es lo único que puede prevenirnos de repetir relaciones desgraciadas, destinadas a fracasar. Alicia es un buen ejemplo de esto último:

> Veo a mis amigas con sus maridos y algunas están viviendo cosas muchísimo peores que lo que estoy viviendo yo; entonces pienso: «Tú solo te has separado, no es tan horrible. Era peor cuando estabas con él y te trataba así». Hoy por hoy, no me cambiaría por ninguna de mis amigas, de verdad, están soportando las mismas cosas que yo soporté durante años. Para mí es un alivio verme mucho más digna que antes. Sola, sí, pero ¡digna!

El olvido...

Al final, aunque nos parezca mentira, olvidar es posible. Llega un momento en el que el otro deja de ejercer control sobre nosotros y sobre nuestra vida. Como si el mando a distancia desde el que nos manejaban hubiera quedado desactivado para siempre; da igual lo que el otro diga o haga con su vida, que nada nos conmueve, ni nos preocupa y, lo que es mejor, ¡nada nos hace sufrir! Así me contaba Paula lo que sentía —¡o lo que ya no sentía!— respecto a Antonio:

> Ya no me toca nada de lo que tiene que ver con Antonio. Él sigue en su línea, pero soy yo la que ha cambiado de lugar. Es como

si yo hubiera abandonado el escenario que compartíamos y me hubiera ido a un escenario distinto, en el que Antonio no tiene ningún papel.

La máxima libertad posible, la máxima dignidad, consiste en hacernos dueñas del escenario que pisamos, dueñas del papel que representamos. A veces, parece que el cambio de escenario ocurre de un día para otro, pero siempre es el resultado de un trabajo psíquico que ha llevado su esfuerzo y su tiempo y que ¡por supuesto! vale muchísimo la pena realizar. Nunca más aceptaremos un papel con el que no estemos de acuerdo; de ahora en adelante, el guión y el *casting* corren de nuestra cuenta.

Capítulo 10

REHACER LA VIDA

Solo no significa abandonado

La vida es eso que pasa
mientras estamos ocupados
haciendo otros planes.
JOHN LENNON

En plena muchedumbre,
a pleno cielo,
nos recordamos a nosotros mismos.
Al íntimo, al desnudo,
al único que sabe cómo crecen sus uñas.
PABLO NERUDA

Ya no soporto la terrible soledad.
Yo no te pongo condición.
Quiero ser tuya sea por bien o sea por mal.
ENTREGA TOTAL

Cada vez que escucho aquello de que «Fulanita rehizo su vida» entiendo que quien lo dice quiere contarme que nuestra «fulanita» tiene otra vez una pareja y puede que incluso esté dispuesta a formar una nueva familia. Entonces, yo siempre me pregunto: ¿es que acaso quienes siguen solos después de una separación no están vivos? ¿Es que la vida que llevan no es vida? ¿Es que no se puede «rehacer la vida» más que en pareja?

Me parece que «rehacer la vida» después de una separación consiste en dejar de llorar, en dejar de recordar y de lamentarse por lo que se ha perdido y en empezar a sacar cuentas de lo que se puede hacer con lo que se tiene y lo que se va a ganar a partir de ahora. Rehacer la vida significa dejar de torturarse por el pasado y vivir y disfrutar el presente; dejar de mirar hacia atrás, y mirar hacia delante; rehacer la vida consiste en pasar página y, sobre todo, en hacerse con las riendas de la propia existencia, ya sea solo o bien acompañado. Y ese es el tema que va a ocuparnos en este capítulo.

Las separaciones y los divorcios son un signo de los tiempos que corren, y no todos desembocan en la formación de una nueva pareja. Vivir solos es, hoy por hoy, una experiencia que, muy probablemente, tengamos que atravesar todos los adultos en algún momento de nuestra vida. Así que es mejor estar preparados para coger al toro de la soledad por los cuernos de la autonomía, dispuestos a hacernos con esa vida en solitario, y a disfrutarla, en vez de quedarnos atascados en el lamento por lo muy desgraciados que somos o empeñarnos en maldecir la malísima suerte que hemos tenido. ¡Quienes viven solos son multitud! Así que ¡no están tan solos!

Hay quienes entienden su soledad únicamente como un lugar de tránsito, como la antesala que tienen que habitar para encontrar otra pareja; esos se exasperan, se impacientan, ponen su vida en «pausa» hasta nuevo aviso y tienen la impresión de que todos los que les acompañaban en esa salita de espera van pasando al salón de la «vida verdadera» y «rehacen su vida» antes que ellos. Les parece que todas las amigas están casadas, que todas tienen hijos, que todas encuentran un nuevo novio, un segundo marido o un buen amante antes que ellas; en fin, «¡Hasta cuándo tendré que esperar!» y «¡Cuándo será mi turno!» es lo único que se preguntan. Mientras tanto, la vida, que «es eso que pasa mientras que ellas esperan por la vida» —que diría Lennon—, se les escurre entre las manos. ¡Sufren tanto por lo que no tienen que les cuesta disfrutar aquello que sí tienen!

Todos estamos solos

La soledad ancestral del ser humano, su desamparo radical, es y ha sido siempre un tema que ha preocupado a la humanidad. Dice Pereña (2010) que fingimos, que en la vida cotidiana mantenemos nuestros rituales ordinarios para disimular, para hacer como si nos conociéramos los unos a los otros, para mantener el disimulo y el malentendido de una anhelada compañía que en realidad es imposible. Y precisamente porque en el fondo estamos todos solos, es que la soledad tiene tan mala prensa. Porque cualquiera que se nos muestre desamparado nos confronta sin remedio con nuestro propio desamparo. Por eso nos empeñamos en «rehacerle la vida» en pareja a los demás, como si no hubiera otra manera de vivir. En el fondo, no nos preocupa tanto su soledad como la nuestra.

En estos tiempos se considera que aquel que está solo ha fracasado, que se ha equivocado en algo, que no ha puesto suficiente empeño en «rehacer su vida» y se le augura un camino que no puede más que conducirle a la desdicha. Ahora se pretende borrar del mapa a esa terrible soledad y se nos vende la ilusión de que ¡no estamos solos! ¡Al contrario! Estamos todos juntos, cerquita, a un *click* de distancia del resto de la humanidad; ¡toda la humanidad sentada en el salón de nuestra casa! ¡¿Qué más quieres?! Cuando, en realidad, estamos apenas acompañados por un teclado y por una pantalla del ordenador, por la BlackBerry o por el iPad ¡y estamos más solos que nunca! En esta especie de farsa de la hiperconfraternidad, no se valora la auténtica compañía que cada uno puede hacerse a sí mismo, no se valora la vida interior, ni los pensamientos, ni las fantasías, ni los momentos de sosiego, y mucho menos se valoran esos ratos tan importantes de ¡poder hablar solos!, sí, como los locos, ¡solos!, cada uno consigo mismo, tratándonos de tú, para poner los pensamientos en orden o para sopesar los pros y los contras y tomar decisiones. Demasiado ruido. Con tanta gente en el salón, en la cocina, en la cama y en el cuarto de baño, ¡es imposible tener un momento de quietud para escucharnos a nosotros mismos!, para preguntarnos bajito: «Y a ti, ¿qué te apetece hacer hoy?», «¿Cómo te sientes?», «¿Cómo amaneciste?». El que no sabe estar consigo mismo malamente podrá estar con el otro y apreciarlo en toda su diferencia.

Puede que nadie «decida» quedarse solo adrede; a veces la vida decide por nosotros o, como mucho, nosotros decidimos dejar de estar mal acompañados y preferimos quedarnos solos, al menos ¡hasta nuevo aviso! Lo cierto es que con la proliferación de separaciones, cada vez son más las personas que viven solas y, entre ellas, sin duda, hay muchas más mujeres que hombres. De todo esto, como siempre, lo más importante es reconocer cuál es la situación vital en la que estamos y plantarnos en ella de la mejor manera posible, en vez de estar mirando con envidia y añoranza otras vidas, mientras se nos escapa la nuestra sin que nos demos cuenta.

Por supuesto que la soledad tiene momentos difíciles; vivir solos nos priva incluso del «disimulo de la compañía». Sé que no es fácil el día a día para quien no puede compartir las tareas cotidianas más que consigo mismo; sé que es difícil pasar una noche tras otra, ya no sin sexo, sino sin un abrazo, sin un hombro donde recostar el peso de la vida. El miedo puede asaltarnos, lo sé; pero la soledad también ofrece oportunidades. La soledad nos brinda las condiciones propicias para desarrollar la creatividad, para mirarse en un espejo y conocerse mejor, un lugar para el reposo de las exigencias de los otros. Tengo la impresión de que vivir la soledad de una manera o de otra depende más del usuario y de su historia infantil que de las circunstancias externas actuales.

Saber estar solo

Dice Donald D. Winnicott, un reconocido psicoanalista inglés, que uno de los indicadores de salud mental, un signo de madurez dentro del desarrollo emocional de un individuo, consiste en haber desarrollado una cierta capacidad para estar solo, la posibilidad de disfrutar de la propia compañía. Para alcanzar este logro es preciso haber tenido, durante la infancia, la experiencia de haber estado solo en compañía de la madre. Es decir, de haber estado acompañado y solo a la vez. Se preguntarán: ¿en qué quedamos? ¿Solo o acompañado? Pues las dos cosas simultáneamente. Se trata de una paradoja; el niño ha de estar acompañado, pero libre, gracias a una madre capaz de contener sin agobiar, de estar presente sin estorbar, una madre que permite a su hijo jugar tranquilo y recrearse en su juego porque la certidumbre de su compañía es lo único que no está en juego. Cuando el niño tiene la certeza de que cuenta incondicionalmente con su madre puede entregarse tranquilamente a sus propias fantasías y al placer de jugar y de estar consigo mismo.

Conocemos las consecuencias que un abandono definitivo —verdadero— podría tener en la vida de un pequeño, de manera que si el niño no está demasiado seguro del cariño y de la presencia de la madre, si tuviera miedo de perderla, si no puede confiar en ella cien por cien, si queda confrontado prematuramente con esa soledad radical del ser humano de la que hablamos, no puede permitirse el lujo de disfrutar de estar consigo mismo. Desde su punto de vista, lo más urgente es velar por su propia supervivencia y eso lo obliga a estar pendiente de la madre, a saber dónde está en cada momento. El niño estará más preocupado de complacer a mamá, para no perderla de vista, que de jugar a su aire; más pendiente de llamar su atención, para asegurarse de que no se va a alejar demasiado, que en dejar vagar su imaginación y recrear sus fantasías en libertad. Porque cualquier retraimiento de la madre o sensación de soledad será vivido por el niño como un abandono definitivo con las consecuencias terribles que él imagina.

Para Winnicott, esa misma calidad de «soledad en compañía» es la que experimenta una pareja después de un orgasmo, en ese momento de infinita soledad, en el que cada cual está exclusivamente consigo mismo y con el propio placer, aun a sabiendas de que ese placer se ha alcanzado en compañía del otro. Esa «soledad en compañía» está a la vista de todos cuando observamos a una pareja en una terraza de domingo: una mesa, dos cafés, dos tostadas, y dos adultos en silencio, enfrascado cada cual en su propio periódico. Si uno de los dos fuera un celoso compulsivo, por ejemplo, incapaz de confiar en su pareja y que teme que se le escape con el primero que le pase por delante, no podría tener el sosiego necesario para leer la nota editorial, las noticias internacionales, la columna de su escritor favorito y los deportes a sus anchas, sino que, cada tanto, tendría que levantar la cabeza para comprobar qué está haciendo el otro, si está mirando a la chica de la mesa de al lado o si está flirteando con el camarero.

Quienes no pueden disfrutar de su soledad sino que se limitan a padecerla suelen ser personas que dependen en extremo de la compañía del otro y de su aprobación para sobrevivir al día a día. Necesitan asegurarse un público, saberse mirados, se acoplan al otro como se acopla un desahuciado a un respirador. Literalmente, ¡necesitan al otro para respirar! Si están solos se ahogan de angustia, porque reviven aquella experiencia infantil aterradora.

Esto tiene terribles consecuencias. Primero, porque esas personas que padecen este terror a la soledad no tienen mucha cintura para elegir una pareja, les da igual a quién tienen al lado... con tal de tener a alguien al lado... Como dice la letra de la ranchera, cuando alguien está acosado por «la terrible soledad» está dispuesto a soportar lo que haga falta, «sea por bien o sea por mal», con tal de no quedarse solo. ¿Que cuáles son las cualidades que exigen de una pareja? ¡Pues que respire! ¡Con eso les basta! Para ellos, ¡cualquier cosa les vale con tal de estar acompañados! Quien toma al otro, a cualquier otro como un respirador, no podrá conocerle, ni respetarle, ni escucharle, porque le tratará como a una prolongación de sí mismo, como a una prótesis conveniente y no como a un ser humano distinto y singular. Por eso le necesita tanto, y a la vez, por eso mismo, le escucha y le conoce tan poco...

Un proceso parecido tuvo que superar Graciela, una lectora que me escribía lo siguiente:

> Hace apenas un año, yo era una de esas mujeres malqueridas que describes en tu libro. Me aterraba pasar la vida sola y soñaba con tener un hombre que me quisiera, y no me importaba aguantar

lo que hiciera falta con tal de estar acompañada. Actualmente, he conseguido superarlo, he aceptado la soledad y ya no me da miedo. Ahora me siento mucho mejor que cuando estaba con mi «gato».

Elegir desde la desesperación no es elegir. Esto sería aferrarse a un clavo ardiendo y conformarse. Esa desesperación es la que abona el camino para entablar relaciones destructivas, con poco amor, algo de maltrato y mucho de resignación.

Habitar y decorar la soledad

Entre las mujeres que viven solas hay muchas chicas solteras que esperan encontrar una pareja y formar una familia; es el caso de Clara, que tiene más de treinta años. La mayoría de sus amigas están casadas y muchas de ellas ya van por el segundo hijo. En Clara todos los relojes empiezan a sonar con insistencia, y, animada por el tronar de esas alarmas, entabló una relación con un hombre que parecía —¡al fin!— el adecuado. No era su tipo, pero tampoco estaba mal. No era muy apasionado, pero bueno, el sexo no lo es todo en la vida. Era muy mirado con el dinero, pero bueno, seguramente cuando se casaran las cosas serían diferentes. Si alguna vez discutían, él desaparecía sin dejar rastro hasta que ella llamaba a pedir explicaciones, o a pedir perdón. En realidad, llamaba a pedir un poco de compañía... Al final, aquello que mantenían entre los dos y que parecía tan «conveniente» para ambos no dio más de sí. Al principio, y a pesar de que aquella relación nunca la satisfizo, Clara cayó presa de la pena y del desconsuelo. Luego, pasó a lamentarse por su terrible mala suerte, y no paraba de compararse con cada una de sus amigas, las casadas, las embarazadas, las enrolladas, las recién comprometidas, etc., etc., etc. Un buen día, animada por una compañera de trabajo que estaba en sus mismas circunstancias, se apuntó en un grupo de *singles*. Por primera vez, cayó en la cuenta de que ella, en este momento, era una persona sola. Lo que tanta angustia le generaba, aquello de lo que huía y a lo que no se resignaba le resultó muy tranquilizador y muy esclarecedor: empezó a llevar su propia vida, una vida de persona sola. Entonces, por ejemplo, en vez de viajar con su grupo de amigos de siempre —¡todos en pareja menos ella!, ¡todas embarazadas menos ella!—, empezó a hacerlo sola, con otros solos y con otras solas, con quienes en este momento tenía mucho más en común que con sus amigos de toda la vida. Asistía a encuentros de domingo por la mañana para andar por la sierra o de sábado por la noche para ir a bailar. ¡Estaba encantada! Conoció a personas muy interesantes. Hizo dos amigas que piensa conservar toda la vida y que nunca hubiera conocido en otro ámbito y descubrió una secreta vocación y aptitud para la fotografía que no sospechaba que tenía. En definitiva, dejó de lamentarse por su vida de soltera y empezó a disfrutarla. Clara, ¡al fin!, descubrió que una pareja no es la única forma posible de compañía. Describía su gran descubrimiento de esta manera:

> Antes buscaba con quien quedar todos los días al salir del trabajo para no llegar sola a casa. Ahora me siento más tranquila. Reconocer que vivo sola y que estoy sola me ha ayudado. Antes también vivía sola, pero estaba todo el tiempo queriendo tapar esa soledad. Ahora puedo ir sola de compras y lo disfruto, no estoy obligada a quedar con alguien. Me voy sola al cine y ni me pesa ni me siento «pobrecita yo, que tengo que ir sola al cine». Puedo hacer vida de *single* y disfrutar sin sentirme abandonada ni agobiada. Tampoco estoy dispuesta a conocer a alguien porque sí. El otro día me iban

a presentar a uno, pero él no podía más que tomar un café el sábado a no sé qué hora rara, y le dije a mi amiga: «Así no quiero, ya quedaremos cuando tengamos tiempo los dos».

«Déjala sola, sola, solita…»

En América tenemos un juego infantil que consiste en hacer una ronda en la que una de las niñas baila sola, y las otras le cantan: «La señorita "fulana" (aquí se dice el nombre de la niña) va entrando en el baile, que lo baile, que lo baile…». La niña baila a su aire y luego tiene que sacar a bailar a otra, mientras el coro le canta: «Déjela sola, sola, solita…». Entonces, la primera regresa al corro y la niña elegida baila «sola, sola, solita», se luce, hace sus mejores pasos, disfruta de su momento-reina y de ¡sus dos minutos de gloria!

Muchas historias de amor que conozco parecen bailar en el patio del colegio de la vida esa misma canción. Ambos entran en el corro de las relaciones de pareja con ilusión, bailan el baile todo lo mejor que pueden, ponen mucho de su parte para bailar acompasados; cambian de paso, siguen el ritmo, aprenden o inventan pasos insospechados. Algunas, con tal de seguir bailando con una pareja, son capaces de perdonar pisotones, de olvidar empujones, hasta que un día, a pesar de lo mucho que han aguantado, la vida decide que han de quedarse «solas, solas, solitas». A veces por elección propia, a veces porque el compañero de baile abandona el juego, lo cierto es que la mayoría de las rupturas conducen a ese campo tan familiar y tan desconocido, tan temido y tan íntimo de la soledad, y nos obligan a bailar en el corro del «sola, sola, solita».

Es cierto que, en principio, la soledad no es un estado que se suela buscar activamente, sino el resultado de los vaivenes de la vida. Pero soledad no significa abandono. Aunque la soltería no sea elegida, lo importante es que sea reconocida y aceptada. Soledad puede significar libertad, independencia y, sobre todo, un espacio para reconocer la propia identidad.

La mayoría de las mujeres que conozco, a diferencia de los hombres, suelen darse un respiro entre una relación y la siguiente. Tal vez tengan una mayor capacidad para tolerar el duelo y eso les permite esperar hasta volver a formar una pareja. Algunas tienen clarísimo que prefieren estar acompañadas y se ponen activamente a la tarea de encontrar un nuevo compañero, mientras que otras están contentas con su situación. Confían en sí mismas y en su propia vida, y dejan que la vida vaya llevando su curso.

Muchas de ellas se descubren a sí mismas, y sus propios gustos, gracias a esa nueva soledad, como le pasó a Alicia, que me explicaba con este ejemplo tan cotidiano el alivio que sentía de estar consigo misma:

> Por primera vez me doy cuenta de que me gusta desayunar en silencio. Mi marido siempre ponía la radio y preparábamos el desayuno con Gabilondo. A mí me parecía que eso era normal, pero ahora que decido yo… ¡no sabes qué placer me produce tomarme el café a solas, en silencio y mirando por la ventana!

Alicia concentra su reencuentro consigo misma en ese primer café de la mañana, muchas mujeres descubren su sexualidad después de una ruptura, otras desarrollan alguna habilidad; en todos los casos, cuando se puede habitar la soledad con un poco de sosiego, sin demasiada angustia, la soledad se convierte en una pausa, en un espacio para reunirse con los pedazo de la propia vida y reconstruirse.

Isa se separó de su marido después de diez años de una relación con momentos estupendos y momentos terribles, marcada por las subidas, los declives y las incertidumbres. Como poco, fue un matrimonio ¡intenso!, ¡muy intenso! Aunque Isa se quedó viviendo en la casa que compartían, se sentía completamente perdida. Jordi había sido su novio desde el instituto, de manera que le costaba recordarse a sí misma sin él. ¿Cómo podría vivir sin Jordi? ¿Qué sería de sus días y de sus noches sin él? ¿Con quién iba a comentar las noticias, una mañana horrible en el trabajo o el atasco eterno en la M-30? A pesar de los muchos problemas que había en la relación, nunca se imaginó que algún día llegarían a separarse… Fueron tiempos difíciles, pero después de ocho meses ya podía decir:

> Alterno buenos y malos momentos. Ya no son todos malos como al principio. Empiezo a tener momentos buenos —solo momentos—, en los que vivir sola no me parece tan malo. Yo no diría que es bueno, pero al menos no es como al principio. A veces incluso es un alivio. Antes de que se fuera era casi peor la angustia, la incertidumbre, el «¿Se irá o no se irá? ¿Podremos o no podremos arreglar lo nuestro?». Ahora ya sé con lo que cuento. Ya sé que se fue y que no va a volver, y saber eso no es tan malo como la zozobra de antes. Me recuerda a cuando murió mi padre. Su agonía fue tan larga que su muerte también fue un alivio.
>
> Le empiezo a ver ventajas tontas a la separación; no tengo que consultar ni que informar a nadie de lo que hago. Hago lo que quiero, me tomo las cañas con mis compañeros de trabajo hasta la hora que quiero, voy al cine a ver la película que me apetece… Al final, uno se encuentra consigo mismo en estas tonterías. Eso sí, ¡me da pánico que se me estropee la televisión! ¡No podría sobrevivir sin la televisión! ¿Y quién la arreglaría si se me estropea? Ja, ja, ja.

¿Sexo? ¡Seguro!

Una de las preocupaciones más genuinas después de una ruptura es la que concierne a la vida sexual. ¿Volveré a tener sexo alguna vez en la vida? ¿Volveré a gustarle a alguien? ¿Volveré a sentir con otra persona lo que sentía por/o con «ese» que se fue? ¿Es que hay sexo después del «barranco»? Si la vida sexual con la pareja estaba muerta, es normal que se pregunte ¿me acordaré? ¿Sabré? ¿Podré? Pues, ¡por supuesto que sí! De hecho, conozco a muchas mujeres que han descubierto su propia sexualidad a raíz de un divorcio; la coreografía mil veces practicada y predecible del sexo con el marido de toda la vida abre paso a la sorpresa y al suspense. Un nuevo compañero de sábanas puede ayudar a una mujer a descubrir unos cuantos puntos «G» diseminados a lo largo de toda su anatomía, en lugares que nunca había explorado y que ni siquiera sabía que existían.

Las hay que optan por el «momento clavo» para borrar en otros brazos el recuerdo del ex tan pronto como les es posible; sin embargo, lo más frecuente es que después de una ruptura, y mientras se atraviesa por el terreno escarpado del «barranco», no estemos para muchas fiestas. No pasa nada, es normal. Cuando alguien está convaleciente de una fiebre alta o de una operación de hernia tampoco tiene muchas ganas de acción. ¡Tiempo habrá!

Una persona en duelo es transparente, parece que nadie la ve. Identificada como está con el ausente, ella también se ausenta de su propio cuerpo y pasa inadvertida. No está, no sabe, no contesta, nadie la advierte, nadie la sigue con la mirada. Pero una vez superado ese periodo de convalecencia, que en cada persona tiene una duración particular, la sangre vuelve a entrar en ebullición y la persona vuelve al ruedo. No es que se lo proponga, no es que una tarde decida: «Desde mañana me pongo manos a la obra». Es que un día, sin saber muy bien ni cómo ni por qué, vuelve a habitar su cuerpo y le da vida; entonces, la nubecita que hasta ayer la acompañaba allí por donde iba se disipa. El peso de esa sombra que le oscurecía las facciones desaparece y, de pronto, se la empieza a ver iluminada, radiante, guapa, y vuelve a mostrarse deseable para el sexo opuesto, ¡para el propio sexo! ¡y para sí misma!

Una cosa curiosa que suele ocurrir cuando una mujer se separa es que de pronto surgen de la nada un montón de almas caritativas (generalmente pertenecientes a hombres comprometidos), que se sienten en la obligación de socorrerla y de brindarle un poco de calor humano… Solo un poco, y siempre de la misma forma…

Hay quienes tienen que conformarse consigo mismas durante un tiempo. No está mal. Puede ser ocasión de conocerse mejor y una manera de mimarse. Siempre es un buen refugio saber que nos tenemos. Pero a veces no es suficiente. Tengo una amiga que, después de un divorcio sorpresivo y atormentado, no estaba preparada para una nueva relación sentimental, pero necesitaba vivir su sexualidad en compañía. Me contó que recurría a páginas de contactos exclusivamente para tener algún encuentro sexual sin consecuencias, sin implicaciones emocionales. A ella le funcionó. Vivió sola muchos años, y mucho tiempo después volvió a la vida en pareja con un hombre que todavía la acompaña.

Todo es posible, todo está permitido con unas cuantas reglas básicas: será únicamente cuándo, cómo y con quien usted decida. Nadie está obligado a «pagar» una cena o unas copas con sexo. Cada uno tiene sus tiempos y hay que hacerlos respetar desde el principio. ¡Que espere! No le va a pasar nada al chico si tiene que posponer sus urgencias. Y aun a riesgo de sonar maternal, ¡por favor!, ¡sexo seguro! No es un buen momento para un embarazo no deseado, y muchísimo menos para una complicación que comprometa su salud sexual. Por lo demás, ¡la vida empieza ahora! ¡A disfrutarla!

«*Tú serás mi* baby…»

Quienes se separan y tienen hijos tienen sus propias ventajas y sus propios inconvenientes. Por una parte, no se quedan completamente solos. Los niños, sus rutinas, sus necesidades, les obligan a manejar de otra manera su dolor y a dejarlo de lado porque es la hora de la cena, porque hay que hacer deberes y porque hay que levantarse temprano para ir al colegio. Los hijos son testigos de la propia vida que organizan la pena con su torrente de vitalidad. ¡Los hijos son una bendición! porque sobrevuelan nuestro «barranco» y nos conectan con el suceder de la cotidianidad

Sin embargo, uno de los peligros que corren algunas mujeres después de una separación, consiste en colocar sobre los hombros de sus hijos la responsabilidad de acompañarlas para no sentirse solas. Conozco casos de madres que infantilizan a sus hijos, que los obligan a permanecer en estado de dependencia perpetua —bebés eternos—, con tal de que la necesiten a ella por siempre jamás y que nunca la abandonen. Madres que, cuando se separan del marido, duermen en la misma cama con sus hijos —independientemente del sexo y de la edad— para no sentirse solas, sin respetar el derecho a la intimidad que tienen los chicos y saltándose las mínimas reglas culturales contra el incesto que separan a una generación de otra. Madres entregadísimas que se olvidan de sí mismas por cuidar a sus hijos, que renuncian a su propia vida y que, a cambio, exigen reciprocidad: «¡Yo he renunciado a mi vida por ti. De ahora en adelante, tú tendrás que renunciar a la tuya por mí!».

Estas mujeres parece que susurran al oído de su niño (aunque el niño tenga más de cuarenta) el «Tú serás mi *baby*» como una condena. Madres que hablan del hijo con un sentido de posesión —MI HIJO— que deja poco espacio al niño para crecer, para desarrollarse y defenderse por sí mismo en la vida. ¿Cómo va a traicionar el pequeño de treinta y cinco añitos a su pobre madre que está sola? ¿Cómo la va a dejar de su cuenta un domingo por la tarde para salir él con los amigos? ¿Cómo va ella a tener un novio si mamá la necesita tanto? ¿Cómo se va a ir de compras con las amigas y no con ella? ¿Cómo se va a ir a estudiar fuera dejando a mamá, con todo lo que ella se ha sacrificado? Ahora, ¿quién depende de quién? ¿Quién necesita más de quién? El hijo-rehén, el recluso, se siente preso, sí, pero a la vez se siente muy importante: ¡es indispensable para la madre! En estas condiciones, es muy difícil defenderse de ese poder omnipresente de una madre que lo da todo «por el bien del hijo», y que a cambio «solo» le pide que «sea su *baby*» por los siglos de los siglos.

Suscribo por completo al poeta libanés Khalil Gibran cuando dice: «Tus hijos no son tus hijos, son hijos de la vida (...). Tú eres el arco del cual tus hijos, como flechas vivas, son lanzados». ¡El arco! ¡Nada más que el arco! A la flecha hay que lanzarla en su momento y a conciencia, desprenderse de ella para dejarla volar libre en la vida.

Hay padres que van con la flecha del hijo abrazada al pecho y la llevan de la mano allí donde ellos quieren llevarla. Se sienten los dueños de la flecha, la usan como un amuleto que los acompaña y los libra de sentirse solos. Estos padres no están dispuestos a dejar que la flecha —el hijo— cumpla su destino de flecha —de hijo—, que no es otro que ser lanzado a la vida de la mejor manera posible, con las mejores herramientas de que disponemos para que pueda defenderse con autonomía y abrirse su propio camino.

No es fácil seguir la vida en soledad, y entiendo que es una enorme tentación usar a los hijos de compañía, pero los padres son los responsables de sus hijos, no sus dueños, y una de sus responsabilidades consiste en ayudarlos a crecer y permitirles ser independientes. Cada cosa que hagamos por y con los hijos habremos de preguntarnos ¿esto lo hago por el bien de quién? ¿En quién estoy pensando? ¿A quién beneficia esto o aquello?

Más vale solo que mal abandonado

No es el caso de Isa, que está muy dispuesta a ligar y a encontrar otra pareja, pero conozco a muchas personas que, después de una ruptura, prefieren refugiarse indefinidamente en la soledad por miedo a un nuevo desengaño. Esas son las que piensan: «Más vale solo que mal abandonado». Quedan tan dolidas, tan maltrechas después de una separación, que el miedo a repetir la experiencia las domina y lo único que quieren es protegerse y esconderse de otro posible fracaso. Puede que establezcan relaciones esporádicas, pero guardarán sus sentimientos a buen recaudo para no correr riesgos. Aun cuando la herida esté cerrada, queda la cicatriz, que escuece cuando hace mal tiempo y que es un recordatorio de ese momento duro de la vida que no quieren volver a atravesar.

El argumento de «Lo peor que te puede pasar es que te quedes como estabas» no les funciona. No es tan simple. Cuando alguien opta por estar solo, controla la situación. Hay, en esa soledad, algo de elección, algo de una cierta decisión voluntariosa. En cambio, esa otra soledad, la que sobreviene a una ruptura, se vive como impuesta, como un abandono; y es posible que el agraviado se sienta mucho más solo que antes, porque, además de solo, se sentirá dolido, traicionado y desilusionado.

¿Solas? ¡Pero si no están solas!

Antes de escribir este capítulo, además de la bibliografía y del testimonio de mis pacientes, consulté con la fuente de información más confiable que una persona como yo pueda encontrar: ¡el oráculo de mis amigas! A estas edades, muchas de ellas ya han pasado por sucesivas relaciones, rupturas y reencuentros, y algunas hace ya muchos años que viven solas, a este o al otro lado del océano. Así que les pedí ayuda, y allí que estaban ellas como siempre: dispuestas, generosas, adorables y divertidas. En Caracas, nos reunimos en casa de mi amiga Jeanette con Marucha y Teresa para almorzar las delicias que amorosamente Jeanette nos había preparado. El internacionalmente reconocido *bloody mary* de Jeanette nos daba la bienvenida para abrirnos el apetito y soltarnos la lengua. Ya no recuerdo hasta qué hora estuvimos; lo único que sé es que se hizo de noche, ¡muy de noche!, y que de allí nadie se iba. En Barcelona, tuvimos una cena de chicas en casa de Pichusa: Marina preparó la pasta, Pichusa la ensalada, yo puse el whisky y Cecilia llevó el postre. No nos encontró el alba conversando, porque era pleno invierno y el alba tardó mucho en llegar, pero… En ambos encuentros nos dispusimos a la confidencia, lloramos, nos consolamos mutuamente, nos dimos toda suerte de consejos, de esos que se ajustan más a los problemas de quien los da que a las dificultades de quienes los reciben. Nos burlamos las unas de las otras, hablamos bien y mal de los hombres y, sobre todo, ¡nos reímos a carcajadas!

Cada una de estas mujeres está plantada con firmeza en su propia vida. Todas ellas son árboles que dan flores y frutos a granel, y todas dan sombra y cobijo a quien se acerca. Todas tienen más de sesenta años, algunas están separadas después de un matrimonio largo y en algunos casos tortuoso, otras han tenido una o varias relaciones duraderas a lo largo de los años y una de ellas está viuda. Algunas tienen hijos a su cargo, los de la mayoría ya están emancipados y otras nunca tuvieron hijos.

A continuación, transcribo algunas de sus frases, que hablan por sí solas. Mezclo Caracas con Barcelona, y Barcelona con Caracas para proteger la intimidad de mis amigas. Una conclusión a la que se llegó tanto en Caracas como en Barcelona fue que la soledad no se elige, «Uno no decide quedarse solo, uno se va quedando solo...». La vida las colocó a cada una de ellas en esa circunstancia, y todas, unas antes, otras después, la han aceptado y sacan el mejor partido posible de lo que tienen. Otra constante fue que todas, incluidas aquellas que sufrieron, conservan un recuerdo dulce de la vida en pareja. Aunque ambas veladas transcurrieron de una forma peculiar, en las dos orillas del Atlántico se tocaron temas muy parecidos. ¿Cómo llega una mujer a vivir sola? ¿Qué ha ganado? ¿Qué pierde? ¿Qué se echa de menos? ¿Qué se hace con la vida sexual?

Ellas dicen:

Vivir solas

—«Con las parejas pasa como con la economía, después de una crisis, nada volverá a ser como antes y hay que estar dispuesto a adaptarse a los nuevos tiempos».

—«No estoy de acuerdo con que "más vale solo...". Uno no está solo porque sea malo estar acompañado, sino porque la vida lo ha llevado a esa situación. No tengo nada en contra de estar acompañada, ni me cierro a esa posibilidad».

—«Yo no estaría dispuesta a conformarme con un "peor es nada" solo por estar acompañada».

—«Yo no me siento una valkiria o una heroína por vivir sola. No lo elegí. Es el destino, y lo único que te queda es embellecerlo y habitarlo lo mejor posible».

—«Vivir solo no es una maravilla de entrada. Eso no es verdad. Eso se vuelve verdad con los años, con el tiempo, con la costumbre, cuando uno ha sido capaz de hacer de su vida algo creativo, a pesar de estar solo, y es capaz de llenar la cotidianidad con cosas agradables y duraderas. Ahora no puedo dejar de preguntarme qué pasaría con todas esas cosas si volviera a vivir con alguien. ¿Estaría dispuesta a renunciar?».

Sexualidad

—«Tardíamente descubrí que el sexo podía separarse del amor. Tuve un amante durante mucho tiempo con quien me veía únicamente para el sexo. Y después yo quería que él se fuera para su casa y seguir con mi vida, y él se iba».

—«Yo echo de menos el momento "oso de peluche", el abrazo de la noche, no el sexo. Echo en falta alguien a quien cuidar y a quien abrazar, no con quien follar».

—«Yo descubrí mi vida sexual después de separarme».

—«Después de mi última relación, me cerré a cualquier encuentro sexual. Tenía mucho miedo. Hoy mantengo una relación con un amigo. Sexo y amistad. No es una pareja, pero no está mal. Yo no quiero vivir con él, lo único que quiero es pasármelo bien».

—«Yo tuve un amante mucho más joven que yo. Duró hasta que él se casó con otra, porque empezaba a mirar el reloj mientras estaba conmigo... Entiendo a las mujeres que pagan a un gigoló; uno paga para que el otro no mire el reloj».

Lo que han ganado

—«Yo no hubiera crecido lo que crecí si hubiera seguido casada con mi marido. Yo era muy dependiente de él y la separación me ha hecho crecer y sentirme mucho mejor conmigo misma».

—«Cuando me separé, era un problema de supervivencia. O él, o yo, y ¡elegí yo! Ahora he llenado mi vida de tal forma que no hay espacio para una pareja, ni siento que me haga falta una pareja».

—«Cuando se acerca la vejez, lo mejor, lo más maravilloso, es apoderarse de la propia vida, yo no sé si hubiera podido hacerlo acompañada...».

Lo que se echa de menos

—«Para mí fue muy difícil darme cuenta de que a partir del divorcio yo era cabeza de familia y todas las decisiones importantes tenía que tomarlas yo».

—«Para mí lo más duro fue tener que vérmelas con las cosas cotidianas de las que se hacía cargo mi marido, bancos, electricistas...».

—«Yo echo de menos una conversación con un hombre, el punto de vista masculino. ¡Hay demasiadas mujeres en mi vida!».

Otra pareja

—«Tener una pareja es una oportunidad de crecer, de conocerse, que te obliga a pensar en el otro. Con lo que yo sé hoy, mis parejas anteriores habrían sido muy diferentes...».

—«Yo soy una mujer de pareja, pero creo que una pareja es algo que requiere tiempo y dedicación. Es algo que se construye con los años, ¡y no sé si a esta edad me dará tiempo!! Ja, ja, ja».

—«La mayor parte de mi vida la he pasado en pareja, no con la misma persona, pero siempre en pareja. Verme ahora sola se me hace raro».

—«A mí, vivir en pareja me gustó, sobre todo compartir el día a día. No me importaría tener otra pareja, pero tampoco quiero renunciar a todo lo que tengo ni a mi forma de vida actual».

—«La reencarnación es una buena alternativa. Con lo que yo sé hoy, estoy preparada para reencarnarme y vivir una vida en pareja de otra manera».

Estarán de acuerdo conmigo en que se trata de mujeres excepcionales que, independientemente de los caminos que las condujeron a cada una de ellas a vivir solas, han sabido habitar su soledad. ¿Su soledad? Cuando las escuchaba contar sus historias y reírse de sí mismas, cuando veía sus vidas con admiración, me preguntaba si sus testimonios servirían para el propósito del libro. ¡Pero si no están solas! —pensaba—. ¡Cada una de ellas se tiene a sí misma! Y créanme, ¡no hay mejor compañía! Además, se tienen entre ellas, ¡y no saben lo bien que se lo pasan! ¡Por supuesto que agradezco sus testimonios! Pero lo que más le agradezco a la vida es poder contar con ellas y tenerlas como amigas. ¡Gracias, chicas! ¡Va por ustedes!

Otra pareja

Qué será, será,
Whatever will be, will be.
QUÉ SERÁ, SERÁ

Durante los peores momentos del duelo, mientras el otro ocupa todo nuestro pensamiento y su ausencia llena nuestra vida, no es posible pensar en nada ni en nadie que no sea el que se fue. Pero, con el tiempo, esa presencia se disipa y, poco a poco, queda reducida al estatuto de recuerdo. Entonces, solo entonces, volvemos a estar disponibles para pensar en otra relación. Tímidamente, salimos otra vez al ruedo, volvemos al baile de la vida y buscamos con quién bailar una pieza, dos, tres, ¡toda la vida!

Calibrar cuándo se está preparado para una nueva relación y cuándo no, es todo un arte. Ya vimos que hay quienes se lanzan de cabeza al momento clavo y, cuando todavía están abiertas todas las heridas, se abrazan al primero que pasa por delante, rogando un poco de consuelo, un respiro, antes de sumergirse en el dolor. Eso no es encontrar una pareja, eso es otra cosa, eso suele ser un apaño, funcionar como un apaño y fracasar como un apaño.

Pero ¿quién dice cuándo estamos preparados para entablar una nueva relación? ¿En qué libro pone cuánto tiempo hace falta para restablecerse de un desengaño? No lo sabemos, cada caso es cada caso, cada quien necesitará el tiempo que necesite, lo cierto es que se trata de un momento delicado.

Mi experiencia me dice que las mujeres solemos permanecer más tiempo que los hombres en ese limbo entre una pareja y la siguiente. Ya sabemos que cuando un hombre toma la decisión de separarse, generalmente cuenta, al menos, con un clavo para capear el temporal, y cuando ha sido abandonado, no tarda en encontrar otros brazos dispuestos a consolarle. Nosotras, en cambio, podemos separarnos a pelo: porque así no queremos seguir, porque así no nos gusta la relación, porque no somos felices y esperamos otra cosa de la vida y, aun en esos casos, tardamos en recuperarnos, ¡ni que decir cuando nos han dejado! Parece que el olor del anterior en nuestro cuerpo tarda más en extinguirse que nuestro olor en el cuerpo del otro; y a nosotras, ya se sabe, nos cuesta mezclar olores y sabores.

Después de haber sufrido tanto, es normal que necesitemos un tiempo de recuperación y es normal que un cierto instinto de animal herido nos proteja de una recaída. A veces el miedo nos asalta por la espalda. ¿Será que vamos a repetir la misma historia? ¿Será que nunca vamos a encontrar a alguien que nos quiera bien? Los fantasmas del pasado acechan, solo la realidad de otra relación más placentera los dispersa.

Miedo a repetir

Lo cierto es que el miedo a tropezar con la misma piedra está más que justificado. ¡Es nuestra especialidad! Parece que una de las cruces con las que los humanos tenemos que cargar consiste en empeñarnos en repetir situaciones desagradables. Repetimos porque somos tozudos, porque, en vez de bajar la cabeza y de abandonar la contienda con la realidad, nos empeñamos en insistir una y otra vez en la misma historia con el propósito de doblegar a esa realidad y de obligarla a darnos la razón, para así salirnos —¡al fin!— con la nuestra.

Salimos despeinadas de una película desastrosa, ¡fracaso rotundo de crítica y público! Reunimos fuerzas para una nueva superproducción, volvemos a hacer un *casting*, y esta vez parece que hemos elegido a un buen actor; pero... si le pedimos que represente el mismo papel y si el guión sigue siendo el mismo, lo siento, pero me temo que la historia se va a repetir. ¿Que quién es el guionista?, pues la historia infantil, los padres, los hermanos, la «agenda oculta» de la que hablábamos en *Mujeres malqueridas*. Y es un guión difícil de corregir, porque no está escrito a lápiz, ni en una pantalla de ordenador que se deje borrar con una tecla, sino en una de esas pizarras mágicas de la infancia (o al menos de la infancia lejana de algunos), aquellas de cartón hechas con dos láminas de plástico que se juntaban para escribir y que al separarse se borraban; de esas en las que por mucho que se borrara, siempre quedaban marcadas las huellas de lo que se había escrito. Si el guión insiste y nos damos como contra una pared, lo mejor es buscar ayuda para desentrañar el nudo inconsciente que nos impide escribir y participar en una historia nueva, diferente y más placentera.

Una de las claves para que la próxima película salga mejor que la anterior, además de cuidarnos del guión y de afinar el ojo en el *casting*, consiste en cambiar nosotras de papel. ¡Prohibido volver a aceptar el papel de la actriz secundaria! Prohibido volver a hacer de la amiga buena de la protagonista, de la mujer sacrificada o de la amante escondida del galán. De ahora en adelante, o protagonistas o nada. ¡Divas! Nunca más postergarnos en nombre del otro. Ahora cambiaremos de lugar, y ocuparemos el primero, ahora nos tomaremos más en cuenta.

Si de algo tiene que servirnos el sufrimiento del «barranco» que acabamos de recorrer es para aprender de la experiencia. Los duelos forman parte de la vida por dos razones: porque, nos guste o no, los vamos a encontrar en el camino y tendremos que atravesarlos, y porque, una vez atravesados, nos conforman, pasan a formar parte de nuestro bagaje emocional y de nuestras herramientas para seguir adelante, siempre y cuando hayamos podido aprender algo de ellos.

Miedo a no gustar

Otro de los temores más extendidos concierne a la capacidad para volver a despertar una pasión. Quien ha salido escaldada de una relación fallida se pregunta si merece ser querida, si tiene lo que hay que tener para que un hombre se enamore de ella. Si no será demasiado alta o demasiado baja; si no será demasiado mayor o si tendrá muy poco pecho, mucha celulitis o muchos kilos; si no será muy «neura» o muy histérica como para que un hombre, en su sano juicio, quiera estar con ella.

Vuelve el fantasma de «la Otra», y decidimos que hay una manera precisa de ser una mujer deseable. Como vimos en el capítulo de «Olvidar es posible», aquí empieza la operación «cambio de *look*», con sus aciertos y con sus desatinos. Todo lo que sea cuidarnos y sentirnos mejor con nosotras mismas siempre está bien; el problema es que corremos el riesgo de transformarnos en alguien que no somos, con tal de parecernos a ese ideal. Quien quiera que venga a acompañarnos en nuestra vida tendrá que querer a la que somos, tal cual somos, y no a la que él tiene en la cabeza. Tendrá que aceptar y querer a la que es demasiado alta o demasiado baja, a la gordita, a la que tiene poco pecho y mucho culo, a la obsesiva por el orden, a la que cocina fatal, a la despistada, a la madre de dos hijos y a la miope.

Cuidado con el «síndrome de Cenicienta» que vimos en *Mujeres malqueridas.* Cuidado con cortarnos los talones o rebanarnos los dedos de los pies con tal de encajar en el zapatito de cristal que el príncipe nos impone. La vida es muy larga y para andarla a plenitud tenemos que estar cómodas en nuestro ser y en nuestros propios zapatos. Uno no se define por la persona que tiene a su lado, sino por la persona que uno es y por lo que hace en su vida.

Elegir

A la hora de elegir una nueva pareja, esto del *casting* tiene su importancia. En la medida en que nos hayamos concedido un tiempo para hacernos dueños y responsables de nuestra propia vida, nuestra elección será más acertada. Si durante el duelo no hemos tenido tiempo suficiente para forjar a solas nuestra propia barandita contra el abismo de la vida y, como dice el bolero, no soportamos «la terrible soledad», necesitaremos una reja que nos proteja a toda costa, y no podremos elegir. Estaremos tan angustiados, que nos dará igual quién ocupe ese lugar, con tal de que el lugar no esté vacío. Le daremos el papel al primero de la fila, aunque se parezca muchísimo al último protagonista o, lo que es peor, correremos en busca del último protagonista a devolverle su papel, a pesar de que haya demostrado sobradamente su incapacidad para desempeñarlo con dignidad, con tal de no quedarnos solas.

Es importante saber que, bien o mal, elegimos, siempre elegimos. Aun cuando parezca que solo nos dejamos querer, estamos eligiendo. Aunque digamos: «Sé que no tiene futuro, pero, total, es mientras tanto», estamos eligiendo. A ciegas y sin criterio, pero elegimos.

Pilar, aquella paciente que vimos en el capítulo de «Si te vas, me muero», no podía soportar estar sola. Cualquier hombre de los que ya conocía, o de los que acababa de conocer, le parecía el candidato perfecto para pasar con él el resto de la vida. Guapa y encantadora, no tenía ningún problema para ligar, así que con mucho cariño y un poco de sentido del humor, yo solía recordarle antes de salir de la consulta: «¡No se case este fin de semana!». Y ella regresaba a la siguiente sesión con la buena nueva: «¡No me casé! ¡El sábado estuve a punto, pero no me casé!». Y nos reíamos.

Durante las sesiones, cada vez hablábamos más de su infancia difícil y menos de sus conquistas. Semana a semana, se fue haciendo cada vez más consciente de su necesidad de compañía, y dejó de confundirla con amor; ahora podía distinguir la diferencia que había entre un hombre y una barandita.

Un día, como si fuera la primera vez que hablara del tema, dijo:

> ¡Tengo tantas cosas que recordar, tantas cosas enterradas en las que no quería pensar! Necesito poner orden en mi cabeza, pensar en mí. Necesito llorar y sacar toda esta rabia. Poder pensar y hablar de todo lo que pasé cuando era pequeña es lo más importante que me está pasando ahora, y no quiero que un hombre me distraiga.

El trabajo de Pilar se prolongó durante muchos meses. Entretanto, conoció a su actual pareja, y parece que esta vez eligió bien. Tengo entendido que después de dos años siguen juntos y que han decidido tener niños. Ir de reja en reja, de baranda en baranda, de desengaño en desengaño no había sido un buen negocio para Pilar. Valió la pena darse un tiempo para pensar en sí misma, para conocerse mejor y comprender qué la empujaba a esas elecciones desesperadas.

Conozco a muchas personas que, como Pilar, arrastran duelos no resueltos que pretenden meter debajo de la alfombra con la esperanza de que el tiempo los desintegre sin tener que mirarlos. Pero pasa que, desde el fondo de la alfombra, desde el último rincón, los duelos vuelven a cobrarse su tributo, y estorban el correr de la vida. Lo dicho, enfrentarlos y pasar por ellos, llorarlos y dejarlos atrás nos hará más libres y dispuestos para un viaje mejor.

Internet

Me parece obligado dedicar un apartado a esa cantera infinita de parejas posibles que es Internet, y a sus muchísimas páginas de contactos. Hoy por hoy, Internet hace las veces del bar, del coro, de la parroquia o de la facultad, donde encuentran pareja quienes han salido de una relación y no tienen ni voz para cantar en un coro, ni edad para asistir a la facultad. No es un secreto que cada vez hay más personas que se atreven a buscar pareja a través de Internet y que cada vez hay más personas que lo consiguen. No obstante, todavía hay reparos. Una paciente pasó unos cuantos meses dudando si entraba o no en una de estas páginas, hasta que un amigo le dijo: «Si tú te apuntas, será que hay gente como tú que se apunta». Otra, que se avergonzaba de estar en una de esas páginas, tardó mucho en contárselo a su mejor amiga. Su gran sorpresa fue cuando su amiga le dio una larga lista de amigos y conocidos que estaban anotados: «Te lo aviso por si te los encuentras, para que no te lleves el chasco de quedar con el compañero chulito del instituto».

Estas páginas y su oferta ilimitada de posibilidades juegan con la ilusión del alma gemela, con la fantasía adolescente de que, en alguna parte, en algún lugar, hay un príncipe extraordinario esperando por nosotras, un ser ideal que nos va a completar. Al fin, encontraremos esa otra mitad que nos falta para estar repletas, pletóricas y satisfechas. Solo es preciso rellenar una lista de compatibilidades. Entonces, la pieza exacta que nos falta llegará navegando por Internet en canoa, en trasatlántico o en velero, y encajará a la perfección en el puzle de nuestra vida.

La profusión de «flechazos» que se recibe desde estas páginas puede levantarle el ánimo hasta al más melancólico. Nunca, nadie, en la vida real, recibe tantas miradas de admiración como «flechazos» recibe quien se apunta a una página de contactos en Internet. Es como ser la más guapa de la noche y andar por una alfombra roja imaginaria, levantando pasiones a su paso. ¡Y eso desde casa! ¡En chándal! ¡Ojerosas y despeinadas! ¿Qué más queremos? Empieza entonces el proceso de deshojar la margarita: «Mmmm... ¿Será este? ¿Será aquel?». Por suerte, Darwin viene al rescate, la selección natural hace su trabajo y facilita muchísimo la tarea. Algunos se borran solos, otros no pasan la prueba del primer *chat*, algunos llegan hasta la conversación telefónica y muy pocos al encuentro en vivo y en directo. En ocasiones, algunos príncipes encantados pueden convertirse en sapos y algunas carrozas en calabazas. Otras veces, la magia continúa y se producen encuentros extraordinarios que se transforman en relaciones duraderas. He sido testigo de más de una.

Otra pareja

Independientemente de la vía por la que conozcamos a esa persona, en algún momento la nueva pareja ya es un hecho. ¡Otra vez la ilusión! ¡Otra vez el amor, la pasión y el embrujo! Nada rejuvenece tanto como estar enamorado. ¡Volvemos a tener quince años! Cualquiera que esté enamorado tiene quince años, y no puede trabajar ni atender los reclamos de la vida adulta. Cualquiera que esté enamorado está abducido por su amor y solo está disponible para nombrarle o para estar con él.

En ocasiones, es la relación con una nueva pareja lo que realmente pone el punto final a la relación anterior. Volver a la vida de pareja con «otra» persona es un punto de inflexión que nos coloca ante el final irrevocable con la pareja anterior.

Ahora estamos con alguien que besa distinto, que nos llama de otra manera, que nos toma o no nos toma de la cintura mientras andamos, con alguien a quien le gusta o no le gusta el cine, la música o los viajes. Puede que en esa constatación haya momentos de nostalgia. Puede que en esos momentos nos parezca que el pasado está crudo y que es presente. Es normal, el otro, ese que tanto nos costó olvidar, merece sus minutos de añoranza. Solo minutos.

Ahora hay que estar dispuesto a descubrir a la nueva persona que tenemos delante sin someterle al escrutinio estéril de la comparación con el pasado. Una relación está por estrenarse. Todo lo que fue rutina, ahora es sorpresa. Todo lo que fue costumbre, es asombro. ¡Tiempo habrá para que una nueva rutina y unas nuevas costumbres se arraiguen! Mientras tanto, y por mucho que lo hayamos deseado, hay que acostumbrarse a la nueva situación. Mi amiga Mar se plantea volver a vivir en pareja después de cuatro años de separada, y me contaba así lo que sentía:

> Si dejar de vivir con alguien es una crisis, volver a vivir con alguien también es una crisis. Si recuperar espacio en el armario es un alivio, volver a compartir el armario es un agobio. ¡Con lo feliz que estoy, nunca me imaginé que me iba a costar tanto! ¡Necesito otro armario urgente! Ja, ja, ja…

Los tuyos, los míos y los nuestros

Muchas de las personas que intentan hacer pareja después de una ruptura llevan mochila incorporada no solo en forma de experiencia de vida, sino de carne y hueso, en forma de hijos de todas las edades. Si encontrar acomodo entre dos personas adultas que se quieren es difícil, ¡cuánto más lo será cuando hay que incluir en el puzle la vida cotidiana de los niños!

Para empezar, es difícil hacer vida de *single* —*single* significa solo— cuando no se está solo. Los padres separados son *singles* de calendario en mano: «Un fin de semana sí y otro no; este miércoles puede que sí, el próximo seguro que no…». Y esto sin contar con el caso de: «Este fin de semana no me tocan los niños, pero la pequeña está enferma y se queda conmigo». Los «flechazos» de Internet tienen que esperar a que los niños estén en la cama y la urgencia de los amantes a que los niños estén con el padre. Queda muy poco margen para la espontaneidad y el fluir natural de los acontecimientos. El amor tiene que encajar en el espacio estrecho de un calendario, que será cualquier cosa menos privado y que ninguno de los amantes interesados controla por completo. Cuando ambos participantes de la posible pareja están en la misma situación, el encaje de bolillos que tienen que hacer con las horas y con los minutos es digno de admiración.

De todas formas, quienes se separan y tienen hijos han de contar con esos hijos para rehacer su nueva vida. En ningún caso el «borrón y cuenta nueva» debe incluir a los hijos. Quien quiera que acompañe su vida de ahora en adelante tendrá que hacerlo aceptando el equipaje completo: pareja, sombra de la expareja e hijos. Con la sombra de la expareja se puede negociar. Los hijos no son negociables, son nuestra responsabilidad y siempre tienen que ocupar un lugar preferencial.

A pesar de todas las dificultades objetivas con las que se encuentran quienes llegan a una relación con hijos de una unión anterior, cada vez son más las familias recompuestas que aúnan «los tuyos, los míos y los nuestros», lo que habla en favor de la necesidad que tenemos de vivir en familia y de forjar lazos significativos.

Un lugar que ocupar

Uno de los aprendizajes más difíciles y más importantes de la vida consiste en saber qué lugar hay que ocupar en cada momento. Por ejemplo, un bebé, mientras que es un bebé, ocupa el lugar más importante de la casa y sus horarios se imponen al resto de la familia. Cuando empieza a crecer, debe cambiar de lugar, primero físicamente; ha de salir de la habitación de los padres y ocupar su propia cama y su propia habitación, y luego, tendrá que aprender a obedecer las normas y los horarios que marquen los padres. El padre tiene que ocupar ahora su lugar de padre y de marido, separar el idilio entre la madre y el bebé. La madre seguirá haciendo de madre, pero volverá a hacer de mujer y renunciará al vínculo exclusivo y privilegiado que tenía con el bebé, y este empezará a ejercer de niño, será uno más en la familia y, en la mayoría de los casos, será uno menos, el excluido. El crecimiento obliga a todos los integrantes de la familia a cambiar de lugar. Ahora los padres no están solamente para complacer al pequeño, sino para educarle y enseñarle a convivir.

Los padres están obligados a ocupar su lugar de adultos, a señalar los límites y a marcar la diferencia entre generaciones. Es la época en la que se impone el «Porque lo digo yo, que soy tu padre», esa frase que tiene ahora tan mala prensa y que tanto alivia y acompaña a los pequeños porque les permite ocupar únicamente su lugar de niños y no verse abrumados por esa loca pretensión de ocupar tooodoooos los lugares.

Recibo en la consulta a muchos padres desesperados porque no saben cómo enfrentarse a un pequeño monstruito de dos años. Suele suceder que ellos no supieron cambiar a tiempo de lugar, no supieron renunciar a ser los padres de un bebé y a ocuparse del arduo trabajo que supone ser los padres educadores de un niño pequeño. Lo mismo ocurre con el advenimiento de la adolescencia, los padres han de ocupar su lugar de padres, no el de amigos ni el de colegas, pero, a la vez, han de reconocer que ya no son los padres de un niño al que se puede controlar, sino de un ser «en vías de desarrollo»; por tanto, tendrán que respetar el nuevo lugar que ocupa el hijo, que ha dejado de ser un niño y al que habrá que escuchar y cuya intimidad ha de ser tenida en consideración.

A lo largo de nuestra vida participamos en muchas películas simultáneamente. Saber en cada momento cuál es el personaje que nos toca interpretar e interpretarlo es una de las claves para que la película salga bien. Si no sabemos qué papel nos toca representar, puede que usurpemos el de otro personaje y nos peleemos por decir sus frases, en vez de decir bien las nuestras. Puede que estemos perdidos y seamos *Personajes en busca de autor*, o que nos dé por improvisar y decir frases sueltas en esta o en aquella película, o que pretendamos desempeñar el mismo papel en todas las películas, y ser la princesita lo mismo en el cuento de hadas que en *La matanza de Texas* o en *La chaqueta metálica*. En todos los casos anteriores, nuestra participación en la película sería un verdadero desastre. En el trabajo, en la vida de familia, con las amigas, con la pareja, en el ámbito social, nos toca ocupar un puesto determinado que nos conviene respetar, y cuando el papel que nos adjudican no nos conviene, ¡lo mejor es cambiar de película!

Bueno, pues si esto de ocupar el lugar que nos corresponde es un arte difícil de domeñar en una situación más o menos conocida, cuando se trata de familias recompuestas, de «los tuyos, los míos y los nuestros», la situación se vuelve muchísimo más complicada.

Tus hijos, ¿son mis hijos? Mis hijos, ¿son tuyos? Nuestros hijos, ¿son hermanitos o primos de sus hermanos? Puedo cuidar a tus hijos como si fueran míos, pero ¿puedo corregirlos? Tú eres la mujer de mi padre ¿o mi cuidadora? ¿Tengo que peinarme como tú me peinas o como me peina mi madre? Tú eres el marido de mi madre ¿o mi padre y mi guía? El reparto de todos estos papeles tiene que establecerse con la mayor claridad posible desde el principio. ¿En qué consiste ser una «madrastra»? ¿Estoy obligada a ser una bruja o tengo que ser un hada madrina? ¿Y cómo se debe comportar un padrastro? ¿Puedo imponer mi criterio en esta familia que no es mía? ¿Puedo sentirme en mi casa y marcar las normas? Y los hijos, ¿a quién tienen que pedir permiso para salir? ¿Pueden llevar amigos a casa como hacían antes? ¿A quién tienen que obedecer?

«Tú no me mandas a mí» es una frase que todos hemos dicho en algún momento de nuestra vida. El caso más claro de este grito de libertad es el de Julia, la hija de mi amiga Isabel, que con tres años, solía chillarle a su madre cada vez que se sentía contrariada: «¡¡¡JULIA ES MÍA!!! ¡¡¡JULIA ES MÍA!!!», como una forma desesperada de marcar su territorio. Cuando esta frase se dice ante los padres biológicos no tiene demasiadas consecuencias, el problema puede surgir cuando se dice ante un padre o una madre sustitutos, que no tienen muy claro qué papel les ha tocado desempeñar en esta nueva película y pueden sentirse heridos o maltratados.

Que cada uno encuentre su propio lugar en esta historia llevará su tiempo, y me parece que quien tiene que adjudicar los papeles es el padre biológico correspondiente. Para lograrlo es importante plantear la situación con la mayor claridad posible desde el principio.

Blanca estaba encantada de tener una amiga mayor tan guapa y tan simpática que le dedicaba muchísimo tiempo, con la que se sentaba a hacer collares y a dibujar, y que se ponía de su parte si papá decía que ya era hora de cenar o de dormir. No entendía muy bien por qué esa amiga prefería irse a dormir en la cama de papá, en vez de dormir con ella en la cama nido, ¡con lo bien que se lo podrían pasar juntas!

Blanca estuvo encantada, hasta que descubrió que su amiga no era su amiga, sino la novia de papá, y que la novia de papá iba a tener un hijo. Un bebé que, no sabe bien por qué, dice papá que será su hermanito. Entonces Blanca se sintió traicionada por partida doble, por su padre y por su nueva amiga. Se sintió mucho más excluida de lo que hubiera podido sentirse si le hubieran explicado la verdadera situación desde el principio, y si la amiga de papá hubiera sabido ocupar su lugar de mujer, en vez de insistir en ganarse a la niña haciendo ella también de niña y de cómplice de la pequeña.

Ana, en cambio, se sintió muy contenta una noche que vio cómo su madre se arreglaba y se ponía muy guapa para salir y empezó a cantar a voz en cuello: «¡Mamá tiene novio! ¡Mamá tiene novio! ¡Le van a dar besos! ¡Le van a dar besos!».

Más allá de su identificación con una madre atractiva y deseable, Ana estaba aliviada de que mamá tuviera con quien compartir su vida y de verse liberada de cargar ella sola con todo el peso de la vida afectiva de su madre. De ahora en adelante, ella solo tendría que ocupar su lugar de hija de mamá y no el de amiga, confidente, novio y compañera. No sabemos si Ana seguirá igual de contenta cuando mamá vuelva a quedarse embarazada, o cuando su nuevo novio venga a vivir a casa con sus dos hijos... Pero, por ahora, el que un adulto ocupe la vacante que dejó papá supone una gran tranquilidad para la pequeña.

¿Preguntar o informar?

Una persona separada tiene derecho a tener todas las relaciones que quiera hasta encontrar a alguien que encaje en su vida, pero me parece que a los hijos hay que mantenerlos al margen de la vida amorosa de los padres, al menos hasta que esa vida amorosa se afiance y pase a formar parte también de la vida de los hijos. No hace falta someter a los hijos a los sucesivos novios o novias de los padres. Eso forma parte de la intimidad de los mayores, y un hijo, en su lugar de hijo, no tiene por qué servir de confidente ni de «colega» de ninguno de los padres, independientemente de la edad que tenga.

Una vez que la relación está suficientemente consolidada, hay que informar a los hijos, repito, informarles, no pedirles opinión. Eso es tratarles como hijos. Quienes tienen que hacer el *casting* y elegir nueva pareja son los adultos. Así como a los niños no les consultamos la hipoteca, tampoco les preguntamos sobre la pertinencia de una nueva pareja. Compartir con ellos, incluirlos en la vida en familia vendrá con el tiempo y, dependiendo de la edad de los niños, en cada momento habrá que ¡enfrentar la tormenta de celos, de la rabia y de la exclusión lo mejor posible!

Perder la exclusividad

Una de las primeras consecuencias de rearmar familias es que los hijos pierden aquella ilusión de exclusividad que habían adquirido después de la separación. En su momento habían perdido a una familia, pero habían ganado a un padre y/o a una madre solo para ellos. Ese será uno de los mayores reclamos con el que los padres tendrán que lidiar. Así lo atestiguan estos dos testimonios que escuché de una niña de once años y de una chica de dieciséis:

> Al principio, después de la separación, yo tenía en exclusiva para mí a mi madre y a mi padre, y podía tener lo mejor de los dos mundos. Pero cuando Carlos vino a vivir a casa con su hijo, todo eso cambió, y ahora tenía que compartir a mi madre no solo con su pareja, sino con otro niño que ni siquiera era mi hermano.

> Desde que mi padre se echó novia, mi relación con él cambió totalmente. A partir de entonces, tenía que compartirlo con otra mujer, y lo peor fue cuando nació mi hermanita; ahora sí que había dejado de ser su princesita para siempre… ¡Demasiada competencia en casa! Prefería estar en casa de mi madre, que seguía sola, aunque fuera más aburrido.

No solo se pierde, también se puede ganar una familia que se había desperdigado. Se ganan hermanos, se ganan amigos y madrastras o padrastros que pueden ejercer muy bien su función materna o paterna más allá de lo que marque la biología.

La sombra de la ex

Cuando uno de los dos intenta recomponer su vida antes que su ex, es muy posible que la familia tropiece a cada momento con el fantasma —o no tan fantasma— del ex en cuestión.

Puede que lleven mucho tiempo separados, da igual. Cuando la posibilidad de una nueva familia aparece en el horizonte, el «efecto diez minutos» toma el mando, la sensación de exclusión es enloquecedora y la «sombra» de una ex puede solidificarse y encarnarse en Medea, aquella mujer que, con tal de conseguir sus objetivos, no le importaba hacer sufrir a sus propios hijos. Mientras intenta atormentar la vida al ex, y sobre todo a la nueva pareja del ex —a su nueva «Otra»—, Medea le amarga la vida a toda esa familia en la que también están sus hijos. Son esas mujeres que empiezan a poner todo tipo de inconvenientes cuando saben de la existencia de una nueva pareja; cambian fechas, mandan a los niños sin ropa suficiente, llaman sin parar, impiden que los niños vean al padre, malmeten contra la nueva mujer y se instalan a vivir en todos los rincones de la nueva familia en calidad de sombra: critican la comida que les dan a los niños, las costumbres que adoptan, los horarios de sueño, los comentarios, las salidas, el destino de las vacaciones, la ropa que les compran. Por supuesto que todo les resulta inadecuado, porque, para ellas, lo inadecuado está en el fondo de la situación y consiste en que ellas ya no están y que aquel lugar que fue suyo ahora lo ocupa otra mujer.

Si uno les preguntara: «¿Querrías volver a vivir con tu exmarido?», el 90 por ciento de ellas contestaría: «¡Ni loca!». No es que lo quieran para ellas, es que no quieren que otra venga a disfrutarlo. Hacen con el marido como los niños con sus juguetes. Puede que nunca hayan reparado en un coche o en una muñeca determinada hasta que mamá decide hacer limpieza de armario y regalar el coche o la muñeca a un primito menor. ¡Imposible! En ese momento descubren su pasión por la muñeca o por el coche y no aceptan que nadie se los quite... Aunque vuelvan a dejar el juguete arrinconado al fondo de un cajón.

No es fácil para ningún ex ver cómo el otro puede rearmar una familia mientras que él o ella siguen intentando recomponer los pedacitos de su sola existencia. Lo sé. Sé que en esos momentos la rabia y el resentimiento comandan la situación, sé que la sensación de injusticia arrasa con todo y que es insoportable ver desde fuera una fiesta de felicidad a la que uno no ha sido invitado. Pero nada de eso da derecho a amargar la vida a los hijos, que son quienes más van a sufrir las consecuencias de la contienda porque se sentirán a la vez traidores y traicionados. Da igual la sensación de injusticia que sienta el ex, nada le da derecho a perturbar la vida de sus hijos, que, repito, son las verdaderas víctimas.

Recuerdo el caso de Manuel, un niño de cinco años, de padres separados, que vivía con su madre en casa de los abuelos. En este caso, la lucha por el poder se había establecido entre el padre de mi paciente y el abuelo materno. La lealtad del niño estaba comprometida entre esas dos figuras tan importantes para él. En la consulta repetía siempre el mismo juego: armaba un campo de fútbol en el que solo había dos porteros y una pelota. Él mismo identificaba a los porteros como su padre y su abuelo... Y no hacía falta ser muy intuitivo para saber que la pelota era él...

No había duda, la verdadera víctima de esa contienda, el que al final recibía todas las patadas, era mi pacientito, quien sentía que querer o respetar a cualquiera de los dos suponía traicionar al otro, y no tenía salida. Quería muchísimo a ambos y no quería decepcionar a ninguno. Estaba demasiado ocupado en dilucidar sus afectos, en esconder sus preferencias, en esquivar patadas y no le quedaba espacio para funcionar cómodamente como un niño de su edad, tal vez por eso su fracaso escolar era rotundo y a su edad, todavía, no podía controlar sus esfínteres.

En estas situaciones de familias recompuestas, las dos mujeres implicadas tienen que aprender a convivir con su «Otra», sin que esa convivencia sea un infierno para el resto de la familia. La antigua mujer tiene que renunciar al trono, y respetar que, al menos cada quince días, sus hijos están al cuidado de otra, con la que inevitablemente competirán por ser la mejor madre del mundo. La nueva, por su parte, tiene que ganarse un lugar y ocuparlo, sentirse con derecho a su sitio, sin necesidad de humillar a la exmujer, ni de menospreciar a los niños. Ninguna de las dos debería imponer su presencia a toda costa. La ex es la madre biológica de los niños y eso le da ciertos derechos. La nueva mujer es la pareja oficial del padre y eso le da otros privilegios. En cualquier caso, tanto la una como la otra tendrán que renunciar a ser la única, porque ninguna lo es, y ambas deberían anteponer el interés de los hijos al suyo propio.

Algunas recomendaciones

No hay duda, cada caso es único y cada familia tendrá que vérselas con sus propias peculiaridades; sin embargo, hay unas cuantas pautas universales que puede que ayuden sea cual sea la situación. Es importante que los padres biológicos —hayan rehecho o no su vida— dispongan de un tiempo cada semana para estar a solas con cada uno de sus hijos. Ya sé que no es fácil, pero el ruido que hace la nueva familia, los tira-y-afloja de las nuevas relaciones, los malabarismos con el ex, las exigencias de los hijos del otro, las exigencias del otro, pueden enturbiar las relaciones con los propios hijos, y el de los hijos es el único lugar indiscutible en toda esta historia. *Tus* hijos biológicos siempre serán *tus* hijos, y eso hay que cuidarlo y atenderlo.

Es importante darse un tiempo de ajuste a todos los nuevos cambios de lugar que supone rearmar una familia con tantos participantes diferentes. No es fácil, pero es posible; muchísimas parejas lo han conseguido con mayor o menor dificultad, pero lo han conseguido. Si la situación parece insostenible, siempre se puede pedir ayuda a un profesional que no tome partido ni por unos ni por otros y que pueda pensar libremente y ayudar a los miembros de esta extraña familia a encontrar su nuevo lugar y a ocuparlo. ¡Suerte!

Otra despedida...

Esto también pasará...
PROVERBIO CHINO

Llevamos todo un libro hablando de la importancia de pasar página, y ahora, usted está a punto de pasar también la última página de este libro. Sin embargo, a diferencia de aquella relación que terminó, y cuya despedida tanto la ha hecho sufrir, a estas páginas podrá volver cada vez que lo necesite, porque este es un libro que se deja releer y que puede acompañarla en otros momentos difíciles de su vida.

En la Biblia (Eclesiastés 3, 1) se dice que bajo el sol hay tiempo para todo. Y en estas páginas hemos descubierto que también hay un tiempo para amar y un tiempo para separarse. Un tiempo para idealizar y un tiempo para poner los pies sobre la tierra. Tiempo para necesitar al otro y tiempo para independizarse de él. Tiempo para hablar y tiempo para callar. Tiempo para despedirse y tiempo para abandonar. Tiempo para negar y tiempo para reconocer la verdad, aunque nos duela. Tiempo para enfadarse y para odiar y tiempo para entender y perdonar.

Un tiempo para asustarse mucho y un tiempo para tomar con firmeza las riendas de la propia vida. Tiempo para llorar.... (Este es lento, pero también pasará). Un tiempo para aceptar la realidad y un tiempo para adaptarnos a ella. Tiempo para tomarse un tiempo y para darle tiempo al tiempo. Tiempo para distraernos del dolor y tiempo para atravesarlo. Tiempo para limpiar la vida del polvo del pasado. Tiempo para perdonar y tiempo para recordar. Tiempo para esperar, en contra de toda esperanza, y tiempo para desistir. Tiempo para culparnos y tiempo para perdonarnos. Tiempo para olvidar y tiempo para volver a amar... Y para empezar otra vez el ciclo del tiempo y de la vida.

No se desespere y ¡dese un tiempo!

Me he esmerado en escribir un libro dulce sobre un tema tan amargo como las separaciones y el duelo. ¡Espero haberlo conseguido! Así que confío en que usted haya encontrado en estas páginas una mano amiga, firme y confiable para estos días en los que el sol no sale; espero haber sido una buena compañía para esas tardes eternas de no entender qué fue lo que pasó, cómo pudimos llegar hasta este punto y qué va a ser de mí. Puede que, por momentos, la lectura le haya resultado dolorosa. ¡Me hubiera encantado ser portadora únicamente de las buenas noticias y ahorrarle este dolor! Pero tenía que ser honesta, honesta con usted como lectora, y honesta conmigo misma como mujer y como psicoanalista. Me daría por satisfecha si con este libro usted ha sentido que no estaba sola en esta dura travesía y se ha sentido comprendida y acompañada.

No es fácil atravesar el «barranco», ya lo sabemos, pero no hay más remedio. Y, además, ¡vale la pena! Del otro lado nos espera la vida, como nos espera el verano a la vuelta de la esquina, aun en estos días de febrero en los que parece que el frío del invierno nunca va a terminar. Cuanto más pronto nos pongamos manos a la obra, antes saldremos del dolor. Cuanto antes dejemos atrás al pasado, antes tendremos todo nuestro ser disponible para la vida que hay delante, esperándonos.

¿Qué podemos aprender de una separación? Sería todo un logro si salimos del «barranco» con el firme propósito de no tropezar de nuevo con la misma piedra. ¿Qué podemos aprender del duelo por un amor perdido? Que somos capaces de atravesarlo sin morir en el intento. En *Mujeres malqueridas* hablábamos de la tendencia que tenemos las mujeres a tratar a los hombres como si fueran unos bebés desvalidos que necesitan de nuestros cuidados para sobrevivir. Bueno, si algo debemos aprender después de una resaca de dolor es a usar, para con nosotras mismas, esa capacidad maternal que hemos utilizado con la pareja. Empezar a cuidarnos, a mimarnos, a tratarnos bien, a mirarnos con compasión y no con expresión de reproche o de exigencia. Si de algo debe servir el dolor de una ruptura será para aprender a protegernos de nosotras mismas y de cualquiera que no esté dispuesto a querernos como merecemos. Ya saben, hay que guardar la capita de supermujeres y ¡esconder ese látigo!

Estoy segura de que este proceso le ha servido para conocerse mejor y perdonarse la humanidad que la recorre. Estoy segura de que la vida que le queda por delante puede ser mejor que la que deja a sus espaldas. Estoy segura de que esta reedición, corregida y aumentada, de sí misma dejará un ejemplar mejor perfilado y más completo, en el que también habrá cabida para los malos ratos, porque ahora sabe que no son eternos, que esos, como los otros, también pasarán y forman parte de la vida... Estoy segura de que en algún momento mirará con ternura su pasado y con ilusión y esperanza su futuro.

¡Tiene usted el resto de su vida por delante! ¡Buena suerte!

Bibliografía

BACHELARD, G., *La poética del espacio,* Fondo de Cultura Económica, México DF, 1975 (primera edición: 1957).

BACQUÉ, M. F., *L'un sans l'autre. Psychologie du deuil et des separations,* Larousse, París, 2007.

BEHRENDT, G. y RUOTOLA, A., *It's Called Breakup Because It's Broken,* Broadway Books, Nueva York, 2005.

BION, W., *Volviendo a pensar,* Horme, Buenos Aires, 1972 (primera edición: 1957).

BÖHM, T. y KAPLAN, S., *Revenge,* Karnac, Londres, 2011.

BRETÓN, A., «Cómo gestionar el desamor y la familia en Facebook», *Magazine* de *El Mundo,* 11 de diciembre, 2011.

CHÉJOV, A., «Tristeza», en *Cuentos,* Alba Editorial, Barcelona, 2004.

CLERGET, S., *Quel âge aurat-il aujourd'hui?,* Fayard, París, 2007.

COLINA, F., *Melancolía y paranoia,* Síntesis, Madrid, 2011.

CORTÁZAR, J., «La casa tomada», en *Cuentos completos* I, Alfaguara, 2010 (primera edición: 1969).

DALLAIRE, Y., *Guérir d'un chagrin d'amour,* Jouvence Editions, Ginebra, 2008.

DIDION, J., *The Year of Magical Thinking,* Vintage Books, Random House Books, Nueva York, 2007 (primera edición: 2005).

ELLIOT, S., *Getting Past Your Breakup,* Lifelong Books, Filadelfia, 2009.

FELDON, B., *Living alone and loving it,* edición en Kindle, 2002, primera edición.

FRÉMON, J., *Louise Bourgeois mujer casa,* Elba, Barcelona, 2010 (primera edición: 2008).

FREUD, S., *Duelo y melancolía,* en *Obras completas,* tomo XIV, Amorrortu Editores, Buenos Aires, 1979 (primera edición: 1915).

—, *Psicología de las masas y análisis del Yo,* en *Obras completas,* tomo XVIII, Amorrortu Editores, Buenos Aires, 1979 (primera edición: 1921).

—, *El problema económico del masoquismo,* en *Obras completas,* tomo XIX, Amorrortu Editores, Buenos Aires, 1979 (primera edición: 1924).

—, *El malestar en la cultura,* en *Obras completas,* tomo XXI, Amorrortu Editores, Buenos Aires, 1979 (primera edición: 1929).

GÁNDARA, A., «Conferencia sobre el duelo», Escuela Contemporánea de Humanidades, Madrid, 26 de enero del 2012.

GONZÁLEZ, B., *Divorcio y separación,* Acento Editorial, Madrid, 2003.

HIRIGOYEN, M. F., *Las nuevas soledades,* Paidós, Barcelona, 2008 (primera edición: 2007).

LEADER, D., *Why Do Women Write More Letters Than They Post?,* Faber and Faber, Londres, 1996.

—, *The New Black. Mourning, Melancholia and Depression,* Penguin Books, Londres, 2009 (primera edición: 2008).

—, *La moda negra,* Sexto Piso, Madrid, 2011.

MICHELENA, M., *Un año para toda la vida,* Temas de Hoy, Madrid, 2001.

—, *Saber y no saber,* Síntesis, Madrid, 2006.
—, *Mujeres malqueridas,* La Esfera de los Libros, Madrid, 2007.
—, *Anoche soñé que tenía pechos,* La Esfera de los Libros, Madrid, 2010.
MIJOLLA, A. y MIJOLLA, S., *Fundamentos de psicoanálisis,* Síntesis, Madrid, 2003 (primera edición: 1996).
PEREÑA, F., *Soledad, pertenencia y transferencia,* Síntesis, Madrid, 2010.
RILKE, R. M., *Los cuadernos de Malte Laurids Brigge,* Losada, Buenos Aires, 1958 (primera edición: 1910).
ROUDINESCO, E., *La familia en desorden,* Fondo de Cultura Económica, Buenos Aires, 2003 (primera edición: 2002).
SALINAS, S., *Todo (no) terminó,* RBA, Barcelona, 2011.
TRUMP, I., *The Best Is Yet to Come,* Pocket Books, Nueva York, 1995.
VALLEJO, C., *Los heraldos negros,* en *Poesía completa,* Pontificia Universidad Católica del Perú, Lima, 1997.
WESCHLER, E., *Arrebatos femeninos. Obsesiones masculinas,* Letra Viva, Buenos Aires, 2008.
WINNICOTT, D.W., *The Capacity to be Alone,* The Hogarth Press and the Institute of Psycho-Analysis, Londres, 1987 (primera edición: 1958).